Zu diesem Buch

Adoptivkinder haben ihre leiblichen Eltern und Verwandte in ihrem Leben verloren und sind eine Eltern-Kind-Beziehung mit neuen Menschen eingegangen. Diese Realität prägt diese Kinder lebenslang. Beide Familien des Adoptivkindes leben in einer Ausnahmesituation. Die abgebenden Eltern müssen ihr Kind früher loslassen. Sie sind Eltern ohne Kind. Die Adoptiveltern sind Eltern für ein Kind, das nicht ihr leibliches ist. Beide Familien und die Adoptivkinder müssen Ungewöhnliches leisten. Adoptivkinder, die nicht als Baby vermittelt wurden, sind fast immer seelisch verletzt. Sie brauchen viel Verständnis und Hilfe bei der Bewältigung ihrer schwierigen Lebenssituation.

Dieses Buch gibt Orientierung für alle, die erst planen oder sich wünschen, ein Kind anzunehmen. Es gibt Impulse, Anregungen und Hilfen für das adoptierte Kind und für alle, die mit Adoption zu tun haben: Adoptiveltern, abgebende Eltern, erwachsene Adoptierte, Großeltern, Verwandte und Nachbarinnen und Nachbarn von Adoptierten, Mitarbeiterinnen und Mitarbeiter in Jugendämtern und bei freien Trägern, Rechtspflegerinnen und Rechtspfleger, Richterinnen und Richter, Lehrerinnen und Lehrer, Erzieherinnen und Erzieher bis hin zu Krankenschwestern oder Krankenpflegern und Hebammen.

Dieser Ratgeber will allen am Adoptionssystem beteiligten Menschen Mut machen, den Adoptionsprozeß bewußt, lebendig und dem Kind gegenüber ehrlich und konstruktiv zu gestalten.

IRMELA WIEMANN, Jahrgang 1942, Diplom-Psychologin und Familientherapeutin, arbeitet in einer Kinder-Jugend-Eltern-Beratung der Stadt Frankfurt am Main. Darüber hinaus hat sie langjährige Praxiserfahrung in der psychologischen Beratung und Begleitung von Pflege-, Adoptiv- und Herkunftsfamilien. Im Auftrag von Jugendämtern, öffentlichen Trägern, Verbänden und Selbsthilfe-Initiativen hält sie Fortbildungsveranstaltungen für Pflege- und Adoptiveltern und für Mitarbeiterinnen und Mitarbeiter der Jugendämter (Seminare, Institutionsberatung, Supervision). Von Irmela Wiemann sind im Rowohlt Taschenbuch Verlag bereits erschienen: «Pflege- und Adoptivkinder, Familienbeispiele, Informationen, Konfliktlösungen» (rororo 8851) sowie «Ratgeber Pflegekinder. Erfahrungen, Hilfen, Perspektiven» (rororo 9568).

Irmela Wiemann

Ratgeber Adoptivkinder

Erfahrungen, Hilfen, Perspektiven

Rowohlt

rororo Mit Kindern leben
Lektorat Bernd Gottwald
Redaktion Katrin Helmstedt

Umschlaggestaltung Peter Wippermann / Jürgen Kaffer
(Foto: ZEFA)

Originalausgabe
Veröffentlicht im Rowohlt Taschenbuch Verlag GmbH,
Reinbek bei Hamburg, Februar 1994
Copyright © 1994 by Rowohlt Taschenbuch Verlag GmbH,
Reinbek bei Hamburg
Satz Times (Linotronic 500)
Gesamtherstellung Clausen & Bosse, Leck
Printed in Germany
1290 ISBN 3 499 19569 0

Inhalt

«Weißt Du, es ist ein schmerzliches Gefühl, an jemanden zu schreiben, mit jemandem zu sprechen, den man noch nie, vielleicht doch? gesehen hat, den man nicht kennt, und doch weiß man, daß es diesen Menschen geben muß oder einmal gegeben hat, denn einen tieferen Beweis als diesen, den ich habe, gibt es wohl nicht. – Ich bin der Beweis, ich dieses Lebewesen mit Namen ‹Katharina›...» (Schärer 1991, 14)

Vorwort

Kürzlich saß ich mit einem leiblichen Elternpaar, den künftigen Adoptiveltern und der zwei Monate alten Swantje in einem Zimmer und habe sie bei der Planung der Zukunft ihres gemeinsamen Kindes beraten. Swantje wurde von ihrer leiblichen Mutter und ihrem leiblichen Vater im Arm gehalten. Am Ende der Beratung legte die Mutter Swantje in das Tragekörbchen der Adoptiveltern. Eine solche Situation ist für alle Beteiligten schmerzlich, wühlt auf. Hier das Abschiednehmen der leiblichen Eltern ohne Betäubung, dort die Konfrontation der Adoptiveltern mit den Menschen, die «ihrem Kind» das Leben gegeben haben. Alle Beteiligten erleben bewußt und bitter ihre besondere Situation. Doch sie sind auch ein Stück erleichtert, manchmal sogar froh. Weil sie einander kennen, wird viel Ungewißheit, die den Adoptionsprozeß sonst überschattet, von ihnen genommen.

Das persönliche Zusammentreffen von Abgebenden und Annehmenden ist vor allem für das Kind eine Chance, die ungewöhnliche Situation wirklichkeitsnäher zu bewältigen. Begegnungen müssen sorgfältig vorbereitet werden und von den beteiligten Erwachsenen gewollt sein. Sie sind auch heute noch die Ausnahme. Offene Adoption ist kein Allheilmittel. Sie darf nicht benutzt werden, um den Adoptionsprozeß zu verharmlosen oder in falsche Euphorie zu verfallen. Sie kann erst recht nicht als Propaganda eingesetzt werden, Frauen, die einen Schwangerschaftsabbruch wollen, umzustimmen.

Noch vor einem Jahrzehnt wurde Adoption der Umwelt und dem Kind selbst oft verheimlicht. Verdrängung, Mißachtung, Lügen und seelische Verletzungen gehörten zu den Spielregeln des Adoptionsgeschehens. Heute dagegen schließen sich immer mehr Adoptiveltern zu Interessen- und Selbsthilfegruppen zusammen, sie bekennen sich offen zu ihrer besonderen Situation. Abgebende Mütter (keine abgebenden Väter) treten in der Öffentlichkeit auf und berichten über ihre schmerzlichen Erfahrungen. Jugendliche und erwachsene Adoptierte kommen immer öfter in Adoptionsvermittlungsstellen, um ihre Herkunftssituation herauszufinden und nach ihren leiblichen Eltern zu forschen. Das Adoptionsgeschehen befindet sich im Umbruch.

Wenn Sie Ihr Kind nach der Inkognito-Norm adoptiert haben, so gehören Sie zur Mehrzahl. Sie sollten sich keine Vorwürfe machen. Der Öffnungsprozeß beginnt im Herzen und in den Köpfen der Adoptiveltern. Sie haben vielfältige Möglichkeiten, Ihren Kindern bei der Bewältigung ihrer Adoption beizustehen. Entscheidend ist, daß Sie sich der Tatsache stellen, daß Ihr Kind anderswo Eltern hat. Sein Selbstwert wird davon beeinflußt, was die Adoptiveltern von diesen Eltern fühlen. Je angstfreier die Adoptiveltern die Situation bewerten, desto zufriedener lebt ihr Adoptivkind.

Ich habe in meiner langjährigen Beratungsarbeit die Erfahrung gemacht, daß es Kindern und Heranwachsenden in jenen Adoptivfamilien seelisch am besten geht, die sich emotional mit den Umständen und Beweggründen der Fortgabe des Kindes ausgesöhnt haben. Wenn diese Umstände furchtbar waren, so haben sie diese betrauert.

Früh Adoptierte fühlen sich ganz und gar zugehörig zu ihren sozialen Eltern, doch die Ursprungsmenschen bleiben ein Leben lang wichtig. Leibliche Mütter waren immer auch soziale Mütter und können nicht einfach auf den biologischen Ursprung reduziert werden. Während der Schwangerschaft und Geburt, während des oft bitteren Kampfes – Freigabe zur Adoption ja oder nein – hat es eine Vielfalt sozialer Interaktionen zwischen Mutter und Kind gegeben. Schon das kleine adoptierte Kind schätzt dies richtig ein. Es fragt, weshalb die «Mama, aus deren Bauch es kam» nicht mit ihm leben konnte. Nicht nur der körperliche, vor allem der soziale Prozeß interessiert die Adoptierten. Allenfalls Väter, die nur eine situative sexuelle Beziehung zu einer Frau hatten und denen es gleich war, ob sie Nachwuchs erzeugt haben, könnten auf die ausschließlich biologische Rolle reduziert werden. Doch auch hier wirkt ihr Sozialverhalten auf Frau und Kind ein. Adoptierte auf der Suche nach ihren leiblichen Vätern fühlen sich gedemütigt, wenn ihr Erzeuger die Vaterschaft nicht zugibt oder wenn es einem biologischen Vater gleichgültig ist, daß er Nachkommen hat.

Es ist eine schwierige Gratwanderung, die Adoptiveltern gehen müssen, wahrhaftig zu bleiben, dem Kind altersgemäß in richtiger Dosierung über seine Herkunftsfamilie und die Umstände seiner Freigabe und Annahme zu erzählen, und zugleich dem Kind nicht weh zu tun. Kinder erfassen unbewußt, wie weit ihre Adoptiveltern mit ihren Prozessen, beispielsweise der Trauer über die Kinderlosigkeit oder Wut auf die abgebenden Eltern, sind, ob sie geschont werden müssen oder Offenheit zulassen können. Es ist für adoptierte Kinder schwer, wenn Adoptiveltern mit den Bedingungen der Abgabe oder ihrem eigenen Selbstwert wegen der Adoption nicht im reinen sind. Erst wenn die Adoptiveltern sich der Wirklichkeit gewachsen fühlen, mit ihr umgehen gelernt haben, kann auch das Kind dies tun. Dies gelingt nicht von heute auf morgen. Adoptiveltern dürfen sich Zeit nehmen. Sie brauchen Hilfe und Solidarität durch andere Menschen in ihrem sozialen Umfeld oder mit anderen Betroffenen, um die vielfältigen Prozesse zu bewältigen.

Annehmende Eltern sind überglücklich, wenn sie ein Kind vermittelt bekommen. Es wäre logisch, wenn abgebende Eltern dementsprechend eine hohe Wertschätzung und Anerkennung in unserer Kultur erfahren würden. Doch jene Menschen, die kinderlosen Paaren zum Glück verhelfen, ein Kind annehmen zu können, werden entwertet, ausgegrenzt, moralisch verurteilt. Abgebende Mütter müssen mit ihrer schweren Situation, Elternteil ohne ihr Kind zu sein, weiterleben. Teile dieses Buches richten sich speziell an die abgebenden Mütter.

In meinem ersten Buch «Pflege- und Adoptivkinder» habe ich das Gemeinsame der beiden Hilfeformen herausgearbeitet: Pflege- und Adoptivkinder leben mit Menschen zusammen, die nicht ihre leiblichen Eltern sind. Pflege- und Adoptivkinder haben ihre Eltern im Lauf ihres Lebens ganz oder teilweise verloren und fühlen sich neuen Eltern mehr oder weniger stark zugehörig. Diesmal habe ich mich für zwei Bände entschieden: einen «Ratgeber Adoptivkinder» und einen «Ratgeber Pflegekinder».

Die Lebenssituation von Pflege- und Adoptivkindern unterscheidet sich rechtlich und von der sozialen, psychologischen Seite: Beim Adoptivkind erlöschen die verwandtschaftlichen Verhältnisse laut Bürgerlichem Gesetzbuch zur leiblichen Familie. Die neuen Eltern haben alle Rechte und Pflichten. Beim Dauerpflegekind, selbst wenn es vom Babyalter an in der Pflegefamilie lebt, bleiben die verwandtschaftlichen Verhältnisse bestehen. Obwohl sich ein früh vermitteltes Pflegekind seelisch und sozial seiner Pflegefamilie zugehörig fühlt, bleibt es gesetzlich Kind seiner Eltern. Die leiblichen Eltern sind unterhaltsverpflichtet. Das Sorgerecht liegt meist nicht bei der Pflegefamilie, sondern bei den leiblichen Eltern oder bei einem Vormund.

Im «Ratgeber Pflegekinder» wird nicht nur die Dauerpflege, die manchmal Adoptionen ähnelt, beschrieben. Es wird über all jene

Pflegekinder berichtet, die sich ihren leiblichen Eltern weiter seelisch und sozial zugehörig fühlen, obwohl sie zeitweise oder über Jahre in Pflegefamilien leben. Im «Ratgeber Pflegekinder» gibt es auch ein Kapitel über Tagespflege und die damit verbundenen Konflikte und Lösungsmöglichkeiten. Sie haben mit der Lebenssituation eines adoptierten Kindes nichts mehr gemeinsam.

Es gibt ganz unterschiedliche Dosierungen bei der Bewältigung des Adoptionsgeschehens. Hier will dieses Buch konkrete Anregungen geben und die vielen möglichen Schritte aufzeigen, die alle am Adoptionssystem beteiligten Menschen – abgebende Eltern, Adoptierte selbst und Adoptiveltern, aber auch die Adoptionsvermittlerinnen und Adoptionsvermittler – gehen können. Welche Schritte Sie wählen, welche Sie sich zutrauen, wie weit und wohin Sie gehen wollen, das sollten Sie sorgfältig für sich und Ihre Situation ausloten. Dabei will dieses Buch Grundlage und Hilfe sein.

Ich danke den Kindern und Jugendlichen, ihren annehmenden und abgebenden Eltern, den Mitarbeiterinnen und Mitarbeitern von Jugendämtern, die ich seit vielen Jahren in Gruppen, Seminaren und Beratungen begleiten konnte. Von ihnen habe ich gelernt, durch sie konnte ich die beiden «Ratgeber» schreiben.

In allen angeführten Beispielen von Kindern und ihren Familien wurden Namen und persönliche Daten verändert, so daß sie nicht wiedererkannt werden können. Ähnlichkeiten mit Ihnen bekannten Familien sind möglich, da es sich um typische Fragen und Problemstellungen handelt, die es in vielen Adoptiv- und Herkunftsfamilien gibt.

Mitgeholfen, kritisch gelesen, inhaltlich und fachlich unterstützt haben mich: Brigitte Kaetzge, Volker Jablonski, Brigitte Löw, Gerda Stößinger und Otto Salmen. Ihnen gilt mein besonderer Dank.

Irmela Wiemann

1. Besondere Lebensform Adoption

Die zehnjährige Yvonne, als Baby adoptiert, war mit ihrer Mutter beim Augenarzt. Der stellte fest: «Du wirst eine Brille tragen müssen», und mit Blick auf die Adoptivmutter sagte er: «Das hast du von der Mutti.» Adoptivmutter und Yvonne schauten sich an und lächelten. Sie klärten den Augenarzt nicht darüber auf, daß Yvonne ihre Kurzsichtigkeit nicht von ihrer Mutter geerbt haben konnte.

Yvonne dachte: «Meine Mutter wäre vielleicht verletzt, wenn ich dem Augenarzt gegenüber das Geheimnis gelüftet hätte. Aber es war auch schön, mit der Mutter zusammen vor dem fremden Mann ein Geheimnis zu bewahren. Einen Moment lang haben wir uns gefühlt, wie leibliche Mutter und Tochter. Wir waren durch unser Wissen dem Augenarzt überlegen. Er hat nichts gemerkt. Unsere Wirklichkeit blieb einen Moment lang unentdeckt, das hat mir gefallen. Und: Es wäre ja auch lästig, es jedem zu sagen, daß meine Mutter mich gar nicht geboren hat.»

Yvonnes Mutter dachte: «Geht es den fremden Augenarzt etwas an, daß ich nicht ihre biologische Mutter bin? War es richtig, daß ich nichts gesagt habe? War ich unehrlich? Kam ich mir nicht plötzlich wie ertappt vor? Wäre es nicht besser gewesen, wenn ich locker gesagt hätte: ‹Hier irren Sie sich. Yvonne ist adoptiert.› So wäre ich vor den Ohren des Kindes offensiv mit der Realität umgegangen. War es richtig, sich in Anwesenheit des Kindes auf das Geheimhaltespiel einzulassen?»

Eine harmlose Alltagssituation – plötzlich ist sie gar nicht einfach. Die nebensächliche Bemerkung eines Augenarztes hat etwas Besonderes ausgelöst. Mutter und Tochter sind nicht verwandt, es gibt keine erbbedingten Gemeinsamkeiten. Die ganze Realität ihres sozialen Eltern-Kind-Verhältnisses ist lebendig. Andere Kinder und ihre Eltern geraten nicht in solche Situationen.

Etwa die Hälfte aller Kinder in der Bundesrepublik Deutschland lebt nicht ihre ganze Kindheit über mit beiden biologischen Elternteilen zusammen. Lebensformen, in denen biologische und soziale Elternschaft nicht identisch sind, nehmen zu. Es gibt Einelternfamilien, Stieffamilien, Pflege- und Adoptivfamilien, Kinder bei Großeltern. Diese Formen des Zusammenlebens werden von denen, die in ihnen leben, meist als Ausnahme betrachtet, von Erwachsenen und von den Kindern oft gefühlsmäßig als weniger wert, als nicht «richtig» wahrgenommen. Die Kleinfamilie, in der biologische und soziale Elternschaft zusammenfallen, gilt weiterhin als Norm und als einzig wahre Lebensform in unseren Köpfen, Gefühlen und im Werteraster dieser Gesellschaft. Sie wird vom Staat legitimiert und materiell belohnt. Dabei wissen wir doch alle, daß in vielen äußerlich harmonischen Familien Schmerz, Unterdrückung, Macht und Ohnmacht, Streit, Verachtung, Resignation, Haß und Krisen ihren Platz haben – entweder offen erlebbar oder unter der Decke des Verdrängens spürbar.

Adoption ist eine ältere Form, Menschen gesetzlich miteinander zu verbinden, als die Ehe. Jahrtausende lang diente Adoption von jugendlichen oder erwachsenen Männern dazu, für die Annehmenden Versorgung und Pflege im Alter sicherzustellen und einen Erben zu haben. Adoptionen wurden bei vielen Völkern in großer Gemeinschaft vollzogen und waren ein Festakt. Für den Adoptierten verbesserte sich der soziale und ökonomische Status. In alten Volksmärchen wurden vor allem Waisen und Ausgestoßene als Kind angenommen.

In Australien, Paraguay, bei den Eskimos und in Japan erfolgten in früheren Jahrhunderten Adoptionen teilweise auch aus fürsorgerischen Momenten. Bei den Germanen und den Römern war die Adoption ein Weg, außereheliche Kinder in die Familie des Vaters aufzunehmen. Erst durch das Christentum wurden nichteheliche Kinder geächtet und verstoßen. Sie wurden kaum mehr adoptiert, sondern in Waisen- und Findelhäusern untergebracht. Eine Ausnahme findet sich im Stadtrecht von Freiburg im Breisgau im Jahr 1520 (Napp-Peters, 1978): Adoption sollte aus «Barmherzigkeit» und «Liebe zu den Kindern» durchgeführt werden. Erst im Jahr 1900 wurde in Deutschland im Bürgerlichen Gesetzbuch mit Adoption der Anspruch verbunden, nicht nur Altersversorgung und einen Erben für die Adoptiveltern sicherzustellen, sondern alleinstehenden Kindern zu einer Familie zu verhelfen.

Heute ist die Adoption ebenso wie Pflegeverhältnisse oder Heimunterbringungen eine Maßnahme der Jugendhilfe. Sie soll Kindern, die nicht mit ihren Eltern leben können, Aufwachsen und rechtliche Zugehörigkeit in einer Familie sichern. Das ist vielen Bewerberinnen und Bewerbern für das Adoptivkind nicht bewußt. Sie denken oft, Adoption sei ein ganz selbstverständlicher Weg für ungewollt kinderlose Paare, eine Familie zu gründen.

Wer ein Kind adoptieren will, muß sich intensiv damit befassen, daß eine Adoptivfamilie nicht gleichzusetzen ist mit einer Familie, in der biologische und soziale Elternschaft identisch sind. Obwohl in frühem Alter adoptierte Kinder sich zu ihren Familien genauso innig zugehörig fühlen wie leibliche Kinder, ist ihre Aufwachssituation dennoch von Beginn an eine andere. Soziale Elternschaft bedeutet, sich für eine alternative Familienform zu entscheiden und diese nicht als Defizit, als Notlösung, als Kompromiß zu empfinden. Ja sagen zu können zu dieser nicht der «Norm» entsprechenden Lebensform heißt zugleich, sich der außergewöhnlichen Wirklichkeit des Adoptionsgesetzes zu stellen: Das Kind verliert seine leiblichen Eltern, und die meisten Adoptiveltern mußten mit dem Verlust leben lernen, kein leibliches Kind zu bekommen. Die Voraussetzung für das Entstehen des Adoptiv-Eltern-Kind-Verhältnisses ist, daß andere Menschen dieses Kind zur Welt gebracht und es auf den Weg ins Leben geschickt haben. Beim Lebenlernen mit ihrer außergewöhnlichen Situation der Adoption brauchen alle Kinder Hilfe, Schutz und Verstehen durch die Erwachsenen. Ob ein adoptiertes Kind mit seinen Adoptiveltern zufrieden aufwachsen kann, hängt sehr davon ab, wie zufrieden Adoptiveltern mit der alternativen Lebensform «soziale Elternschaft» sind und wie offen sie mit dieser Wirklichkeit umgehen.

Für viele Adoptiveltern teilt sich ihr soziales Umfeld in zwei Gruppen: Menschen, die ihre alternative Familienform achten und respektieren, und jene, die traditionelle Vorurteile gegen «Kinder anderer Leute» haben. Oft geht der Riß mitten durch Familien. Für Adoptiveltern ist es nicht immer einfach, sich selbstbewußt für die von ihnen gewählte Lebensform im sozialen Umfeld einzusetzen. Stoßen sie trotz intensiver Auseinandersetzung und trotz Werben um Akzeptanz auf Unverständnis oder Ablehnung, so bleibt ihnen nur, sich guten Gewissens gegenüber all jenen abzugrenzen, die ihren Lebensweg nicht gutheißen. Das können manchmal sogar die eigenen Eltern, Geschwister oder Schwiegereltern sein.

Zweimal Eltern – wer sind die «richtigen Eltern»?

Immer wieder werde ich gefragt: «Kann denn ein Kind mit dem Wissen, zwei Mütter zu haben, fertig werden?» Väter spielen hier ohnehin eine untergeordnete Rolle! Wer so fragt, übersieht dabei: Das Kind fühlt sich nur einer Mutter, der sozialen Mutter, die Tag für Tag als Mutter erfahren wird, zugehörig. Diese einmalige «Mama» ist Gegenwart und Wirklichkeit. Die leibliche Mutter früh adoptierter Kinder bleibt Baustein der Vergangenheit, bleibt wichtig für ihre Identität, aber zu ihr besteht keine Eltern-Kind-Bindung mehr. Kinder können das sehr gut auseinanderhalten.

Kinder, die nie mit ihren leiblichen Eltern gelebt haben, geben ihre Bindung zu ihren Adoptiveltern nicht einfach auf. Sie wissen sehr genau, wo sie hingehören, nämlich zu ihren sozialen Eltern. Alle Kinder entwickeln Bindung und Abhängigkeit, die im sozialen Zusammenleben begründet sind, gleich ob es sich um eine leibliche oder eine soziale Elternschaft handelt. Ein früh gebundenes Adoptivkind, das sich geborgen fühlt, kommt nicht auf die Idee, seine realen Adoptiveltern gegen die unbekannten leiblichen Eltern austauschen zu wollen. Und doch ist die Eltern-Kind-Beziehung manchmal gerade in den Jugendjahren Adoptierter anfälliger, weil biologische und soziale Familie nicht identisch sind. Deshalb müssen Adoptiveltern in den Kinderjahren Vorarbeit leisten.

«Das Gute hat er von uns. Das Schlechte von seinen leiblichen Eltern», scherzte ein Adoptivvater. «Wie wäre unser eigenes Kind geworden? Hätten wir dieselben Probleme gehabt?» Und adoptierte Kinder fragen sich: «Wie wäre mein Leben verlaufen, wenn ich bei meinen leiblichen Eltern geblieben wäre, wie, wenn ich zufällig ganz andere Adoptiveltern bekommen hätte?» Alle adoptierten Kinder befassen sich mehr oder weniger intensiv, mehr oder weniger offen oder verdeckt, bewußt oder unbewußt mit ihrer ungewöhnlichen sozialen Situation: mit der Tatsache, daß sie in einer Familie leben, der sie sich zugehörig fühlen, und daß es Menschen gibt, von denen sie gezeugt, ausgetragen, geboren und fortgegeben wurden, zu denen sie nicht mehr gehören. Es beschäftigt sie, was aus diesen Menschen geworden ist.

Die fünfjährige Patrizia spielte monatelang jeden Abend «Geburt». Sie legte sich auf den Bauch der Adoptivmutter und ließ sich von ihr mit einer Decke umwickeln. Dann kroch sie aus der Decke heraus und sagte: «Und jetzt hast du mich geboren. Ich bin aus deinem Bauch gekommen, und du hättest dich sehr gefreut».

Patrizia empfindet es als Mangel, daß sie nicht das leibliche Kind ihrer Eltern ist. Patrizia fühlt, daß die Adoptiveltern ursprünglich ein leibliches Kind gewollt haben. Kann sie mit diesem nicht geborenen Kind konkurrieren? Kann sie diesen sehnlichen Wunsch wettmachen? Wie wäre ein leibliches Kind der geliebten Eltern geworden? Ist sie weniger wertvoll? Ist Patrizia vielleicht ein Kind zweiter Wahl? Solch bange Fragen stellen sich viele Adoptivkinder. Die Menschen, an die das Kind gebunden ist und die es liebt, sind zugleich nicht seine «richtigen Eltern».

Was Patrizia allabendlich gespielt hat, ihre Geburt durch die Adoptivmutter, ist bei vielen Völkern Adoptionsritual, schon in der griechischen Mythologie. Der griechische Geschichtsschreiber Diodor Siculus berichtet im 1. Jahrhundert vor Christus: «Die Aufnahme an Kindesstatt, sagt man, sei auf folgende Art geschehen. Hera habe ihr Lager bestiegen, den Herkules in ihren Schoß gezogen, und ihn aus ihrem Gewand zu Boden fallen lassen. Diese sinnbildliche Darstellung der Geburt soll noch gegenwärtig unter den auswärtigen Völkern bei der Annahme an Kindesstatt gewöhnlich sein.» Pietro della Valle berichtet 1675 aus Persien, daß Annehmende «jenige Person, die sie an Kindsstatt annehmen wollen, ganz nackend in ihr Hemd stecken, und an ihr Fleisch legen, und alsdann dieselbe wieder herausziehen, als wenn sie, wie ihre leiblichen Kinder, aus ihrem Leibe kommen wären» (Hüttenmoser 1991, in ‹und Kinder› S. 25).

Adoptivkinder sind begleitet von zwei tiefgreifenden Verlusten: Ihr Leben ist beeinflußt vom Schmerz, nicht das «eigene» Kind der sozialen Eltern zu sein, und vom Schmerz, von den leiblichen Eltern getrennt worden zu sein – zwei Trauerprozesse wirken auf sein Leben ein. Adoptierte müssen immer wieder eine innere Balance herstellen. Hierbei benötigen sie Adoptiveltern, die sich selbst mit diesen Fragen befassen und an sich arbeiten, damit sie dem Kind Hilfestellung geben können.

Normale Probleme oder adoptionsspezifische Probleme?

«Von euch lasse ich mir nichts mehr sagen. Ihr seid ja gar nicht meine richtigen Eltern.» Fast alle adoptierten Kinder sagen dies im Lauf ihres Aufwachsens irgendwann im Konflikt, der aus dem Familienalltag entsteht. So wird bei Adoptiveltern und Kindern sehr schnell die Adoptionsthematik wach. Und aus «normalen» Problemen können sich heftigere, bedrohlichere Situationen entwickeln.

Welche Probleme sind entwicklungsbedingt oder familienbedingt und welche sind spezifische Adoptionsprobleme? Das wüßten alle Adoptivfamilien nur allzugern. Viele Alltagskonflikte sind dieselben wie in allen Familien. Doch auf dem Hintergrund der Adoption bekommen sie leicht einen anderen Stellenwert. Die phasen- und aufwachsbedingten Sorgen, Höhen und Tiefen und die spezifischen durch die Adoption bedingten Konflikte greifen immer ineinander. Das macht es so schwer.

Erinnern wir uns. Wenn wir einmal mit unseren Eltern überhaupt nicht einverstanden waren, träumten wir nicht, wir wären vielleicht früh vertauscht oder adoptiert, ohne daß die Eltern etwas davon ahnten? Bei adoptierten Kindern ist dies Realität. Eltern und Kind wissen davon!

Selbst wenn Adoptiveltern mit viel Behutsamkeit und Sorgfalt dem Kind vermitteln, daß es ein guter und verantwortlicher Schritt der abgebenden Eltern war, das Kind den neuen Eltern anzuvertrauen, gibt es viele Adoptivkinder, die sich minderwertig fühlen, sich als das fortgegebene, verlassene Kind definieren. «Warum konnte die mich nicht gebrauchen?» ist eine häufig gestellte Frage von Adoptierten. Viele adoptierte Kinder haben ein erschüttertes Selbstwertgefühl.

Von Selbsthilfegruppen erwachsener Adoptierter wissen wir, wie schwer es für viele adoptierte Menschen oft lebenslang ist, mit der Wirklichkeit leben zu lernen, im frühsten Alter getrennt worden zu sein. Viele berichten, daß sie als junge Kinder und in den Jugendjahren ein regelrechtes Doppelleben geführt hätten, wie sie sich heimlich nach ihrer leiblichen Mutter verzehrt und sich phantastische Geschichten ausgemalt hätten, wer ihre leiblichen Eltern seien. Da sie zu einer anderen Zeit adoptiert wurden, gab es viel öfter noch als heute Aufwachsprozesse, bei denen Kinder bezüglich ihrer Herkunftsfamilie im dunkeln gelassen wurden. Es gab harte Tabus, unerbittliches Schweigen.

Indem sich Adoptivfamilien und Adoptionswillige in Selbsthilfegruppen, Verbänden, Fortbildungen, Wochenendgruppen und Freizeiten mit Menschen in der gleichen Situation austauschen und solidarisieren, gelingt es ihnen besser, das Außergewöhnliche am Adoptionsprozeß zu bejahen und als selbstverständlich damit leben zu lernen.

Adoptierte Kinder brauchen Wahrheit

Seit Jahren sind sich Adoptionsfachleute einig, daß Kinder so früh wie möglich über ihr Adoptiertsein Bescheid wissen sollen. Nur mit Adoption nicht vertraute Menschen, manchmal auch Ärztinnen und Ärzte oder Psychoanalytikerinnen und Psychoanalytiker vertreten die Position, ein Kind könnte unbeschwerter aufwachsen, wenn es nicht weiß, daß seine Eltern nicht die leiblichen Eltern sind. Und je später das Kind über seine Adoption erführe, desto reifer wäre es, desto besser könnte es die Mitteilung verkraften und verarbeiten.

Wer Bedenken hat, den Kindern die Wahrheit zu sagen, hält die Wirklichkeit offensichtlich selbst für schlimm, hält soziale Elternschaft für minderwertig. Doch es ist Illusion zu glauben, es gäbe irgendwann im späteren Leben den besseren Zeitpunkt. Wer so denkt, ignoriert, daß ein solch gravierendes Geheimnis eine Eltern-Kind-Beziehung belastet, daß ein echtes, inniges Eltern-Kind-Verhältnis nicht lebbar ist, wenn eine Lebenslüge Eltern und Kind begleitet. Der beste Schutz für ein Kind ist, wenn die ihm nahestehenden Menschen vertrauend und liebevoll von Beginn an die Wirklichkeit sagen.

Je weniger Adoptiveltern vertuschen, je offener sie die Wirklichkeit, daß ihr Kind andere Eltern hat, annehmen, desto besser können adoptierte Menschen mit ihrer Realität, zwei Familien zu haben, leben lernen. Klar bleibt allerdings, daß sie von ihrer Doppelsituation geprägt bleiben. Die einen tragen schwer daran. Andere haben gelernt, mit ihrer Adoption und ihren Adoptiveltern zufrieden zu leben. Sie können sich selbst ohne Zweifel annehmen, verwirklichen und achten. Für alle Adoptierten gilt: Die Tatsache, zweimal Eltern zu haben, läßt sich nie mehr ungeschehen machen.

2. Kinder, die Adoptiveltern brauchen

Säuglinge und Kleinkinder

Waisenkinder gibt es heute kaum noch zur Adoption. In der Regel nehmen Verwandte diese Kinder in ihre Familien auf. Wenn Sie ein Baby adoptieren, bekommen Sie nicht einfach ein Kind, sondern Sie adoptieren die Herkunft, die Entstehungsgeschichte, den schweren ambivalenten Entscheidungsprozeß der abgebenden Mutter, vielleicht das Land des Kindes mit.

Nahezu immer handelt es sich bei Babys und Kleinkindern, die zur Adoption freigegeben werden, um nichteheliche Kinder. Ob der deutsche, katholische, gutsituierte Vater seine heranwachsende Tochter zwingt, das Kind einer außerehelichen Schwangerschaft zur Adoption freizugeben, oder ob die türkische junge Frau von ihrem Vater vor keine andere Wahl gestellt wird: in den meisten Kulturen wird die Verantwortung für die Schwangerschaft und für das Kind den Müttern allein übertragen. Was wie eine individuelle Zwangslage erlebt wird, steht fast immer in Zusammenhang mit gesellschaftlichen und sozialisationsbedingten Ursachen: bürgerlicher Moral, weltweiten patriarchalen Strukturen, kulturellen, religiösen, vor allem auch ökonomischen Bedingungen.

Babys und Kleinkinder unter einem Jahr lassen sich vollständig auf ihre Adoptiveltern ein. Sie fühlen sich als deren Kind. Doch sie benötigen lebenslange Begleitung bei der Bewältigung ihrer außergewöhnlichen Situation. Je jünger die Kinder, desto mehr Zeit haben Kind und Annehmende, eine Bindung aufzubauen, bevor es in die schwierigen Jahre der Pubertät kommt. Alle Kinder, die nicht im ersten halben Lebensjahr angenommen werden können, sind bereits geprägt von den Erfahrungen in einem anderen Lebensumfeld.

Zwar ist es der sehnlichste Wunsch der meisten Adoptionsbewerberinnen und Adoptionsbewerber, einen Säugling zu adoptieren, doch die Zahl der zu vermittelnden Babys in Deutschland geht ständig zurück. Zur Zeit kommen auf einen zu vermittelnden Säugling mehr als 30 Bewerberpaare. Die Chancen zur Adoption eines Babys sind also gering. Gesucht werden Adoptiveltern, die ältere Kinder, behinderte Kinder oder Kinder mit anderer Hautfarbe annehmen.

Die Aufnahme eines älteren Kindes darf niemals eine Notlösung sein, weil ein Baby nicht mehr zu haben war. Ein Kind, das von Anfang an ein Kompromiß ist, hat auf Dauer keine guten Bedingungen in einer Familie. Bewerberinnen und Bewerber, die ein Baby aufnehmen wollen, sollten nicht einfach von ihrem Wunsch abweichen. Sie sollten sich auf eine längere Wartezeit einstellen oder sich entscheiden, ihr Leben ohne Kind zu gestalten.

Dem Kleinkindalter entwachsen:
Spätadoption

Marie kam mit acht zu künftigen Adoptiveltern. Im Heim war sie ein sonniges Kind, das überall viel Zuwendung bekam. Ihre Mutter hatte sie schon lange nicht mehr gesehen. Marie lebte in den Jahren davor bei ihrer Großmutter. Doch diese sorgte unzureichend für sie. Die Mutter gab Marie zur Adoption frei. Sie kam zu einem kinderlosen Paar, das mit großer Freude und Engagement auf das Kind zuging. Nach der ersten Zeit, in der Marie sich sehr anstrengte, das Kind der neuen Menschen zu werden, gab es ständig Auseinandersetzungen. Marie verschlampte täglich ihre Haarspangen, Bleistifte, ihr Mäppchen. Sie drückte sich vor den Schulaufgaben. Sie konnte nicht mit Geld umgehen. Sie sagte zu ihrer Adoptivmutter, sie sei häßlich. Sie setzte sich jedem Fremden auf den Schoß. Sie konnte keine Freundschaften mit Kindern halten, sie paßte in der Schule nicht auf. Oft versteckte sie eingenäßte Hosen. Sie nahm sich, ohne zu fragen, Süßigkeiten, Geld, Werkzeug. Gegenüber anderen Kindern erzählte sie, sie bekäme nicht genug zu essen und ihre Eltern behandelten sie schlecht. Es gab tagtäglich Streit. Marie gab immer nur etwas zu, wenn sie erwischt wurde. Die Adoptiveltern litten sehr, hatten das Gefühl, keinen Kontakt zu Marie zu finden. Eines Tages sagte die Adoptivmutter ganz verzweifelt: «Was will dieses fremde Kind hier bei uns!» Und ein paar Tage später fügte sie hinzu: «Wir werden uns von Marie nicht trennen, weil Trennen viel zu weh täte. Und die lieben, wertvollen Seiten kann ich immer wieder erst dann sehen, wenn ich getrauert habe um all das, was mir an ihr fehlt. Ich muß mit der Ambivalenz leben.»

Wenn Adoptionswillige sich für ein älteres Kind entscheiden, so ist wichtig, daß sie wissen, daß sie mit einem seelisch verletzten, durch Verlust geprägten Kind leben werden. Der Integrationsprozeß eines älteren Kindes in eine Adoptivfamilie ist nicht einfach. Ältere Kinder sind geprägt von den Erfahrungen der fast immer schweren Jahre, bevor sie in die Adoptivfamilie kamen. Diese wirken sich lebenslang aus. Wenn Kinder im Leben ein oder mehrere schwere Beziehungsverluste hatten, dann haben sie tief innen Angst, sich vertrauensvoll auf neue Menschen einzulassen. Sie können allzu enge, nahe Beziehungen nicht mehr ertragen. Nach einer ersten Sonnenscheinphase, in der sich das Kind anstrengt, ganz Kind dieser neuen Menschen zu werden, wird es unzählige Verhaltensweisen entwickeln, die den neuen Eltern sehr zu schaffen machen. So kämpfen Adoptiveltern spät angenommener Kinder manchmal über Jahre mit dem Kind um eine nahe und verbindliche Beziehung. Ein älteres Kind kann nicht problemlos neue Menschen als Eltern annehmen. Den Adoptiveltern eines spät aufgenommenen Kindes bleibt nur, für das Kind als neue, zusätzliche elterliche Bezugspersonen dazuzukommen. Es braucht oft Jahre, bis eine echte Vertrautheit entsteht.

Kinder, die schon einmal gebunden waren

Der achtjährige Boris hatte sechs Jahre bei seiner Mutter und bei seinen Großeltern gelebt. Danach kam er in ein Kinderheim. Dort wurde er von seiner Mutter gelegentlich besucht. Doch es zeichnete sich ab, daß Boris nicht in seine Familie zurückkehren konnte. Seine Mutter entschloß sich, ihn zur Adoption freizugeben. Als die adoptionswilligen Eltern Boris zum ersten Mal im Heim besuchten, zeigte er diesen ein Bild in seinem Fotoalbum und sagte: «Das ist bei uns zu Hause».

Wenn ein Kind schon einige Jahre bei seiner Herkunftsfamilie gelebt hat, dann hat es zu den leiblichen Eltern eine feste soziale Bindung. Durch die bisherigen Eltern bzw. Großeltern ist das Kind geprägt. Es bleibt noch lange an seine bisherigen Bezugspersonen gebunden, selbst wenn es ihm bei diesen sehr schlechtgegangen ist. Die soziale Bande zählt. Adoptiveltern eines älteren Kindes können nicht erwarten, daß das Kind seine früheren Menschen aufgibt, vergißt, austauscht. Es ist für ein Kind mit viel Abschiedsschmerz und Loyalitätskonflikten verbunden, von einer in die andere Familie zu wechseln.

Kinder, die schon einmal früh im Leben gebunden waren, können sich eher auf neue Menschen einlassen als jene Kinder, denen schon viele Umgebungswechsel und Abbrüche von Beziehungen zugemutet wurden. Entscheidend ist allerdings, ob es von seinen früheren Bezugspersonen die Einwilligung, den Auftrag bekommt, neue Menschen als Eltern anzunehmen. Auch muß das Kind Abschied nehmen dürfen. Besser noch ist, wenn es durch Kontakte – brieflich, telefonisch oder durch Besuche – den Bezug zu den Menschen seines früheren Lebens aufrechterhalten kann. Kinder, die ihre Umgebung und ihre Bezugspersonen verlassen müssen, benötigen viel Zeit. Es muß ihnen erlaubt sein, zu trauern. Wenn sie die früheren Menschen ihres Lebens bei Besuchen weiter sehen können, sind sie eher bereit, sich auf neue Menschen einzulassen, als wenn diese Bindung plötzlich abreißt. Je mehr Möglichkeiten das Kind bekommt, mit seiner Vergangenheit in Verbindung zu bleiben, desto besser kann es sich noch einmal an neue Menschen anschließen.

Viele spät angenommene Kinder wiederholen gegenüber den neuen Eltern Problemverhalten, das eigentlich ihren früheren Bezugspersonen gilt. Alle Menschen übertragen die Muster und Regeln früher Bindungen auf ihre späteren Beziehungen: Welche Lebensgefährtinnen und Lebensgefährten sich Erwachsene aussuchen, wird oft schon in der Kindheit entschieden. Die Wechselbäder ihrer frühen Jahre übertragen Kinder auf ihre neuen Beziehungen. Es ist für Annehmende eines älteren Kindes sehr schwer, herauszufinden, was an schwierigen Verhaltensweisen an die Adresse der früheren Menschen geht und womit die neuen Eltern wirklich gemeint sind.

Ein älteres Adoptivkind hat durch die Beziehungsabbrüche in seinem Leben ein gewisses Maß an Unabhängigkeit entwickelt. So kann es nie mehr ganz und gar wie ein eigenes Kind der Adoptiveltern werden. Es wird Phasen geben, in denen die Adoptiveltern Zugang finden, und Phasen, in denen sich das Kind wieder ein Stück zurückzieht. Viele spätadoptierte Kinder müssen nach einer Phase der Zufriedenheit immer wieder mal Konflikte inszenieren. Sie prüfen unbewußt oder gezielt, ob die neue Familie «trotzdem» zu ihnen hält. Von diesen Konflikten bleibt das soziale Umfeld, z. B. Schule, Nachbarschaft, Verwandtschaft, keineswegs ausgenommen. Nur starke Erwachsene, die ringsherum Solidarität einfordern oder sich deutlich abgrenzen, können den sozialen Druck, der durch die Aufnahme eines älteren Kindes entstehen kann, aushalten. Forschungen aus den Vereinigten Staaten belegen, daß es bei Kindern, die zum Zeitpunkt ihrer Vermittlung älter als drei Jahre waren, 10–15 % Abbrüche gab. Doch diese Zahl der vorzeitigen Beendigung von Adoptionsverhältnissen sagt nichts aus über die Zahl der unzufriedenen Adoptierten oder unglücklichen Adoptiveltern. Es hat sich in diesen Studien auch gezeigt, daß Familien, die schon leibliche Kinder hatten, sich oftmals schwerer an ein angenommenes älteres Kind gewöhnten als kinderlose Paare. Nur Adoptionswillige sollten sich für ein älteres Kind entscheiden, die sich längst von ihrem Wunschkind verabschiedet haben. Ein Kind von zwei, fünf, sechs oder zehn Jahren hat eine eigene Persönlichkeit und eigene Verhaltensstrategien. Es kann sich trotz guter Vorsätze in weiten Teilen nicht an die Bedürfnisse seiner neuen Familie anpassen. Es hat Enttäuschungen, schweren Schmerz und bittere Verluste erlitten, wurde einmal oder mehrmals getrennt. Was ihm zugefügt wurde, gibt es auf unterschiedliche Weise weiter. Egal wie sehr die neue Familie und das Kind sich anstrengen, sie können bestimmte tiefsitzende Verhaltensweisen nicht ändern. Frühe Verletzungen machen es für diese Kinder notwendig, daß sie sich vor neuen innigen Beziehungen noch lange schützen müssen. Manche flüchten auch, indem sie zu allen Menschen distanzlos sind, sich holen, was sie brauchen. Immer wieder sind Adoptiveltern eines älteren Kindes nach einigen Jahren bitter enttäuscht, wenn ihre Liebe, ihr Bindungsangebot auf vielfältige Art zurückgewiesen wird.

Durch frühe seelische Verletzungen haben diese Kinder einerseits starke Abhängigkeitsstrukturen entwickelt, andererseits einen hohen Grad an Autonomie. Um zu überleben, mußten sie Barrieren gegenüber menschlichen Bindungen aufbauen. Weil sie so wenig Kontinuität und Halt oder Grenzen erfahren haben, haben viele von ihnen Suchtstruktur entwickelt. Bei vielen Kindern verbirgt sich unter der Oberfläche eines lustigen, aktiven, phantasievollen Kindes viel Schmerz, der betäubt werden muß. Deshalb müssen sich aufnehmende Eltern eines älteren verletzten Kindes sehr gut darauf vorbereiten, was beim Zusammenleben auf sie zukommen wird. Erfahrungsgemäß können jene Eltern mit einem verletzten, autonomen Kind zusammenleben, die Höhen und Tiefen und Zerreißproben verkraften, wenn sie sich selbst ebenfalls Unabhängigkeit und ein Stück Eigenleben erlauben.

Eine sorgfältige und langsame Anbahnung ist notwendig. Besuche im Heim, Probezusammenleben an Wochenenden, ohne den Druck, in jedem Falle auch ja sagen zu müssen, sind Voraussetzungen für das Gelingen. Die Adoptionspflege kann manchmal Jahre dauern, denn es benötigt eine lange Phase des Zusammenlebens, bis Eltern und Kind sicher sind, daß sie zusammenbleiben wollen.

Behinderte Kinder

«Ein geistig behindertes Kind ist im allgemeinen kein unglückliches Kind! Im Gegenteil. Ich habe so viel Fröhlichkeit unter geistig behinderten Kindern erlebt, mit so viel herzlicher und ursprünglicher Freude, da ist jedes Hochspielen zur Tragödie («die armen, unglücklichen Kinder») unangebracht. Geistige Behinderung bedeutet nicht auch emotionale Behinderung. Dagegen kann ein hochintelligenter Mensch durchaus ein emotionaler Analphabet sein» (Jun 1989, 6).

Menschen, die sich zutrauen, ein körperlich, seelisch oder geistig behindertes oder ein schwer chronisch krankes Kind aufzunehmen, benötigen wieder auf andere Weise als die Adoptiveltern eines älteren, verhaltensauffälligen Kindes die Kraft, in dieser Gesellschaft gegen den Strom zu schwimmen. In unserer Leistungsgesellschaft, in der Kinder schon früh normgerecht funktionieren müssen, gehört Mut und Reife dazu, sich bewußt für die Annahme eines behinderten Kindes zu entscheiden. Das Flensburger Gerichtsurteil, das Urlaubern ein behindertenfreies Hotel garantieren soll, zeigt die derzeitige Stimmung in diesem Land. Frauen, die trotz vorgeburtlicher Diagnostik und «Qualitätskontrollen» von Embryonen ein behindertes Kind austragen, müssen sich rechtfertigen. Die Diskussion über Sterbehilfe oder die Thesen von Singer, der dafür spricht, schwerbehinderte Babys zu töten, zeigen den Trend: Wurden Behinderte im deutschen Faschismus umgebracht, so haben sie sich heute wieder oder noch immer zu verstecken. Ihr Anspruch auf Lebendigsein ist nicht selbstverständlich, sie müssen ihn wieder neu verteidigen. Rechtsradikale legen nicht nur Feuer in Asylbewerberheimen. Auch die Übergriffe gegenüber behinderten Menschen werden ständig mehr.

Zur Besonderheit des Adoptionsprozesses kommt beim behinderten Kind dazu, daß dieses Kind noch weniger dazu beiträgt, draußen die Anerkennung der «Normalfamilie» zu erlangen. Einerseits ernten Adoptiveltern von behinderten Kindern von ihrer Umwelt viel Achtung und Bewunderung, aber sie werden auch auf mehr oder weniger subtile oder verletzende Weise mit der Frage konfrontiert, was bei ihnen denn «nicht richtig» sei, daß sie sich für ein solches Kind entscheiden.

Mehr noch als andere sind Adoptiv- oder Pflegeeltern behinderter Kinder auf Bündnisse mit Gleichgesinnten angewiesen. Adoptiveltern eines behinderten Kindes können dieses Kind nicht ihren Wünschen und Bedürfnissen anpassen, sondern sie sind gefordert, sich auf die Besonderheiten dieses Kindes einzustellen. Ist diese Veränderung der Maßstäbe erst verinnerlicht, haben Menschen für sich die Entscheidung getroffen, daß auch mehrfach behinderte und schwerkranke, ja langsam sterbende Kinder ein lebenswertes Leben führen, dann kommt von diesen Kindern sehr viel zurück. Menschen, die langjährig mit behinderten Kindern gearbeitet und gelebt haben, sehen den Sinn ihres Lebens im Zusammenleben mit behinderten Menschen. Behinderte Kinder benötigen die Kraft und Fürsorge, aber vor allem den Schutz ihrer Bezugspersonen in dieser behindertenfeindlichen Gesellschaft.

Eltern eines behinderten Kindes leben ein anderes Lebenstempo. Sie haben aufgehört, ihr Kind mit dem, was sein sollte, mit dem, was «normal» ist, zu vergleichen. Sie haben sich und dem Kind einen Raum geschaffen, der Anderssein erlaubt. Behinderte Kinder sind oft noch hilfsbedürftiger und machen sich abhängiger von den Menschen ihrer Umgebung als andere Kinder, die mehr Selbständigkeit anstreben. Es ist die schwere Kunst der Eltern eines behinderten Kindes, ihm so viel Selbständigkeit als möglich und so viel Hilfe wie notwendig zu geben.

Kinder anderer ethnischer Herkunft und anderer Hautfarbe

Kevin ist das leibliche Kind einer weißen Mutter und eines schwarzen Vaters. Er wurde als Säugling adoptiert. Mit zweieinhalb stellte er fest: «Alle Kinder haben helle Haut. Kevin ist dunkel.» Den Adoptiveltern gelang es, Kevin stolz auf seine dunkle Haut zu machen. Normalerweise ölten sie ihn nach dem Baden ein. Einmal war kein Öl da und sie nahmen weiße Creme. Da weinte Kevin, weil er glaubte, von der weißen Creme würde seine Haut hell werden. Er mochte seine braune Haut. Doch mit fünf saß er im Bett und weinte, weil er keine glatten Haare hatte: Im Kindergarten wurde das Lied «Zehn kleine Negerlein» gesungen. Und einmal sagte ein kleines Mädchen zu ihm: «Du siehst aus wie Scheiße.» Eine ältere Nachbarin äußerte mehrmals: «Armer Kevin, du hast wohl ein bißchen zu lange in der Sonne gelegen!»

Die täglichen Schreckensbilder in den Medien über die Verelendung und den Hungertod von Millionen Kindern wecken in vielen Menschen den Wunsch, diesen Kindern zu helfen. Doch die überwiegende Zahl dieser Kinder lebt bei seinen Eltern. Waisen- und Findelkinder gibt es zwar aufgrund der ökonomischen Misere, Hunger und Krieg in den sogenannten Drittweltländern mehr als bei uns, doch für sie werden meistens im Heimatland Adoptiveltern gefunden.

Seit 1984 hat sich die Zahl der Menschen, die vor Kriegen und Unterdrückung fliehen, weltweit auf 18 Millionen verdoppelt. Jeden Tag sterben rund 40 000 Menschen an Hunger und Krankheiten infolge von Unterernährung und schlechtem Trinkwasser. In den Ländern der sogenannten Dritten Welt sterben jährlich fast 13 Millionen Kinder unter fünf Jahren. Die Weltgesundheitsorganisation (WHO) betont in ihrem Jahresbericht 1992, daß jährlich 20 Millionen Menschen nicht sterben müßten, wenn es eine bessere medizinische Versorgung für alle Menschen dieser Erde gäbe. In den ärmsten Ländern der Welt im Süden liegt die durchschnittliche Lebenserwartung bei 50 Jahren, während sie bei uns im Norden 76 Jahre beträgt.

Längst gibt es eine Unzahl illegaler Adoptionen. Die Geschäftemacher mit dem übermächtigen Kinderwunsch der Paare im «reichen Norden» veranlassen Familien im verelendeten Süden dazu, ihre Säuglinge zu verkaufen. Seriöse Auslandsvermittlungsstellen setzen sich gegen Kinderhandel ein und prüfen daher sehr genau, ob alle Hilfsmöglichkeiten im eigenen Land für die Kinder ausgeschöpft worden sind.

Auch bei der Auslandsadoption geht es darum, elternlos gewordenen Kindern geeignete Eltern zu suchen, und nicht darum, kinderlosen Paaren zu einem Baby zu verhelfen. Angebot und Nachfrage haben sich für Adoptionen von Kindern aus der Dritten Welt unserer hiesigen Situation angeglichen: Meist sind es ältere und behinderte Kinder, die zur Adoption frei sind und denen der weitere Aufenthalt in einem schlecht ausgestatteten Heim erspart werden sollte. Doch die Mehrzahl der Adoptionswilligen möchte ein gesundes Kind unter drei Jahren.

Es ist keine leichte Aufgabe, Kindern anderer ethnischer Herkunft bei ihrer Identitätsentwicklung zu helfen. Zu dem Schmerz, daß das Kind anderswo Eltern verloren hat, kommt sein «Anderssein». Viele dunkelhäutige und anders aussehende Kinder wünschen sich sehnlichst, so auszusehen, wie die Kinder in diesem Land, wollen hell und unauffällig sein. Es dauert viele Jahre, bis junge Menschen trotz der erlittenen Erniedrigungen lernen, zu ihrem Aussehen zu stehen. Manche packen es nicht und fühlen sich dauerhaft minderwertig.

Adoptiveltern ausländischer Kinder werden zu interkulturellen Familien. Viele Eltern ausländischer Kinder engagieren sich in Projekten in den Heimatländern ihrer Kinder und bleiben in enger Verbindung zum Herkunftsland des Kindes. Auf die folgende Frage ihrer Kinder im Jugendalter müssen sich Adoptiveltern von Kindern aus der sogenannten Dritten Welt vorbereiten: «Weshalb habt ihr mich von dort geholt? Allein die Flugkosten hätten ausgereicht, mich in meinem Heimatland aufwachsen zu lassen.» Es wird nicht leicht sein, zu antworten. Eine der Antworten könnte heißen: «Wir haben dich geholt, weil wir ein Kind für uns wollten, uns nach einem Kind gesehnt haben. Wir wollten dein Aufwachsen bei uns erleben.» Ausländische Adoptivkinder und ihre Eltern benötigen den Zusammenschluß mit Menschen in derselben Lebenssituation in Selbsthilfegruppen und Interessenverbänden, um mit ihrem Schicksal nicht alleine zu bleiben.

Seit der Zunahme von Ausländerhaß und Rassismus in Deutschland fürchten ausländische Adoptierte um ihr Leben. Die Kinder wurden in ein Land geholt, deren Politiker durch unsägliche Kampagnen und Falschinformationen ein Klima geschaffen haben, in welchem Menschen anderer Hautfarbe oder anderer ethnischer Herkunft gehaßt, diskriminiert, bedroht und getötet werden. Viele Eltern mit Adoptivkindern anderer ethnischer Herkunft sind verzweifelt und ohnmächtig in Anbetracht der politischen Entwicklung in Deutschland. Sie engagieren sich besonders aktiv in der Antirassismusarbeit.

Problemkreise von Kindern, die Adoptiveltern brauchen

Folgende Problemkreise, die häufiger Pflegekinder betreffen, in einigen Fällen jedoch auch für Adoptivkinder gelten, wurden im «Ratgeber Pflegekinder» ausführlicher behandelt. Sie sollen hier nur kurz zusammengefaßt werden:

Kinder im Jugendalter

Kinder im Jugendalter haben es besonders schwer, wenn sie neu in eine Familie kommen. Sie verselbständigen sich bereits, wollen sich von Erwachsenen ablösen, sollen sich jedoch zugleich noch einmal auf neue Eltern einlassen. Jugendliche und Heranwachsende können noch weniger die Wünsche und Erwartungen ihrer annehmenden Eltern erfüllen als jüngere Kinder. Oft haben sie eine schwere Kindheit hinter sich. Sie sind in Teilen ihrer Persönlichkeit noch kindlich, brauchen viel Hilfe. In anderen Teilen sind sie fast erwachsen, benötigen sie viel Eigenleben. Annehmende Eltern von Jugendlichen brauchen Selbstsicherheit, um die angemessene Dosierung an Kontrolle einerseits und Loslassen andererseits zu finden.

Geschwister

Wenn Geschwister gemeinsam angenommen werden, ist dies eine wertvolle Möglichkeit, die alte, vertraute Geschwisterbeziehung in die neue Welt mitzubringen. So haben sie nicht alle Bindungen verloren und sind deshalb fähig, Bindung auf neue Erwachsene zu übertragen. Allerdings fühlen sich die Geschwister oft als kleine Innengruppe innerhalb der neuen Familie. Auch zusammen angenommene Geschwisterkinder in einer Adoptivfamilie streiten sich untereinander und treten in Konkurrenz, wie viele andere Geschwister auch.

Kinder aus Suchtfamilien

Ist in einer Familie ein Mensch im Übermaß abhängig von Drogen, Alkohol, Tabletten, so bestimmt dies nicht nur das gesamte soziale Geschehen für das Kind. Menschen, deren Leben im Übermaß von

Suchtstoffen dominiert ist, kennen auch zwischen Ich und Du, zwischen Erwachsenem und Kind oft kaum Grenzen. Diese Kinder haben einerseits früh Verantwortung übernommen. Manche mußten lernen, einen Erwachsenen zu beschützen, zu steuern. Oft unterliegen sie jedoch selbst vielfältigen Abhängigkeitsstrukturen. Sie kennen kein Maß, können ihre Bedürfnisse im sozialen Bereich ebenso wie im Konsumbereich kaum regulieren. Sie benötigen dauernd «Nachschub» – an Unterhaltung, an Freundinnen und Freunden, an Zuwendung, an Essen und Trinken, an Video etc. Diese Kinder können noch schwerer mit Grenzen umgehen als viele andere seelisch früh verletzte Kinder.

Kinder, die mißhandelt wurden

Wenn Kinder in ihrer Herkunftsfamilie mißhandelt wurden, so fällt es neuen Eltern besonders schwer, die frühere Familie nicht zu hassen. Doch die Kinder waren auch von ihren mißhandelnden Eltern abhängig. Sie leiden doppelt: unter den körperlichen und seelischen Verletzungen, der furchtbaren Erfahrung, schutzlos gewesen zu sein, aber auch unter der Entwertung ihrer Eltern durch die Umwelt. Um den Selbstwert eines mißhandelten Kindes aufzubauen, braucht es viele Jahre. Oft gehen alle davon aus, ein Kind, das Gewalt erfahren hat, sei froh, sich von seinen Eltern zu lösen. So verbirgt das Kind sein Heimweh und seine Trauer. Es kann die furchtbaren, aber auch die vertrauten Momente des früheren Lebens nicht einfach hinter sich lassen. Manchmal fordert ein einst mißhandeltes Kind seine neuen Eltern bis an die äußersten Grenzen heraus. Es prüft unbewußt, ob diese Menschen es schützen oder ebenfalls mißhandelnd reagieren. Annehmende Eltern eines mißhandelten Kindes benötigen fachkundige Hilfe in einer Beratungsstelle für Eltern, Kinder und Jugendliche oder einer vergleichbaren Stelle.

Kinder, die sexuell mißbraucht wurden

Auch annehmende Eltern von Kindern, die sexuell ausgebeutet wurden, benötigen spezifische Beratung und Hilfe für sich und das Kind. Die seelischen Verletzungen dieser Kinder sitzen tief. Ihre intimsten Grenzen wurden zerstört. Viele von ihnen sind in Gefahr, erneut Opfer sexueller Übergriffe durch Erwachsene zu werden, weil sie nicht gelernt haben, sich zu schützen. Zahlreiche Kinder können über das Erlebte nicht sprechen. Sie brauchen Erwachsene, die sie nicht bedrängen. Auch sexuell mißhandelte Kinder trauern, wenn sie ihr Zuhause aufgeben mußten. Dies wird vom sozialen Umfeld oft nicht verstanden. Annehmende Eltern benötigen viel Wissen und viel Informationen, sollten sich über Literatur und Beratung zu Spezialisten für das Thema sexueller Mißbrauch machen. Auch Kinder, die sexuell mißbraucht wurden, definieren sich über ihre Herkunftsfamilie. Es ist schwer, mit den Kindern eine positive Identität aufzubauen.

3. Abgebende Eltern

Wenn Frauen ihre Kinder zur Adoption freigeben

Eltern, die eine sozial gesicherte Lebensperspektive haben, geben selten ihr Kind fort. In einer Gesellschaft, in der Geld und Leistung Voraussetzungen sind, menschenwürdig zu leben, können es nicht alle packen, Elternrolle zu übernehmen. Armut, Wohnungsnot und Obdachlosigkeit sind häufig mit ein Faktor bei der Freigabe zur Adoption. Es sind oft junge Frauen, Frauen ohne Ausbildung und ohne Beruf, Frauen, die vom Partner oder von ihren Familien keine Unterstützung erhalten, Frauen, die keine guten Lebensbedingungen für sich und erst recht nicht für ein Kind haben. Meist befinden sich abgebende Frauen auch in einer schweren Lebensphase, einer Krise, in der sie ihr Kind fortgeben müssen, was sie später bitterlich bereuen.

Wir wissen, daß Menschen, die als Kind seelische Not gelitten und selbst mehrere schwere Beziehungsabbrüche erfahren haben, oft als Erwachsene nicht imstande sind, ihre Kinder zu versorgen. Sie müssen eigene traumatische Ereignisse aus ihrer Kindheit an ihren Kindern wiederholen. Auch Menschen, die jung Krieg und Gewalt, Flucht, Hunger und Verelendung, Tod, Mißhandlung und Folter erlebten, haben später oft nicht mehr die Kraft, ein gesichertes Leben aufzubauen und Elternrolle zu übernehmen.

Martina Sommer wuchs mit ihrer alleinerziehenden Mutter in einer kleinen Sozialwohnung einer Großstadt auf. Martinas Mutter hatte selbst eine äußerst problematische Kindheit und Jugend mit Gewalterfahrungen. Sie lebte von Sozialhilfe, war oft depressiv und passiv. Je nach ihrer nervlichen Verfassung ließ sie dem Kind alles durchgehen oder schrie mit ihm herum. Und Martina schrie zurück. Martina kannte ihren Vater nicht. Um in ihr acht Quadratmeter großes Zimmer zu gelangen, mußte sie das Schlafzimmer der Mutter durchqueren. Martina hatte einerseits ein enges Abhängigkeitsverhältnis zu ihrer Mutter, andererseits entzog sie sich dieser schon früh, indem sie bei einer Freundin viel Zeit zubrachte. In der Schule kam Martina gerade so mit. Manchmal blieb sie unentschuldigt fern. Als Martina vierzehn war, freundete sie sich mit Jürgen an, einem Jungen aus ihrer Klasse. Jürgen kam aus «gutem Haus», und seine Eltern lehnten Martina ab. Als Martinas Regel mit fünfzehn ausblieb, sagte sie es niemandem, weder ihrem Freund noch ihrer Mutter. Sie wollte einfach nicht daran denken, daß sie schwanger sein könnte. Doch sie bekam Kreislaufprobleme, ihr wurde schlecht. Die Mutter ihrer Freundin brachte sie zum Frauenarzt, der die Schwangerschaft im vierten Monat feststellte. Martina hatte Angst, daß ihre Mutter von der Schwangerschaft erführe. Die Mutter der Freundin begleitete sie nach Hause. Die Mutter weinte, war wütend und schrie: «Wie kannst du dir nur dein ganzes Leben versauen.» Sie rief die Eltern von Jürgen an und beschwerte sich. Auch Jürgens Eltern waren entsetzt. Sie kamen als erste auf den Gedanken, daß Martina das Kind zur Adoption freigeben sollte.

Martinas Mutter und Martina gingen zur Adoptionsvermittlung. Martina wußte eigentlich überhaupt nicht, was sie wollte. Sie war enttäuscht, daß ihre Mutter ihr nicht anbot, auf das Kind aufzupassen, solange sie zur Schule gehen mußte. Doch ihre Mutter lehnte die Verantwortung ab, schimpfte immer wieder auf Martina. Nur bei ihrer Freundin fand sie Unterstützung. Mit dieser malte sie sich aus, das Kind zu behalten. Jürgen war von seinen Eltern der Kontakt zu ihr verboten worden. Er mußte in ein Internat. Von dort schrieb er Martina und telefonierte mit ihr. Doch Martina merkte, daß er immer weniger zu ihr hielt. Auch er sagte: «Es ist besser, du gibst das Kind zur Adoption.» Und: «Es ist besser, wenn wir uns nicht mehr sehen.»

Gekränkt, allein, ohne Unterstützung durch Jürgen oder ihre Mutter, versicherte sie bei der Adoptionsvermittlerin, daß sie das Kind zur Adoption freigeben wolle. Ohne Ausbildung, ohne Beruf, in der engen Wohnung mit ihrer unzufriedenen, hilflosen Mutter: Wie sollte das gehen? Hätte Jürgen sie nicht verlassen, dann hätte sie vielleicht mit ihm zusammen versucht, das Kind aufzuziehen. Doch Jürgen wollte keine Verantwortung, wollte nicht einmal für das Kind zahlen. In ein Mutter-und-Kind-Heim zu gehen, davor hatte sie Angst. Sie hatte Angst vor der großen Verantwortung, Angst vor dem Leben mit dem Kind. Sie fühlte, daß sie nicht genug Kraft hatte, für ein Kind zu sorgen. Selbst noch halb Kind, wünschte sie sich lieber Eltern, bei denen es ihr Kind einmal besser haben würde. Was hätte sie dem Kind schon bieten können?

In der Klinik wurde ihr geraten, das Kind nach der Geburt lieber gar nicht anzusehen. Sie bekam eine Narkose und erwachte auf einer anderen Station. Die Adoptionsvermittlerin besuchte sie einige Stunden nach der Geburt, sonst sprach niemand mit ihr über das Ereignis. Sie wußte nur, daß es ein Junge war. Die Namensgebung überließ sie den künftigen Adoptiveltern. Die Adoptionsvermittlerin erzählte ihr, daß die künftigen Eltern des Kindes außerhalb der Großstadt im eigenen Haus lebten und dies ihr erstes Kind sei. Martina war bekannt, daß ihr Kind in der Säuglingsstation lag. Doch sie traute sich nicht, dorthin zu gehen. Sie wußte, daß die neuen Eltern schon drei Tage nach der Geburt das Kind holten. Martina weinte nachts leise in ihre Kissen. Ihr war nicht klar, was ihr mehr weh tat: von Jürgen alleingelassen worden zu sein oder ihr Kind ohne Abschied fortgegeben zu haben. Sie wußte, das Kind fortzugeben war unwiederbringlich und für immer. Sie versicherte ihrer Adoptionsvermittlerin, nach acht Wochen zum Notar zu gehen. Und so geschah es auch. «Es ist das beste für dich, erst mal dein Leben weiterzuleben und selbst erwachsen zu werden. Du kannst beruhigt sein. Wir haben gute Eltern für dein Kind ausgesucht», sagte die Adoptionsvermittlerin. Und: «Es war ein guter und verantwortungsbewußter Schritt, den du getan hast. Wenn du willst, kannst du bei mir in der Vermittlungsstelle gelegentlich anfragen, wie es deinem Kind geht.»

Wenn sie auf der Straße Frauen mit Kinderwagen sah, dann mußte sie an ihr Kind denken. Oder war es vielleicht sogar ihr Sohn? War die fremde Frau die Adoptivmutter? Das Leben ging weiter. Es gab Zeiten, in denen Martina intensiv an das Kind dachte, und Zeiten, in denen sie ihre Entscheidung bejahte.

Wenn Frauen ambivalent sind

«Woanders hat es mein Kind bestimmt besser als bei mir», sagen sich abgebende Mütter immer wieder. Doch das Kind hat es nicht einfach besser. Wenn sich das Adoptivkind auch noch so glücklich mit seinen Adoptiveltern fühlt: Für das Besserhaben muß es seine außergewöhnliche Lebenssituation bewältigen. Mit der Fortgabe des Kindes zu den allerbesten Adoptiveltern der Welt wird sein Schicksal anders verlaufen als das eines Kindes bei seinen leiblichen Eltern. Dennoch ist das Aufwachsen bei Adoptiveltern eine gute Alternative für ein Kind, dessen leibliche Eltern nicht die gesundheitliche, soziale, ökonomische Möglichkeit haben, Elternrolle zu übernehmen.

Die Freigabe eines Kindes zur Adoption ist immer ein von lebenslangem Schmerz begleiteter, aus einer Notlage heraus entstandener bitterer und zugleich verantwortlicher Schritt von Frauen, die nicht selbst für ihr Kind sorgen können. Viele Frauen sind in einer so schweren Notlage, daß ihre Entscheidung eindeutig ist, oder sie werden – oft in jungem Alter – von ihrem sozialen Umfeld so massiv zur Fortgabe ihres Kindes gezwungen, daß sie keine Alternative sehen.

Andere Frauen fühlen sich vor und nach der Geburt gespalten. Sie fragen sich, was für sie richtig ist: Das Kind fortgeben oder doch behalten? Um herauszufinden, ob die Trennung vom Kind wirklich die angemessene Entscheidung ist, sollten Frauen einige Schritte tun, die bestimmt schwer sind, ihnen jedoch etwas mehr Klarheit bringen können:
– Sprechen Sie nicht nur mit der Adoptionsvermittlungsstelle, sondern auch mit dem allgemeinen Sozialdienst, um alle Hilfsmöglichkeiten in Ihrer Umgebung und deren Inanspruchnahme auszuloten. Kein guter Weg ist es, Ihr Kind in Dauerpflege zu geben mit der Hoffnung, es in zwei oder drei Jahren zurückzuholen. Denn nach einer solch langen Zeit können Sie ein Kleinkind nicht aus seiner Pflegefamilie herausreißen. Jedes Baby und Kleinkind bindet sich früh an seine Umgebung und vor allem an die Menschen, bei denen es lebt. Auch die Gerichte entscheiden fast immer für den Verbleib des Kindes in der Pflegefamilie, wenn das Kind die ersten Jahre seines Lebens dort gelebt hat.

- Sprechen Sie mit eigenen Familienangehörigen, Geschwistern, Eltern und anderen Menschen über die beabsichtigte Freigabe! Je offener Sie Ihre Überlegungen darstellen, desto klarer können Sie sich mit dem Für und Wider auseinandersetzen. Ihnen wird eher bewußt, was Sie wollen, als wenn Sie alles mit sich allein ausmachen. Das Schlimmste ist, Ihre Situation geheimzuhalten und ganz allein damit zurechtkommen zu wollen.
- Informieren Sie den Kindesvater. Er soll die schwere Entscheidung für das Schicksal des gemeinsamen Kindes mittragen. Auch das Kind will, wenn es erwachsen ist, einmal wissen, wer sein leiblicher Vater ist.
- Reden Sie mit anderen Müttern, die sich von ihrem Kind getrennt haben! Es gibt inzwischen an vielen Orten Frauen, die ihr Kind zur Adoption freigegeben haben, die nicht mehr schweigen und ihre Erfahrungen weitergeben möchten. Wenn Sie keine Frau in Ihrer Nähe wissen, dann lassen Sie sich von Ihrer Adoptionsvermittlerin oder Ihrem Adoptionsvermittler den Kontakt zu einer anderen abgebenden Mutter anbahnen.

Das Abschiednehmen

«Dann wurdest Du geboren, an einem Dienstag, dem 13. August 1974, um 6 Uhr und 11 Minuten. Du, meine Tochter Jane. Als alles vorbei war, lagst Du im Babybett neben meinem Bett. Ich konnte Dich sehen, Deine Augen, Deine kleinen Hände konnte ich anfassen. Ich spürte Glück, Zufriedenheit, Stille in mir. Es war einfach ein Wunder, so einen kleinen Menschen hervorgebracht zu haben. Am nächsten Tag wollte ich Dich wiedersehen. Im Säuglingszimmer sagte man mir, das ginge nicht, und brachte mich auf irgendeine Art und Weise wieder in mein Bett. Ich war kraftlos, ohnmächtig, resigniert, leer. Ich durfte Dich nicht sehen. Man hatte mir mein Kind weggenommen, ganz einfach so. Es gab keine Möglichkeit, Dich zu sehen? Ich liebte doch dieses kleine Wesen. Schöne Monate hatte ich doch mit ihm verbracht, in denen ich viel mit meinem Kind gesprochen und es auch gestreichelt hatte» (Hoksbergen/Textor 1993).

Wenn Sie sich nach sorgfältigem Abwägen für die Freigabe Ihres Kindes zur Adoption entscheiden, so werden Sie mit viel Trauer und Abschiedsschmerz konfrontiert sein. In vielen Kliniken wird abgebenden Müttern auch heute noch geraten, ihr Kind nach der Geburt nur ja nicht anzuschauen, um den Abschied und das «Vergessen» zu erleichtern. Die Frau wird gleich nach der Geburt auf eine andere Station verlegt, oder sie verläßt frühzeitig auf eigenen Wunsch die Klinik. Die gesellschaftliche Regel heißt: Die Freigabe des Kindes soll von der Mutter ebenso wie von ihrem sozialen Umfeld schnell vergessen werden. Doch damit ist abgebenden Müttern nicht wirklich geholfen.

Frauen, die das Kind nach der Geburt nicht mehr gesehen und angefaßt haben, können ihre Entscheidung in späteren Jahren oft wesentlich schlechter verarbeiten als jene, die bewußt von ihrem Kind Abschied genommen haben, bevor die Lebenswege sich trennten. Je nach Konzept und Beratung der abgebenden Mütter durch die Adoptionsvermittlungsstelle wird der Abschiedsprozeß nicht verdeckt und verdrängt. Der abgebenden Mutter wird das Kind nach der Geburt bewußt zum Abschiednehmen in die Arme gelegt, oder sie hat das Kind noch einige Tage bei sich. Immer wieder gibt es Frauen, die sich in den ersten Wochen noch umentscheiden und doch Mutter für ihr Kind werden wollen. Wenn eine Mutter beim Anschauen und Anfassen des Kindes bei ihrem Entschluß der Adoptionsfreigabe bleibt, so steht der Entschluß auf festeren Füßen, als wenn sie es nicht wagt, das Kind anzusehen.

Was das Kind mit auf seinen Weg braucht

Wenn irgend möglich, geben Sie Ihrem Kind Fotos mit auf den Lebensweg: Fotos von Ihnen, von heute und aus Ihrer Kindheit. Auch über Bilder vom Vater des Kindes, Ihren Eltern oder Geschwistern ist das Kind in späteren Jahren sicher froh. Diese Fotos sollten der Adoptivfamilie überreicht werden. Kinder, die Bilder von ihren abgebenden Eltern haben, sind beruhigter, müssen nicht bei völlig fremden Menschen auf der Straße denken: Das könnte meine Mutter sein. Die abgebenden Eltern, vor allem Mütter, spielen im Fühlen und Denken des Kindes eine wichtige Rolle. Wenn ein Kind Fotos von seiner Herkunftsfamilie besitzt, kann es selbstverständlicher mit seiner Situation umgehen. Je weniger Rätsel, je weniger Unbekanntes, desto erträglicher ist das Adoptiertsein für das Kind.

Auch für Sie als abgebende Mutter ist es ein wichtiges Ritual, die Fotos zusammenzustellen, und es hilft Ihnen beim Auseinandersetzen mit Ihrer Entscheidung, das Kind zur Adoption freizugeben.

Der Lebensbrief

Viele Frauen schaffen es nicht, doch wenn es ihnen gelingt, dann ist dies für ihr Kind später eine große Hilfe: Schreiben Sie einen Lebensbrief an Ihr Kind. Es brauchen nur ein paar Zeilen zu sein. Manche Frauen sind zu verzweifelt, krank, seelisch in der Krise. Sie können die hohe Anforderung nicht erfüllen. Vielleicht geht es dann in späteren Jahren. Kinder, die einen Brief ihrer Herkunftsmutter haben, sind sehr froh. Sie können diesen lesen, wenn sie 10, 12, 14 oder 16 Jahre alt sind. Schreiben Sie auf, was Sie erlebt haben, was Sie fühlen, weshalb Sie nicht selbst mit Ihrem Kind leben können. Dieser Brief hilft Ihnen, noch mehr Klarheit zu bekommen, zu trauern. Er hilft dem Kind später, Sie besser zu verstehen, und er ist eine wichtige Möglichkeit für Sie, sich dem Abschied zu stellen, ohne zu verdrängen.

Wenn die Entscheidung zur Adoptionsfreigabe von beiden Elternteilen gemeinsam getroffen wurde, so sollte auch der Vater des Kindes Fotos zusammenstellen und einen Brief an das Kind schreiben und begründen, weshalb er wollte, daß das Kind andere Eltern bekommt.

Die Briefe sollten keine Schuldzuweisungen enthalten. Der Brief an das Kind kann keine Rechtfertigung sein, er soll ausschließlich dem Informationsbedürfnis des Kindes dienen. Er soll das Kind nicht belasten, sondern ihm Klarheit geben. Der Brief kann das Kind auch nicht an Sie binden. Der Brief kann das Einverständnis erhalten, daß das Kind seine Adoptiveltern lieben, zu ihnen gehören wird.

Beispiel für einen Abschiedsbrief:

Liebe Monika,

am 10.08.1989 wurdest Du an einem Sonntag um 5 Uhr und 17 Minuten geboren. Du warst 49 Zentimeter groß und hattest schwarze Haare. Ich war sehr stolz und glücklich. Zum Abschied gab ich Dir einen Nasenstüber und wünschte Dir, daß Du ganz viel Glück auf Deinem Lebensweg haben wirst. Du bist nun zwei Wochen alt und lebst bei Deinen künftigen Adoptiveltern. Ich habe mich von Dir getrennt. Glaube mir, es tat mir sehr weh. Ich bin 19 Jahre und habe keinen Beruf. Deinen Vater habe ich kaum gekannt. In dem Moment, als du entstanden bist, mochte ich ihn sehr, aber wir konnten nicht zusammenbleiben. Eine Wohnung habe ich auch nicht. In einem Mutter-und-Kind-Heim, das mir die Sozialarbeiterin angeboten hat, könnte ich es nicht aushalten. Und ich traue mir einfach nicht zu, allein für ein Kind zu sorgen. Mit meinen Eltern verstehe ich mich nicht. Ich konnte sie nicht um Hilfe bitten. Ich habe noch so viel Unruhe und Durcheinander in meinem Leben, habe so viel mit mir zu tun, daß ich einfach noch nicht tagaus, tagein für ein Kind dasein kann. Da ich nicht will, daß Du in mein Durcheinander hineingezogen wirst, habe ich mich entschieden, Dir von Anfang an ein richtiges Zuhause zu ermöglichen. Ich selbst war als kleines Kind heute da, morgen dort. Das war sehr schlimm. Ich wollte nicht, daß dies meinem Kind wieder so geht. Vielleicht wäre ich heute nicht so schwierig und ruhelos, wenn auch ich Adoptiveltern gehabt hätte.

Wenn Du diesen Brief liest, werden viele Jahre vergangen sein. Ich wünsche mir sehr, daß Du in Deiner Adoptivfamilie gut aufgehoben bist. Ich bin mir im klaren, daß Du nicht mich, sondern Deine Adoptiveltern lieb hast, denn sie sind Deine Eltern. Aber vielleicht bist Du ja auf mich einmal neugierig. Falls Du es möchtest, kannst Du mich einmal kennenlernen. Ich will Deine Fragen, die Du eventuell hast, beantworten. Ich muß mich der Tatsache stellen, daß Du meinen Schritt, Dich freizugeben, vielleicht auch nicht gutheißen kannst. Glaube mir, Deine Adoption war für mich und für Dich der einzige Ausweg. Viel Glück im Leben!

Deine Mutter

Nach der Freigabe zur Adoption: Getrennt leben

Die weltberühmte Kinderbuchautorin Astrid Lindgren hat drei Tage vor ihrem 85. Geburtstag in der Öffentlichkeit bekanntgegeben: «Ich gab meinen Sohn zur Adoption frei... Es war fürchterlich für mich, mein Kind weggeben zu müssen. Doch ich sah damals keine andere Möglichkeit... Immer habe ich mich in all den Jahren gefragt, ob ich das Richtige gemacht habe» (Hamburger Abendblatt vom 12. 11. 92).

Es gibt Frauen, die mit der Freigabe ihres Kindes zur Adoption in ihrem späteren Leben nicht zurechtkommen, andere, die mit dem Schmerz, der Trauer und dem Abschied leben lernen. Abgebende Eltern zu sein heißt, Eltern ohne Kind zu sein und mit dieser widersprüchlichen, schmerzlichen Rolle leben zu lernen.

Es gibt verschiedene psychische Strategien, die Frauen anwenden, um später mit ihrer Entscheidung zurechtzukommen. Viele klammern sich geradezu an die Mythen und Volksweisheiten, die andere in dieser Gesellschaft über «abgebende Mütter» verbreiten. Eine irrige Annahme heißt: «Aus den Augen, aus dem Sinn.» Nicht wenige Frauen denken zur Zeit der Freigabe, wenn sie erst alles hinter sich haben, wenn sie erst beim Notar waren, dann wäre aller Zwang, alle Not, aller Druck vorbei. Sie denken eine Zeitlang: «Wenn ich das Kind freigebe, dann ist es fort, als wäre es nie geschehen.» Doch das stimmt nicht.

Leibliche Mütter, die ihr Kind freigegeben haben, bleiben wichtig für das Kind. Es denkt an sie, träumt von ihr. Und keiner der Frauen gelingt es, ihr Kind auf Dauer zu vergessen. Nach einer kurzen oder längeren Phase des Verdrängens werden fast alle Frauen von dem Geschehenen eingeholt. Manche können sich erst Jahre später mit der ganzen Tragweite ihres Handelns auseinandersetzen. Viele Frauen gestehen sich in späteren Jahren ihren Schritt von damals nicht mehr zu, bereuen, haben Schuldgefühle, können sich nicht verzeihen, sind nicht mehr so sicher, daß ihre Entscheidung richtig war. Sie zweifeln an sich selbst, und sie trauern um das verlorene Kind, das sie nicht kennen: In der Straßenbahn, ein Kind auf dem Schoß eines Mannes: Ist es ihr Kind? Am Strand, Kinder, die Burgen bauen: Ist ihr Kind dabei? Immer wieder kommt es vor, daß abgebende Mütter nicht ruhen, bevor sie in Erfahrung bringen, wo ihr Kind lebt. Eine Frau hat mir erzählt, daß ihre Freundin, Helferin in einer Zahnarzt-praxis, Vorname und Geburtsdatum ihres freigegebenen Kindes gefunden hat. Als das Kind einen Termin bei seiner Zahnärztin hatte, saß sie in einer Ecke des Wartezimmers und schaute sich ihren Sohn und seine Adoptivmutter an. Sie gab sich nicht zu erkennen.

Manchmal wird abgebenden Müttern geraten: «Stell dir vor, das Kind ist gestorben.» Einige abgebende Mütter wollen sich selbst einreden und sagen auch zu ihren Angehörigen, Bekannten und Verwandten, das Kind sei tot. Sie wollen sich vor der moralischen Verurteilung schützen. Doch sie fühlen zugleich, daß ihr Prozeß nichts mit dem Tod eines Menschen zu tun hat. Nein, ihre Trauer ist überhaupt nicht zu vergleichen mit dem Schmerz einer Mutter, deren Kind gestorben ist. Das Kind lebt. Es gibt es. Es begleitet die abgebende Mutter in ihrem Fühlen und ihrem Erleben.

«Es ist für mich sehr schwer, zu dem Kind, das ich zur Adoption freigegeben habe, eine innere Beziehung herzustellen. Es ist für mich eine Art Phantom, und – so hart es klingt – es wäre für mich oft leichter gewesen, wenn dieses Wesen nicht existierte. So bat ich auch die Adoptionsvermittlerin, mich wenigstens in einem eventuellen Todesfalle in Kenntnis zu setzen; es war schwer genug, mit einem Fragezeichen zu leben, aber ich wollte nicht noch nach einem Gesicht suchen, wenn es dieses längst nicht mehr gab» (Bechinger/Gerber 1993, 22).

«Du kannst doch noch viele Kinder bekommen!» Diesen vermeintlichen Trost muß sich manche abgebende Mutter von Ärztinnen und Ärzten, von Bekannten, manchmal sogar von Adoptionsvermittlerinnen und Adoptionsvermittlern anhören. Dabei machen weitere Kinder den Verlust und die Entscheidung zur Fortgabe dieses Kindes nicht ungeschehen. Bei jeder Schwangerschaft, bei jeder Geburt kommen die Erinnerungen an das «fortgegebene» Kind besonders stark zurück.

«Obwohl wir getrennt leben, so bleiben wir Mutter und Kind und bleiben als solche miteinander verbunden.» Auch diese Verarbeitungsstrategie ist nicht stimmig. Es gibt Frauen, die sich in Phantasie nie von ihrem Kind getrennt haben. Sie bleiben über viele Jahre auf ein Wiedersehen mit ihrem Kind fixiert. Sie glauben, ihr Kind besser zu kennen als die Adoptiveltern, und stellen sich vor, sich mit ihrem erwachsenen Kind vom ersten Moment des Wiedersehens an gut zu verstehen und zusammenzugehören wie Mutter und Kind. Doch Mütter, die ohne ihr Kind leben, dürfen sich keine Illusionen machen: Die 18 oder 20 Jahre des getrennten Lebens sind nicht wegzuwischen. Ein Wiedersehen kann Erleichterung bringen, Freude, daß es den verschwundenen Menschen real gibt, vielleicht Aussöhnung mit dem schweren Schritt der Vergangenheit. Im besten Fall kann sich später eine freundschaftliche Beziehung entwickeln, gegenseitiges Verständnis. Manchmal bleiben Getrenntfühlen und Enttäuschtsein vorherrschend. Eine Eltern-Kind-Beziehung kann nicht mehr aufgebaut werden. Diese haben Adoptierte mit ihren Adoptiveltern. Die Zusammenkunft ist nicht nur ein Anlaß der Freude, sondern auch der Trauer über die nicht miteinander verbrachten Jahre.

Die Entwertung durch das soziale Umfeld

«Seit dreizehn Jahren teilen sich meine Freunde und Freundinnen in zwei Gruppen: die, denen ich ‹es› anvertrauen kann, und die, die ‹es› nicht wissen» (Tageszeitung vom 28.8.85).

Ihr Kind fortgegeben zu haben heißt für die betroffene Frau nicht nur, mit dem Verlust leben zu müssen, es heißt auch, etwas getan zu haben, was sich mit den Normen dieser Gesellschaft nicht vereinbaren läßt. Sie ist von außen mit sozialer Ächtung und von innen mit Schuldgefühlen konfrontiert. Die leiblichen Väter hingegen werden häufig überhaupt nicht wahrgenommen. Frauen, die offen kundtun, daß sie ein Kind fortgegeben haben, ernten Unverständnis, Entsetzen, manchmal Haß. Sie werden abgelehnt, denn sie erfüllen nicht die traditionelle Rolle der Frau und Mutter in dieser Gesellschaft. Sie «gehören nicht mehr dazu», sind Außenseiterinnen der Gesellschaft. Kaum eine Frau hält das auf Dauer aus. Die meisten von ihnen trauen sich im Lauf der Zeit nicht mehr, mit anderen Menschen darüber zu sprechen. Selbst neue Lebenspartner werden oft nicht eingeweiht, weil die Konfrontation zu schmerzlich ist. Diese Frauen bleiben ein Leben lang mit ihrer Entscheidung und ihrem Wissen, daß irgendwo ein Mensch lebt, dem sie das Leben gegeben haben, allein.

Viele abgebende Eltern wissen und fühlen selbst ihren Mangel und ihre Grenzen, Elternrolle verantwortlich auszuüben. Sie treffen unter Einwirkung der zuständigen Jugendamtsmitarbeiterinnen und Jugendamtsmitarbeiter mehr oder weniger «freiwillig» ihre Entscheidung für eine Fremdunterbringung. Anderen wird das Kind gegen den Willen fortgenommen, weil sie es nicht versorgen konnten. Manche haben es vernachlässigt, mißhandelt oder allein gelassen. Dennoch wollen sie ihre Kinder nicht hergeben. Sie hängen an ihnen. Laut Bürgerlichem Gesetzbuch kann die Einwilligung in die Adoption durch die Eltern bzw. die Mutter eines nichtehelichen Kindes dann durch ein Vormundschaftsgericht ersetzt werden.

Nur ein Kind, dessen Herkunftsfamilie es losgelassen hat, dessen Eltern mit dem Überwechseln in die neue Familie einverstanden sind, kann dort relativ unbelastet aufwachsen. Solange Frauen, die ihre Mutterrolle nicht übernehmen können, moralisch verurteilt, an den

Rand gedrängt, herabgesetzt werden, werden viele nicht einwilligen, ihr Kind anderen Menschen zu überlassen. Ihre Kinder sind oft das einzige, wodurch sie sich wertvoll fühlen dürfen.

So wie Vätern zugebilligt wird, daß ihre Kinder oft nicht mit ihnen leben, so sollte auch Müttern offenstehen, ob sie Mutterrolle übernehmen oder nicht. Wird Frauen in erster Linie die Botschaft gegeben, sie seien wertlose Menschen, weil sie sich nicht um ihr Kind kümmern, wie können sie dann ihr Kind anderen Leuten überlassen? Um noch tiefer als Versagerin, als Rabenmutter abgestempelt zu sein? Abgebende Mütter benötigen die gesellschaftliche Erlaubnis, ihre Kinder anderen Menschen anzuvertrauen. Würde Frauen zugebilligt, Mutter zu sein, auch ohne selbst für ihr Kind zu sorgen, dann könnten einige den schweren Schritt, andere Menschen als «die besseren Eltern» für ihr Kind anzuerkennen, ein wenig leichter tun. Und dies würde den Kindern zugute kommen.

Alleinverantwortlichkeit
von Frauen und Müttern

Mit weltweiter Unterdrückung, schlechterem Status und Ausbeutung von Frauen ist untrennbar verbunden, daß die Folgen sexueller Intimität, Schwangerschaft und Mutterschaft Frauen allein zu tragen haben. Frauen, die durch einen Partner, mit dem sie nicht verheiratet sind, schwanger werden, werden auch heute noch in den meisten Ländern der Welt geächtet, unter Druck gesetzt, allein gelassen. Männer werden für eine ungeplante Schwangerschaft nicht zur Verantwortung gezogen, erst recht nicht eines moralischen Versagens oder Fehltritts bezichtigt. Und auch die Strafandrohung für einen Schwangerschaftsabbruch richtet sich allein gegen Frauen und nicht gegen die Erzeuger.

. Die notarielle Einwilligung in die Adoption bei nichtehelichen Kindern ist von seiten der Mutter gesetzlich erforderlich. Die unehelichen Väter brauchen nicht einzuwilligen. Sie müssen lediglich ihren Verzicht erklären, das Kind annehmen oder für ehelich erklären zu wollen. Bleibt der Vater unbekannt, so reicht die Einwilligung der Mutter für eine rechtsgültige Adoption aus.

Wenn Väter sich um ihr Kind nicht kümmern, gilt dies als normal, als selbstverständlich. Frauen werden in dieser Gesellschaft die Last und die Folgen einer nichtehelichen Schwangerschaft weitestgehend allein aufgebürdet. Die Männer werden aus ihrer Elternpflicht entlassen, Männern wird zugebilligt, daß sie für von ihnen gezeugte Kinder keine Verantwortung übernehmen müssen, mit Ausnahme geringer finanzieller Verpflichtungen. Und auch diese sind sie los, wenn sich die nichteheliche Mutter für die Freigabe des Kindes zur Adoption entscheidet. Viele Kinder würden nicht zur Adoption freigegeben, wenn Väter sich für ihren «Nachwuchs» genauso zuständig fühlen würden wie Mütter.

Daß die traditionelle Rollenverteilung auch eine rechtliche Schlechterstellung der unehelichen Väter, die gern Vaterrolle übernehmen wollen, mit sich bringt, ist erst seit kurzem überhaupt ins Bewußtsein der Gesetzgeber gedrungen.

Unbekannte Väter

Bei der Freigabe zur Adoption bleibt etwa ein Drittel der Erzeuger unbekannt. Frauen übernehmen ihren Part gemäß den gesellschaftlichen Spielregeln, bei denen Väter Verantwortung nicht zu übernehmen brauchen. Manche Frauen wollen den Partner nicht in die Pflicht nehmen, denn sie fühlen sich allein zuständig dafür, daß sie schwanger geworden sind. Sie schämen sich, daß sie «nicht aufgepaßt» haben. Sie wollen dem Mann nicht «zur Last fallen». Manche Frauen teilen dem nichtehelichen Vater die Schwangerschaft gar nicht mit, so groß sind ihre Verletzungen, so tief die empfundene Niederlage. Sie wollen mit dem Vater nichts mehr zu tun haben. Andere wollen und können sich den Konflikten nicht stellen, die mit einer gemeinsamen Entscheidungsfindung verbunden wären.

Eine mir bekannte abgebende Mutter wurde mit zwanzig auf der Straße von einem Mann angesprochen und zum Essen eingeladen. Danach wollte er sie mit dem Auto nach Hause fahren. Doch er bog in den Wald ab und vergewaltigte sie. Danach fuhr er davon und ließ sie zurück. Schon mit dreizehn hatte sie wegen einer Vergewaltigung vor Gericht gestanden. Sie schämte sich, daß ihr eine neue Vergewaltigung widerfahren war. «Wenn es einem ein zweites Mal passiert, dann denkt jeder, die ist doch selbst schuld.» Damals war sie vor Gericht bloßgestellt worden. Sie war in der ganzen Gegend gebrandmarkt. Sie konnte und wollte den Weg zur Polizei nicht noch einmal gehen. Sie wollte keine Anzeige erstatten. Sie bemerkte so lange nicht, daß sie schwanger war, daß es für eine Abtreibung zu spät war. Ihren Jungen gab sie zur Adoption frei. In der Akte stand: Vater nicht bekannt.

Auch laut neuerer Rechtsprechung kann eine Mutter im Adoptionsverfahren nicht gezwungen werden, den Erzeuger des Kindes zu nennen (Beschluß des LG Stuttgart vom 3.3.92). Dort hieß es in der Begründung: «So können im Interesse des Kindeswohls andere Umstände größere Bedeutung haben als die Klärung der Abstammung.» Es heißt dort weiter, Vorrang hätte eine zügig durchzuführende Adoption. Die Frau hätte einen Schutz auf Wahrung ihrer Intimsphäre und damit ein grundsätzliches Zeugnisverweigerungsrecht. Frauen dürfen gemäß § 218 nicht selbst bestimmen, ob sie ein Kind austragen wollen oder nicht. Doch sie werden nicht gezwungen, den Erzeuger des Kindes zu nennen, wenn das Kind ohnehin zur Adoption freigegeben wird. Der Anspruch eines Menschen auf Kenntnis seiner genetischen Abstammung wird für sekundär erachtet. Frauen werden im Adoptionsverfahren nicht unter Druck gesetzt, den Namen des Vaters zu nennen. Weshalb dürfen Frauen hier plötzlich selbst bestimmen?

Die «Wahrung des Persönlichkeitsrechtes» von Frauen, die ihr Kind zur Adoption freigeben, deckt sich mit dem Interesse von jenen Männern, deren sexuelles Verhältnis zu einer Frau – und erst recht ihre Vaterschaft – nicht bekannt werden soll. Wir kommen hier zum brutalsten und finstersten Kapitel von Adoption: Die Freigabe eines Kindes ist immer wieder auch Folge von Gewalt von Männern an Frauen, von Vätern (auch Stief-, Pflege- und Adoptivvätern) an Töchtern. Vergewaltigung, sexueller Mißbrauch, Inzest verbirgt sich öfter auch hinter der Aktennotiz «Vater unbekannt». Und damit verbunden ist das unendliche Leid der Erniedrigung, der Schmerz, die Scham, die furchtbare Verletzung von Körper, Seele und Menschenwürde der betroffenen Mädchen und Frauen.

Wenn Abgebende etwas über ihr Kind wissen wollen

Abgebende Mütter oder Väter sind angewiesen auf die Bereitschaft der Adoptiveltern, wenn sie etwas über ihr Kind erfahren wollen. Wenn Mütter in den Jugendämtern nachfragen, so können die Adoptiveltern allein entscheiden, ob sie über das Kind Auskunft geben wollen oder nicht.

Die meisten abgebenden Mütter fragen nicht, weil sie sich hierzu nicht berechtigt fühlen. Gern wird ihnen allerdings vorgehalten: «Sie hat doch nie mehr nach ihrem Kind gefragt.» Mit diesem Vorwurf verknüpft sich die Vermutung, die leibliche Mutter hätte kein Interesse am Kind. Doch wo sollen Frauen, die ihr Kind fortgegeben haben, das Selbstbewußtsein und den Mut hernehmen, sich Jahre nach der Freigabe ihres Kindes von sich aus an die Adoptionsvermittlung zu wenden, um zu fragen, wie es ihren Kindern geht? Sie fragen nicht, weil der Weg vom gesetzlich gewollten Vergessensollen bis zum Fragendürfen unendlich weit und beängstigend ist.

Wenn eine abgebende Mutter sich doch meldet, stößt sie nicht immer auf Verständnis. Dann kann es ihr passieren, daß ihr gesagt wird, sie soll endlich loslassen. Sie soll begreifen, daß durch die Fortgabe dieses Kind nicht mehr ihr Kind ist. Hier findet derzeit ein Umbruch statt. In den meisten Adoptionsvermittlungsstellen gibt es heute Entgegenkommen und Wertschätzung für abgebende Eltern, die sich nach Jahren trauen, zu der Behörde Kontakt aufzunehmen, die für sie bei ihrer schweren Entscheidung zuständig war. Immer öfter wird der Adoptionsprozeß geöffnet, bekommen abgebende und annehmende Eltern die Möglichkeit, sich kennenzulernen, werden die starren Fronten aufgelockert.

4. Die Rolle der Adoptionsvermittlerinnen und Adoptionsvermittler

«Sie haben mich gut vermittelt», sagte die zwölfjährige Sonja zu ihrem Adoptionsvermittler, verbeugte sich wie im Theater und überreichte ihm einen selbstgepflückten Strauß Margariten. Er wechselte das Sachgebiet und verabschiedete sich bei einem Wochenendseminar von einer Adoptiveltergruppe. Sonjas Familie hatte er seit deren Vermittlung als Säugling begleitet.

Kinder malten im Kindergarten ihre Familie. Marcus malte drei Mamas. Auf Nachfrage der Kindergärtnerin erklärte er: «Das ist meine Mama, das ist die Mama Birgit, aus deren Bauch ich komme, und dann habe ich noch meine Frau Schmidt. Von der kriegen wir unsere Kinder.» Damit meinte er die Adoptionsvermittlerin.

Adoptionsvermittlerinnen und Adoptionsvermittler sind einerseits Teil einer Behörde, sie haben einen gesetzlichen Auftrag. Zugleich sollen sie die verantwortungsvolle schicksalhafte Entscheidung treffen, welches der zur Adoption freigegebenen Kinder bei welchen annehmenden Eltern ein zufriedenes Leben wird führen können.

Nicht nur abgebende Eltern, Kind und Adoptiveltern gehören zum Adoptionsgeschehen. Vermittlerinnen und Vermittler spielen eine zentrale emotionale Rolle für Abgebende, Kind und Annehmende. Sie arbeiten mit den leiblichen Eltern und begleiten die Adoptivfamilien vom Beginn ihrer Bewerbung. Wenn der entscheidende Anruf kommt, der für ein Bewerberpaar das ganze Leben verändert, sind die Adoptionsvermittlerinnen oder Adoptionsvermittler die Überbringer der entscheidenden Nachricht, daß ein Kind da ist. Sie bereiten die neuen Eltern vor, sind Verbindung zwischen Abgebenden und Annehmenden. Sie wirken entscheidend mit, ob es eine Öffnung in den Köpfen und Herzen zwischen Abgebenden und Annehmenden gibt. Sie beeinflussen, was Annehmende und Abgebende voneinander fühlen und wissen, ob abgebende und annehmende Eltern einander kennenlernen wollen.

Die Adoptionsvermittlerinnen und Adoptionsvermittler zwischen gesetzlichem Auftrag und den Bedürfnissen der Adoptionswilligen

Bewerberinnen und Bewerber beschweren sich oft, daß «natürliche» Eltern ganz einfach schwanger werden können, ohne daß der Staat ihre Eignung prüft. Das ist richtig. Doch eine Adoption ist mit Schwangerwerden nicht zu vergleichen. Kinder, die adoptiert werden sollen, haben ihre Eltern schon einmal verloren, haben also ein besonderes Schicksal. Damit ein Eltern-Kind-Verhältnis später nicht nur äußerlich-rechtlich, sondern auch sozial und psychisch gelingt, benötigen die Adoptionsvermittlerinnen und Adoptionsvermittler sehr viele Informationen. Sie sollen in die Zukunft schauen. Die Auswahl der Bewerberpaare ist nur eine Variable. Ihre Wünsche und Erwartungen sind Teil eines Mosaiks, in dem viele Steinchen zueinander passen müssen. Adoptionsvermittlerinnen und Adoptionsvermittler sind nicht nur verpflichtet, eine Vielzahl von Bewerberpaaren auf ihre Eignung zu prüfen, sondern für ein Kind, seine Herkunftssituation und seinen bisherigen Lebensweg die dazu passenden annehmenden Eltern zu finden.

Seit 1. 1. 77 ist das neue Adoptionsrecht und das Adoptionsvermittlungsgesetz in Kraft getreten. Zuvor galt ein Adoptionsrecht, das seit Beginn dieses Jahrhunderts weitestgehend unverändert blieb und die Interessen der Annehmenden im Mittelpunkt hatte. Adoptivkinder waren leiblichen Kindern nicht in allen Rechten gleichgestellt. Dies wurde seit 1977 anders. Mit der Reform des Adoptionsrechtes wurde vorrangig, daß eine Adoption dem Interesse und dem Wohl des Kindes dient. Die Vermittlung durch Fachkräfte in anerkannten Adoptionsvermittlungsstellen wurde sichergestellt. Private Vermittlung oder das Anbieten und Suchen von Kindern durch Zeitungsanzeigen wurde verboten.

In den meisten Jugendämtern werden alle Bewerberpaare, die dies wollen, von ihren zuständigen Adoptionsvermittlungsstellen zur Überprüfung angenommen. Jedem zur Adoption freigegebenen Kind stehen im statistischen Durchschnitt acht überprüfte Adoptionsinteressentinnen und Adoptionsinteressenten gegenüber. Ca. 20000 Adoptionsbewerberinnen und Bewerbern, die überprüft und für geeignet gehalten wurden, warten seit Jahren auf ein Kind. Die Eignungsfeststellung wird wie eine Serviceleistung des Jugendamtes gehandhabt. Und der vermeintliche Rechtsanspruch, als Bewerberpaar überprüft zu werden, verknüpft sich in vielen Köpfen mit der Vorstellung, es gäbe einen Rechtsanspruch auf ein Adoptivkind. Adoption ist jedoch immer Folge einer Notlage eines Kindes. Auf eine solche Notlage kann es selbstverständlich niemals einen Rechtsanspruch geben.

Es ist nicht zwingend festgelegt, daß, wer sich für ein Kind bewirbt, auch einen Anspruch auf Überprüfung seiner Eignung hat. Im Adoptionsvermittlungsgesetz heißt es in § 7: «Wird der Adoptionsvermittlungsstelle bekannt, daß für ein Kind die Adoptionsvermittlung in Betracht kommt, so führt sie zur Vorbereitung der Vermittlung unverzüglich die sachdienlichen Ermittlungen bei den Adoptionsbewerbern, bei dem Kind und seiner Familie durch.» Das bedeutet eigentlich, daß für ein bestimmtes Kind genügend geeignete Bewerber da sein müssen. In Großbritannien werden nur so viele Adoptionswillige überprüft, daß für ein bestimmtes Kind die bestmöglichen Eltern unter mehreren gefunden werden können.

Bei uns ist es Hauptbeschäftigung der Adoptionsvermittlerinnen und Adoptionsvermittler geworden, Gespräche mit Menschen zu führen, die voraussichtlich keine reale Chance auf die Vermittlung eines Kindes haben. Auftrag der Jugendämter kann nicht sein, Bewerberinnen und Bewerber zufriedenzustellen, sondern sie sollen für ein bestimmtes Kind das geeignetste Elternpaar aussuchen. Priorität der Arbeit der Vermittlungsstellen müssen die Kinder haben. Hier muß in den nächsten Jahren umgedacht werden. Für die eigentliche Arbeit, Beratung und Begleitung von Abgebenden, Kind und Annehmenden, bleibt sonst zu wenig Kapazität.

Adoption ohne Einwilligung der Eltern

Jedes Kind hat einen Anspruch, geborgen und geschützt mit seinen Eltern aufzuwachsen. Haben Eltern ihr Kind vernachlässigt, so soll durch die Ersetzung der Zustimmung zur Adoption durch ein Vormundschaftsgericht dem Kind ermöglicht werden, in einer neuen Familie Bindungen einzugehen. Es müßten weniger Ersetzungen vorgenommen werden, wenn Eltern, die es mit ihren Kindern nicht packen, in unserer Gesellschaft schon früh Hilfe und Entlastung bekämen.

Die Medienberichte über «Zwangsadoptionen» in der ehemaligen DDR haben davon abgelenkt, daß auch in den alten Bundesländern Zwangsadoption – im Rahmen der Ersetzung – gegen das Einverständnis der leiblichen Eltern ständig praktiziert wird. Diese Zwangsadoptionen sind alltäglich. Von ihnen unterschieden werden müssen politisch motivierte Zwangsadoptionen in der Ex-DDR. Die Clearing-Stelle in der Zentralen Adoptionsstelle der Senatsverwaltung in Berlin betrachtete als zwangsadoptiert «jene Kinder, die ihren Eltern wegen politischer Delikte, d. h. wegen ‹Republikflucht›, ‹Staatshetze› oder ‹Staatsverleumdung› weggenommen wurden, ohne daß in der Vergangenheit ein gegen das Wohl des Kindes gerichtetes Versagen der Eltern nachweisbar war» (Kannenberg in GZA-Info Nr. 2/93, S. 4). Gemäß dieser Definition gab es sechs Fälle in den Jahren 1969 bis 1976 und einen Fall 1988.

Etwa 5% aller Adoptionen beruhen derzeit auf einem Ersetzungsverfahren. Der Beginn eines Adoptionsverhältnisses durch diesen staatlichen Eingriff belastet alle Beteiligten über viele Jahre. Wird die Trennung eines Kindes von seiner Mutter oder seinem Vater erzwungen, so hat es die aufnehmende Seite oft außerordentlich schwer. Obwohl die rechtliche Zugehörigkeit des Kindes nach der Ersetzung der Zustimmung zur Adoption zugunsten seiner Adoptivfamilie geregelt ist, gibt es psychische Belastungen und Sorgen für Kind und annehmende Familie. Das negative Bild von den abgebenden Eltern, denen ihr Kind per staatlichem Eingriff fortgenommen werden mußte, sitzt in den Köpfen der Adoptiveltern und wirkt auf das Kind. Manchmal bedrücken die Adoptiveltern Schuldgefühle, Unbehagen, Angst. Manche Annehmenden haben Sorge, die abgebenden Eltern könnten sich eines Tages rächen. Sie lassen ihr Kind nicht alleine raus. Adoptiveltern übertragen, ob sie wollen oder nicht, ungute Gefühle auf das Kind. Manche Familien halten solche jahrelangen Spannungen nicht aus, die Kinder entwickeln sich durch das seelisch vergiftete Klima oft zu Problemkindern.

Aus diesen Erfahrungen heraus werden Ersetzungen in manchen Jugendämtern ganz vermieden. Hier gehen Sozialarbeiterinnen immer wieder auf leibliche Mütter zu. In etlichen Fällen gelingt es, abgebende Eltern doch zu einer dauerhaften Unterbringung ihres Kindes in einer anderen Familie zu bewegen. Die Zeit und die Kraft für diesen Prozeß lohnen. Kann die Zustimmung der abgebenden Eltern für eine langfristige Unterbringung doch noch gewonnen werden, wirkt sich dies auf das seelische Gedeihen des Kindes positiv aus. Es trägt bei annehmenden und abgebenden Eltern zur inneren Aussöhnung mit ihrer schweren Lebenssituation bei.

In die Adoption wird oft erst Jahre später von seiten der abgebenden Mutter eingewilligt. Oder das Kind lebt langfristig als Pflegekind in seiner neuen Familie und kann, wenn volljährig, nach Minderjährigenrecht adoptiert werden. Hierfür benötigen wir annehmende Eltern, die akzeptieren, über Jahre Dauerpflegefamilie zu sein. Auch langfristige Dauerpflegeverhältnisse sind rechtlich abgesichert.

Nicht ganz so belastend wirken sich jene Ersetzungen aus, die vorgenommen wurden, weil der Aufenthalt der Mutter dauerhaft unbekannt blieb. Solche Mütter und Väter haben durch ihr Handeln indirekt eingewilligt. Allerdings müssen Annehmende auch hier lernen, ihr inneres Entsetzen, ihren Ärger, ihr Unverständnis für jene Menschen, die sich «in keinster Weise mehr gekümmert» haben, zu überwinden. Adoptionsvermittlerinnen und Adoptionsvermittler können Annehmenden helfen, die abgebenden Eltern zu verstehen. Nur jene Menschen, die als Kind selbst nicht beschützt wurden, sind nicht imstande, die Situation nach der Geburt eines Kindes zu regeln. Was wie Desinteresse erscheint, ist in Wirklichkeit oft eine schwere seelische und gesundheitliche Krise, manchmal auch Resignation und nervlicher Zusammenbruch. Zu schnell werden Mütter vorverurteilt. Den Vätern, die sich ebenfalls nicht gekümmert haben, wird verziehen.

Die Planung von Adoptionsverhältnissen: Weichenstellung für ein ganzes Leben

Häufig stehen Adoptionsvermittlerinnen und Adoptionsvermittler unter Zeitdruck. Die Mitarbeiterinnen und Mitarbeiter vom Allgemeinen Sozialen Dienst (ASD) wissen oft nicht, wohin mit einem Kind nach der Herausnahme. Folglich wird es schnell potentiellen neuen Eltern übergeben, ohne schrittweise Verabschiedung, ohne Zukunftsplanung, ohne langsame Anbahnung und ohne geduldige Versuche, die leiblichen Eltern doch noch zum Loslassen zu bewegen. Jugendamtmitarbeiterinnen und Jugendamtmitarbeiter, die ein Kind aus seiner Familie fortgenommen haben, fühlen sich häufig dem Kind gegenüber in der Schuld. Sie wollen ihm schnell eine neue Familie anbieten. Doch der Wechsel von einer Familie in die andere braucht Zeit, kann auch vom Kind nicht rasch vollzogen werden. Nur ein Kind, das von seinen bisherigen Eltern verabschiedet, entbunden wurde, kann sich auf seine neuen Eltern einlassen. Ausgenommen ist hier die Annahme von Babys.

Eine Zwischenstation in einem Heim oder einer Bereitschaftspflegestelle bis zur Klärung der Zukunftsperspektive auf seiten der abgebenden und annehmenden Familie schadet dem Kind langfristig weniger als eine schnelle, falsche Weichenstellung unter Druck. Sonst verhärten sich die Fronten zwischen Abgebenden und Annehmenden.

Manche Adoptiveltern haben lebenslang ambivalente Gefühle zu ihren Adoptivkindern. Die Ursache liegt oft in der Planungsphase. Adoptiveltern sind hier nur ein Teil des Geschehens. Sie können nicht alles beeinflussen. Aus Berichten von heute erwachsenen Adoptierten und aus unglücklichen Adoptivfamilien wissen wir, welche Konstellationen das spätere Zusammenleben gefährden:

– Die emotionale Verträglichkeit von Herkunftssituation des Kindes und der Einstellung der neuen Familie zu dieser ist der wichtigste Faktor für das gute seelische Klima für das Kind.

– Es kann ein Risiko sein, wenn wir Adoptionswillige, die einen Säugling adoptieren wollen, umstimmen, ein älteres Kind anzunehmen. Menschen, die ein Baby annehmen wollen, sind auf die Sorgen und Belastungen, die mit der Annahme eines älteren Kindes verbunden sind, nicht vorbereitet.

– Wenn aus Adoptionswilligen Pflegeeltern werden, kann dies langfristig konfliktreich sein. Sie müssen das Kind mit den Herkunftseltern – in welchem Grad auch immer – teilen. Nur wenn sie sich von ihrem Wunsch lösen, ein rechtlich «eigenes» Kind zu wollen, können ehemalige Adoptionsbewerber mit einem Pflegekind zufrieden sein. Voraussetzung ist eine klare Zukunftsperspektive in der Pflegefamilie auf Dauer.

– Adoptivkinder sollten möglichst nur an kinderlose Paare oder in Familien vermittelt werden, die keine leiblichen Kinder haben. Rivalität zwischen angenommenen und leiblichen Kindern ist sonst vorprogrammiert. Adoptierte Kinder fühlen sich gegenüber den leiblichen Kindern meist benachteiligt.

– Die Stellung in der Geschwisterreihe sollte immer der natürlichen Geschwisterfolge entsprechen. Ein Kind, das «zuletzt» in die Familie kommt, sollte das jüngste sein. Kommt ein älteres Kind in eine Familie mit einem jüngeren Kind, so kann es für die Familie sehr anstrengend werden. Vielleicht muß das kleine Kind vor den Aggressionen des größeren Kindes geschützt werden. Die Sympathien gegenüber dem älteren Kind können dann schnell in Ablehnung umschlagen.

– Immer mehr abgebende Mütter wünschen sich eine offene Adoption, wollen ihr Kind aufwachsen sehen. Zwischen abgebenden und annehmenden Eltern werden dann regelmäßige Kontakte zum Kind vereinbart. Es kommt vor, daß Adoptionsbewerber notgedrungen, um überhaupt ein Kind zu bekommen, einer offenen Adoption zustimmen, ohne sie von Herzen auch zu wollen. Die Besuchskontakte werden dann von Vorbehalten und Ängsten der Adoptiveltern überschattet sein. Das überträgt sich auf das Kind. Deshalb kommen für eine offene Adoption die Bewerberpaare eher in Frage, die Interesse an einer offenen Adoption bekundet haben, bevor ein Kind in Aussicht war.

Die Überprüfung der Eignung von Adoptionswilligen

Andere Menschen zu beurteilen, Prognosen für die Zukunft zu stellen, da bewegen sich alle Fachleute auf unsicherem Boden. Ob Menschen «reif» sind für ein Adoptivkind, hängt von einem ganzen Bündel von Kriterien ab, dessen einzelne Teile ineinanderfließen. Immer spielen bei der Beurteilung auch subjektive Faktoren der Adoptionsberaterinnen und Adoptionsberater eine Rolle, denn diese müssen als wichtigstes Instrument ihre eigene Persönlichkeit zusammen mit ihren beruflichen Erfahrungen einsetzen. Je nach ihrem inneren Elternbild werden sie die einen oder anderen Bewerberinnen oder Bewerber in die engere Wahl ziehen.

Manche Vermittlerinnen und Vermittler führen ein Jahr lang in vier- bis sechswöchigem Abstand Gespräche mit den Bewerberinnen und Bewerbern. Andere wollen mehrere längere Gespräche und Hausbesuche in kürzerem Abstand. Es gibt formale Eignungskriterien: Jugendämter sollen Säuglinge (so die bundesweiten Empfehlungen der Landesjugendämter) nicht an Paare über 35 Jahren vermitteln. Die Jugendzeit von Adoptierten verläuft oft besonders krisenreich. Adoptiveltern sollen dann noch verhältnismäßig jung sein. Die gesetzliche untere Grenze des Alters ist 21 und 25 Jahre. Auch Alleinstehende können laut Gesetz ein Kind adoptieren. Sie müssen mindestens 25 Jahre alt sein. Doch meist wollen Abgebende, daß ihr Kind gerade nicht bei nur einem Elternteil aufwächst. Denn es ist bereits einer der Gründe für die Fortgabe des Kindes, daß eine alleinlebende Mutter für ihr Kind eine vollständige Familie, also Vater und Mutter, wünscht. Auch wenn ein Elternteil der Bewerber schwer erkrankt ist, wird diesen Menschen kein Kind vermittelt werden, solange es noch Paare mit gleich guten Voraussetzungen gibt, die nicht krank sind. Immer müssen Adoptionsvermittlerinnen und Adoptionsvermittler davon ausgehen, daß Adoption eine besondere Belastung für ein Kind bedeutet. Andere Belastungen sollen, so weit sie erkennbar sind, so gering wie möglich gehalten werden. Dies alles gilt vor allem für die Säuglingsadoption.

Noch schwieriger wird es bei den vielschichtigen seelischen Bedingungen. Selten wird ein Bewerberpaar voll und ganz zu bejahen sein. Wir alle sind beeinflußt von der Lebenssituation, die wir in unserer Gesellschaft und unserer Familie antrafen, als wir geboren wurden. Konfliktfreies Leben und ein Leben ohne Mangelerfahrungen, negative Affekte, Enttäuschungen, Not und Sorgen gibt es nicht. So sind wir alle nicht fehlerlos. Es gibt Verhalten, das für das anzunehmende Kind produktiv und hilfreich sein kann. Und es gibt Verhalten, das sich auf das Zusammenleben mit einem angenommenen Kind erschwerend auswirken wird. Oft mischen sich gerade die für das Kind positiven mit anderen für das Kind nachteiligen Eigenschaften und Motivbündeln. Dies zu gewichten ist schwer. Z. B. noch nicht betrauerte Kinderlosigkeit, daraus resultierende Minderwertigkeitsgefühle, die unbewußte Überzeugung mancher Adoptiveltern, keinen Anspruch auf ein Kind zu haben, beeinflussen später das seelische Gedeihen des Kindes.

Der folgende Leitfaden soll als Hilfestellung für Gespräche zwischen Bewerberpaaren und Adoptionsvermittlungsstelle dienen. Im Kapitel «Wenn Menschen Adoptiveltern werden wollen» wird dann ausführlich auf einige zentrale Beweggründe eingegangen, die Leserinnen und Lesern dabei helfen können, sich selbst über die tieferliegende Dynamik in ihren Familien bewußt zu werden.

Auch bei «gutem Abschneiden» in den folgenden Bereichen gibt es nicht eindeutig geeignete Bewerberinnen und Bewerber unabhängig vom zu vermittelnden Kind und seiner Herkunftssituation.

1. Haben die Bewerberinnen und Bewerber Abschied vom nicht geborenen eigenen Kind genommen und den dazugehörigen Trauerprozeß vollzogen? Haben sie gelernt, mit diesem Verlust zu leben? Haben beide Partner die Enttäuschung der Kinderlosigkeit miteinander bewältigt, oder steht die Hoffnung auf ein eigenes Kind noch im Mittelpunkt des Handelns (künstliche Inseminationsversuche, In-vitro-Fertilisation)? Je stärker die Sehnsucht nach einem leiblichen Kind zum Zeitpunkt der Annahme, desto größer ist später die Gefahr, das adoptierte Kind emotional nicht ganz annehmen zu können, wenn es sich schwierig verhält und die Sehnsüchte nicht erfüllen kann.

2. Fühlen sich die Adoptionswilligen auch ohne die Fortsetzung der biologischen Kette durch ein leibliches Kind als wertvolle, selbstbewußte Menschen?

3. Hat das Bewerberpaar realisiert, daß ein Adoptivkind das Kind

eines fremden Elternpaares ist? Das Kind hat zweimal Eltern, und seine Identität, sein Selbstwertgefühl wird sich aus dem Wissen und Fühlen über beide Familien zusammensetzen. Können die Bewerberinnen und Bewerber die Beweggründe der abgebenden Eltern zur Fortgabe des Kindes nachvollziehen, respektieren oder tolerieren? Nur so kann der Negatividentifizierung des Kindes bezüglich seiner Herkunft vorgebeugt werden.

4. Sind die Bewerberpaare bereit, Identitätsmerkmale wie Namen, Fotos von Herkunftseltern, Tag der Adoption zu bewahren?

5. Sind sich Bewerberpaare für ein älteres Kind darüber im klaren, daß sie sich über ein Kind, das im Heim gelebt hat und zahlreiche Verluste und Beziehungsabbrüche im Leben hatte, nie mehr ganz selbst verwirklichen können? Können sie realisieren, daß dieses Kind in weiten Teilen eine autonome Persönlichkeit bleiben wird, die Toleranz, Geduld und Kraft kosten wird?

6. Bei Auslandsadoptionen: Welche Bindeglieder zum Kulturkreis des Kindes wollen die Bewerberpaare bewahren? Wie wollen sie dem Kind bei Erfahrungen mit Diskriminierung, Ausländerfeindlichkeit und Rassismus helfen?

7. Hat das Paar die Krise der Kinderlosigkeit bewältigt? Wie fühlt sich die Verursacherin oder der Verursacher der Kinderlosigkeit, wie wurde mit Enttäuschung und Aggression umgegangen?

8. Welche Erfahrungen bringen beide auf der individuellen Ebene mit? Was haben die Bewerberinnen und Bewerber in ihrer eigenen Kindheit erlebt? Wie waren ihre Prägungen bezüglich Leistung, Geliebt- und Geachtetwerden? Haben sie Erfahrungen mit Alleinfühlen? Wie gehen sie um mit Nähe und Distanz? Wie wurden sie zur Selbständigkeit erzogen? Gab es Verluste, Beziehungsabbrüche im frühen Leben der Bewerberinnen und Bewerber? Wie haben sie sich damit auseinandergesetzt? Werden die Auswirkungen auf ihr heutiges Leben gespürt, wahrgenommen? Gab es Suchtverhalten in der eigenen Familie, welche Abhängigkeitsverhältnisse, welche Macht-Ohnmacht-Strukturen gab es, und wie haben diese sich auf das heutige Beziehungsverhalten der Bewerberinnen und Bewerber ausgewirkt?

9. Gibt es genügend Abgrenzung zwischen den Generationen? Sind die Adoptionsinteressierten bei ihren eigenen Eltern noch in der Rolle der Kinder, oder können sie erwachsen und unabhängig sein? Wie bewerten die eigenen Eltern die Adoptionsbewerbung?

Wie sind die künftigen Adoptivgroßeltern mit der Kinderlosigkeit des Bewerberpaares umgegangen?

10. Wie ist der soziale Kontext des Bewerberpaares, wie die Bindungen und Abhängigkeiten bezüglich weiterer Familie, Geschwistern, Verwandtschaft, Nachbarschaft, Freundinnen und Freunden und Bekannten? Welches Bewußtsein gibt es bei diesen Menschen über Adoption?

11. Welche Risikofaktoren bringen die Bewerberinnen und Bewerber mit? Gibt es Übereinstimmung des Alters mit den natürlichen Lebensphasen, befindet sich das adoptionswillige Paar in der Elternphase oder schon bald in der Großelternphase? Weitere Risikofaktoren sind Abhängigkeitsprobleme von Alkohol, Essen, Tabletten, Drogen, Mitgliedschaft in Sekten u. v. a. m.

Der Sozialdezernent eines Jugendamtes, selbst Vater dreier Kinder, hat nach dem Lesen dieser Kriterien festgestellt: «Dann müßten Sie mich als Bewerber ja ablehnen.» Und er hat recht mit dieser Selbsterkenntnis. Es genügt nicht, an Bewerberpaare eines Adoptivkindes dieselben Anforderungen zu stellen wie an «gute» Eltern. Adoptiveltern müssen eine Menge mehr leisten als Eltern. Sie werden streckenweise viel tiefgreifendere Wachstums- und Reifungsprozesse vollziehen als andere Eltern, damit sie und ihre Kinder zufrieden werden können.

Wenn Adoptionsvermittlerinnen und Adoptionsvermittler ambivalent sind

Immer wieder kommt es vor, daß eine Adoptionsvermittlerin oder ein Adoptionsvermittler ein ungutes Gefühl gegenüber Bewerberpaaren hat und unsicher ist, ob Bewerberpaare geeignet sind. Manchmal sind die Vorbehalte so schwer zu fassen, daß sie kaum in Worte zu kleiden sind. Adoptionsvermittlerinnen und Adoptionsvermittler wollen den Bewerberinnen und Bewerbern oft nicht weh tun. Sie möchten ihnen nicht zu nahe treten, möchten nicht verletzen. So bleibt häufig vieles unausgesprochen. Wenn sie Vorbehalte nennen, so können die Adoptionswilligen diese meist nicht akzeptieren. Manche sind beleidigt, wütend oder verletzt, andere beschweren sich beim Vorgesetzten.

Solche Bewerberpaare werden offiziell nicht abgelehnt, weil die Gründe nicht ausreichen. Die Adoptionswilligen bekommen ihren vorläufigen Eignungsbescheid. Doch wenn ein Kind zur Vermittlung ansteht, suchen die Adoptionsvermittlerinnen und Adoptionsvermittler jene Bewerberpaare aus, denen gegenüber sie nicht ambivalent sind. Dies ist auch ihr Auftrag. Bewerberpaare bekommen so manchmal keine Chance, sich mit ihren eigenen Schwächen, Grenzen, schmerzlichen Anteilen auseinanderzusetzen. Deshalb müssen Adoptionsvermittlerinnen und Adoptionsvermittler lernen, die Bewerberpaare in aller Klarheit mit ihren Vorbehalten zu konfrontieren. In vielen Jugendämtern werden deshalb die schwierigen und ambivalenten Entscheidungsprozesse im Team oder mit Hilfe von Praxisberatung und Supervision durchgearbeitet, oder andere Mitarbeiterinnen und Mitarbeiter schauen sich die Bewerberpaare mit an.

Sind Vermittlerinnen und Vermittler ambivalent, so können sie ihr Gespräch folgendermaßen beginnen: «Ich muß Ihnen ehrlich sagen, daß ich bei Ihnen einerseits gute Momente sehe, daß ich Sie für fähig halte, gute Eltern zu werden, andererseits gibt es aber auch Momente, die mich nachdenklich machen.» Nun können sie die Gründe nennen. Adoptionsberaterinnen und Adoptionsberater können nicht erwarten, daß die Bewerberpaare auf der Stelle einsehen, daß das, was Vermittlerinnen oder Vermittler an Vorbehalten haben, berechtigt ist. Es ist angemessen, daß Bewerberpaare aufgeregt und bitter reagieren. Adoptionsberaterinnen und Adoptionsberater und Adoptionswillige können nicht immer einen Konsens herstellen. Dennoch liegt es im Interesse der Adoptionswilligen, die wirklichen Gründe für ein Zögern, für Ambivalenzen zu erfahren. Nur so haben sie eine Chance, an sich zu arbeiten oder vielleicht nach reiflicher Überlegung ihre Bewerbung zurückzuziehen.

Die Anerkennung zur Eignung – Sozialbericht

Jugendämter sollen laut bundesweiten Empfehlungen der Landesjugendämter und des Internationalen Sozialdienstes ihren Eignungsbericht, bzw. Sozialbericht (Home-study), den Bewerberpaaren nicht aushändigen. Damit soll verhindert werden, daß Adoptionswillige in Krisenländern selbst ein Kind holen oder sich von privaten und kommerziellen Stellen ein Kind vermitteln lassen. Selbstverständlich können die Adoptionswilligen den Inhalt des Berichtes kennen. Er wird den Bewerberinnen und Bewerbern auch vorgelesen. Er kann auf Anforderung und im Einvernehmen mit den Bewerberinnen und Bewerbern an andere Jugendämter, anerkannte Adoptionsvermittlungsstellen freier Träger oder anerkannte Auslandsvermittlungsstellen weitergeleitet werden. Beantragen Adoptionswillige einen Bericht, weil sie im Ausland ein Kind adoptieren wollen, so müssen sie die ausländische Stelle nennen, für die der Bericht bestimmt ist. Dorthin soll er nur dann übermittelt werden, wenn diese Stelle für ein bestimmtes Kind Adoptiveltern sucht. So wollen die Jugendämter illegalen Adoptionen vorbeugen, die trotz zahlreicher internationaler Konventionen ständig zunehmen.

Wenn Adoptionswillige abgelehnt werden müssen

Adoptionsvermittlerinnen und -vermittler haben die schwere Verantwortung, die Weichen am Anfang optimal zu stellen, im Interesse des Kindes so viele Varianten wie möglich stimmig zu machen. Dahinter müssen die Wünsche von Adoptionswilligen zurückstehen.

Die meisten Adoptionswilligen müssen auf ein Kind verzichten, da es einerseits nur sehr wenige Kinder gibt, andererseits die Vermittlerinnen und Vermittler beauftragt sind, aus ihrer großen Bewerberschar jene Menschen auszuwählen, die für ein spezifisches Kind und seine Herkunftssituation geeignet sind, scheiden viele Paare im voraus aus. Manche Menschen fühlen sich durch die Ablehnung diskriminiert: alleinerziehende, behinderte, kranke Menschen oder Menschen, die in gleichgeschlechtlicher Partnerschaft leben. Hier kollidieren zwei Interessen: Der Anspruch auf Gleichbehandlung als Adoptionswillige einerseits und der Anspruch des Kindes, unter vorhandenen Bewerberinnen und Bewerbern die am besten geeigneten ausgewählt zu bekommen. Vorrang muß immer das Interesse des Kindes haben. Deshalb soll alles, was das Kind zusätzlich belasten könnte, so gering wie möglich gehalten werden. Gleichgeschlechtliche Paare gelten in dieser Gesellschaft noch immer als Außenseiter. Schwere Krankheit eines Elternteils oder eine Körperbehinderung werden das Kind prägen. Gleichzeitig gilt: Nur Adoptionswillige sind geeignet, die den Mut haben, keine Normalfamilie zu sein. Sie benötigen Erfahrung und Kraft, mit der Außergewöhnlichkeit der Adoption bewußt und selbstbewußt umzugehen. Menschen, die schwere Krisen durchgemacht und außergewöhnliche Lebenssituationen ertragen haben, können oftmals besser mit besonders schweren Lebensbedingungen auf seiten des Kindes umgehen. Je mehr außerhalb der Norm liegende Eigenschaften das Kind einbringt, z. B. älteres Kind, verhaltensauffälliges Kind, Kind mit dunkler Hautfarbe, behindertes Kind, Kind mit tödlicher Krankheit, desto eher werden Annehmende gesucht, die gelernt haben, mit Ausnahmesituationen und Krisen zu leben. Das alles müssen die Vermittler abwägen.

Ein bestimmtes Kind ist in Aussicht

Bevor die Anbahnung beginnt, müssen die künftigen Adoptiveltern sich emotional mit der Herkunftssituation des Kindes befassen: Lebensgeschichte der Eltern, Gründe der Freigabe. Hinzu kommen alle bekannten Informationen über das Kind: Verlauf von Schwangerschaft und Geburt, mögliche gesundheitliche Risiken, bei älteren Kindern ihr bisheriger Lebensweg, seelische Verletzungen, Beziehungsabbrüche und ihre Auswirkung. Viele annehmende Eltern sind zu dieser Zeit so aufgeregt, daß sie nicht alle Informationen aufnehmen können. Oft beteuern sie in späteren Jahren, bestimmte Informationen nie bekommen zu haben. Deshalb empfiehlt es sich, wichtige Fakten schriftlich festzuhalten und den Adoptiveltern mit auf den Weg zu geben.

Bei der Annahme von Säuglingen: Die Phase der Ungewißheit

Es gibt annehmende Eltern, die am liebsten ein Kind erst dann aufnehmen wollen, wenn die notarielle Einwilligung der leiblichen Eltern vorliegt, also frühestens acht Wochen nach der Geburt des Kindes. Auch manche Adoptionsvermittlerinnen oder Adoptionsvermittler bringen ein Neugeborenes zuerst in eine Bereitschaftspflege und warten auf die notarielle Einwilligung. Doch viele abgebende Mütter gehen nicht nach acht Wochen punktum zum Notar. Sie widerrufen zwar nicht ihre erste Erklärung, ihr Kind zur Adoption freigeben zu wollen, doch manche benötigen Jahre, bis sie zum Notar gehen. Für ein Baby oder Kleinkind würde das bedeuten, daß ihm ein Wechsel der Bezugspersonen und der Umgebung zugemutet wird. Dies soll aber durch die frühe Vermittlung in die künftige Adoptivfamilie gerade vermieden werden. Deshalb erwarten die meisten Vermittlungsstellen, daß Adoptionswillige das Risiko eingehen, daß die Mutter ihre Freigabeerklärung noch widerrufen kann. Das Kind wird trotzdem schon in den ersten Lebenstagen zu den künftigen Adoptiveltern gebracht. Es gehört zum Adoptieren eines Säuglings dazu, daß die annehmenden Eltern diese Phase der Ungewißheit ertragen müssen.

Manchmal macht eine leibliche Mutter ihre Freigabeentscheidung wieder rückgängig. Die Aussöhnung mit dem Partner oder Hilfsangebote aus der Familie bewirken den Umschwung. Oder die Mutter hat für sich allein entschieden, daß sie doch mit ihrem Kind leben möchte. Dann heißt es Abschiednehmen und Trauern. Oft bemühen sich die Adoptionsvermittlerinnen und Adoptionsvermittler dann um einen sanften Übergang. Die leibliche Mutter kommt mit zu den Adoptionswilligen. Das Kind wird noch einmal gemeinsam versorgt. Die Beinahe-Eltern vertrauen das Kind seiner Mutter wieder an. Dies sind glückliche Momente für die leibliche Mutter und schmerzliche Ereignisse für Bewerberin und Bewerber. Die ganze Tragweite ihrer Kinderlosigkeit, die Ohnmacht, die Verzweiflung werden nach einem solchen Ereignis noch einmal wach. Adoptionswillige benötigen hier intensiven Beistand durch ihre Adoptionsvermittlerin oder ihren Adoptionsvermittler.

Die Anbahnungsphase

Geigers wurden drei Tage vor Weihnachten von ihrer Adoptionsvermittlerin angerufen, ob sie William, sieben Jahre, zu sich nehmen würden. Die Mutter hätte sich dieser Tage von dem Jungen
getrennt und ihm bereits gesagt, daß er in eine Adoptivfamilie
komme. Und nun wüßten sie nicht, wohin mit dem Kind. Geigers
bestanden darauf, daß das Kind nicht sofort für ganz zu ihnen, sondern doch noch in ein Heim kam. Dies war eine mutige und richtige
Handlung der Adoptionsbewerber. Nun hatten sie und William zwischen den Kontakten die Möglichkeit, sich in Ruhe zu prüfen, ob sie
sich aufeinander einlassen konnten. Die Zeit während der Anbahnung kam allen zugute. William hatte zunächst unendliches Heimweh nach seiner Mutter. Es war ihm gar nicht möglich, schon neue
Eltern anzunehmen, sich in eine Familie einzupassen. Er blieb zwei
Monate im Heim, bis er in die neue Familie überwechselte.

Bei älteren Kindern braucht die Anbahnung oft länger. Das Kind benötigt einen neutralen Ort, von dem aus es sich Schritt für Schritt von
seiner alten Familie verabschieden muß. Die Adoptionswilligen besuchen das Kind zuerst wiederholt im Heim, holen das Kind dann auch
mal am Wochenende zu sich. Kind und neue Eltern brauchen dazwi-
schen Zeit und Luft, ihre Entscheidung noch einmal zu überdenken.
 Kann ein Kind keinen Abschied nehmen, bekommt es von seiner
früheren Familie nicht den Auftrag, eine neue Familie anzunehmen,
so bleibt es dieser treu und hat Schuldgefühle, wenn es sich auf die
neuen Menschen einläßt. Um von all dem Schmerz und dem Durcheinander seiner Gefühle abzulenken, verhält sich das Kind oft besonders sonnig und fordert manchmal sehr schnell, in die neue Familie
übersiedeln zu können. Doch es kann sich dort noch längst nicht einlassen. Es übernimmt sich selbst. Kindern ist deutlich zu machen, daß
es Zeit braucht, bis Menschen sich ein Stück kennengelernt haben.
Erst dann können sie entscheiden, ob sie zusammenleben können.
Irgendwann dann ist die Zeit reif, sind sich Kind und Adoptionswillige sicher. Dies ist eine bessere Basis als eine zu schnelle Anbahnung.
 Es ist nicht leicht für Adoptionswillige eines älteren Kindes, das

Kind mit seiner früheren Welt zu teilen. Doch das Kind braucht sehr viel Hilfe, dieses Überwechseln von einer Welt in die andere überhaupt vollziehen zu können. Hat ein Kind bisher bei seinen Eltern oder bei einem Elternteil gelebt, so fällt die Anbahnungsphase in eine schlimme Trauerphase des Kindes. Annehmende sollten sehr viel über das frühere Leben des Kindes sprechen und ihm zeigen, daß sie seinen Schmerz verstehen. Es ist sehr wichtig, dem Kind zu signalisieren, daß die neuen «Eltern» nicht die Mutter oder den Vater ersetzen können, die das Kind erst kürzlich verloren hat.

Die Pflicht, nein zu sagen

Die fünfjährige Sara kam aus dem Kinderheim für ein Wochenende zu einem Bewerberpaar. Diese waren nach dem Besuch sehr niedergeschlagen. Sie hatten innerlich Vorbehalte gegenüber dem Kind. Sie spürten Ablehnung bei ihren eigenen Eltern gegenüber Sara. Deren Urteil konnten und wollten sie sich nicht entziehen. Sie waren über sich selbst erschrocken. Sie berichteten ihrer Adoptionsvermittlerin umgehend von ihren Sorgen.

Dieses Paar rang sich, ermutigt durch die Vermittlerin, zu einem Nein durch. Das Vertrauen zwischen Adoptionsvermittlerin und dem Bewerberpaar wurde durch dieses Nein gefestigt und nicht erschüttert. Sara kam zu anderen Eltern. Die liebten das Kind schon bald und konnten mit ihm eine innige Eltern-Kind-Beziehung aufbauen. Das Paar, das sich für Sara nicht hatte entscheiden können, wurde später Eltern für ein anderes Kind. Dieses konnten sie aus ganzem Herzen annehmen.

Bei Zweifeln und Antipathie gegenüber einem Kind oder sehr gemischten Gefühlen, ist es ein Zeichen von Verantwortungsbewußtsein, dieses Kind nicht aufzunehmen. Immer wieder haben wir erfahren, daß ambivalente Gefühle der ersten Tage und Wochen lebenslang mehr oder weniger stark bestehen bleiben. Das Kind soll jedoch Eltern haben, die nicht im Zweifel, sondern mit Wertschätzung und Zuneigung auf das Kind zugehen. Menschen, die ein Kind trotz innerer Vorbehalte aufnehmen, tun dem Kind keinen Gefallen. Meist trauen sie sich nicht zu, nein zu sagen. Scham, ein Kind abzulehnen, Angst, dem Kind weh zu tun, Zweifel, kein anderes Kind von der Adoptionsstelle mehr angeboten zu bekommen, das alles sind Gründe, ein Kind, dem keine Zuneigung entgegenschlägt, nicht zurückzuweisen. Doch ein Zurückweisen, bevor noch ein Zusammenleben begonnen hat, ist für das Kind tausendmal besser erträglich, als lebenslang auf innere Vorbehalte bei seinen Adoptiveltern zu stoßen. So bekommt das Kind die Chance, andere Menschen zu finden, die es wollen.

Begleitung nach Abschluß der Adoption

Mit Beendigung der Adoptionspflegezeit und Abschluß der Adoption ist – formal – auch das Ende der Betreuung durch das Jugendamt gekommen.

Doch viele Adoptiveltern wenden sich über Jahre, wenn sie Sorgen oder Fragen haben, an ihre Adoptionsvermittlerin oder ihren Adoptionsvermittler. Diese bleiben als Expertinnen und als Experten für alle Lebenslagen im Adoptionsgeschehen. Ältere Kinder besuchen ihre Adoptionsvermittlerinnen oder ihren Adoptionsvermittler. Sie lassen sich Details ihrer Lebensgeschichte und ihrer Herkunftsfamilie berichten. Allein schon die Existenz der Adoptionsvermittlerin oder des Adoptionsvermittlers und der weiter bestehende Kontakt hilft Adoptivfamilien, sich ihrer besonderen Situation bewußt zu bleiben.

Adoptivfamilien benötigen oft bis ins Erwachsenenalter der Kinder die Hilfe der Jugendämter. Diese bleiben Schaltstelle und Kontaktadresse zwischen abgebender und annehmender Familie, sei denn, beide Familien haben das Inkognito aufgelöst. Adoptionsberaterinnen und Adoptionsberater geben Hilfestellung und vermitteln Kontakte bei der Suche der jungen Erwachsenen nach ihren Herkunftseltern. Viele von ihnen begleiten die erste Begegnung von jugendlichen oder erwachsenen Adoptierten und ihren Herkunftsfamilien.

In den letzten Jahren fordern immer mehr Adoptiveltern, nach Abschluß der Adoption weiter beraten und betreut zu werden. Da Adoption eine Maßnahme der Hilfe zur Erziehung ist für Kinder, die in ihren Familien nicht leben können, sollten die Hilfs- und Begleitungsangebote auch nach Abschluß der Adoption bestehen bleiben. Leider wird in vielen Kommunen und Landkreisen weder ein Etat noch die personelle Ausstattung gewährleistet, die die weitere intensive Begleitung durch das Jugendamt – sofern von den Adoptivfamilien gewünscht – ermöglichen würde. Hier müssen die politisch Verantwortlichen umdenken.

Fortbildungsangebote für Adoptiveltern gehören bei einigen freien Trägern und Jugendämtern zum Angebot. Ihre Adoptiveltern werden in Gruppen weiter betreut. Dort leisten sie sich untereinander wertvolle Hilfe. Andere Jugendämter stellen Gelder und Räume für

Selbsthilfegruppen zur Verfügung. Selbsthilfegruppen von Adoptiveltern sollten ihre Forderungen nach fachkundiger Begleitung, Fortbildung und Informationsveranstaltungen auf Kosten des Jugendamtes immer wieder einfordern. Sie erfüllen einen wertvollen gesellschaftlichen Auftrag. Sie sollten guten Gewissens die Beratung und Hilfe der Jugendämter auch nach Abschluß des Adoptionsverfahrens in Anspruch nehmen.

5. Wenn Menschen Adoptiveltern werden wollen

Beweggründe Annehmender und die lebenslange Auswirkung auf die Kinder

Tanja wuchs als Adoptivkind bei ihrer alleinerziehenden Adoptivmutter auf. Zum geschiedenen Adoptivvater hatte sie keinen Kontakt. Als sie klein war, erzählte ihr die Adoptivmutter, daß sie sie aus einem Kinderheim geholt hat. Als Tanja fragte: «Und weshalb kam ich ins Heim?» antwortete die Mutter: «Darüber weiß ich nichts.» Ihr Gesicht war in diesem Augenblick so verschlossen, daß Tanja nie wieder wagte, ihre Adoption anzusprechen. Als Tanja sechzehn war, erzählte ihre Adoptivmutter ihren Freundinnen: «Adoption war bei uns nie ein Thema. Tanja hat noch nie etwas über ihre Eltern wissen wollen.»

Als durch ärztliche Diagnose feststand, daß Tanjas spätere Adoptivmutter nie würde Kinder bekommen können, hatte ihre damalige Schwiegermutter zu ihr gesagt: «Du bist der absterbende Ast in unserer Familie.» Als Tanja ein Jahr alt war, hatte der Adoptivvater eine Beziehung zu einer anderen Frau. Als diese von ihm schwanger war, verließ er Tanjas Adoptivmutter.

Die bitteren Folgen der ungewollten Kinderlosigkeit von Tanjas Adoptivmutter saßen so tief, daß sie mit Tanja über die näheren Umstände ihrer Adoption nicht sprechen konnte.

Wir wissen aus der Arbeit mit Adoptivfamilien und aus den Berichten heute erwachsener Adoptierter: Umstände, Ereignisse, Wünsche, die zur Annahme eines Kindes führen, wirken sich auf das spätere Zusammenleben aus. In der Folge schildere ich die häufigsten Beweggründe, ein Kind annehmen zu wollen, und ihre Auswirkungen auf die Kinder. Auch alle, die schon Kinder angenommen haben, können an dieser Stelle noch einmal zurückschauen. Sie können sich in die Lebensphase zurückversetzen, bevor Sie das Kind annahmen oder als das Kind klein war. Sie können vielleicht erkennen, wie die damalige Situation in das heutige Leben hineinwirkt. Vielleicht können Sie Ursachen entdecken für aktuelle Sorgen mit Ihren adoptierten Kindern. Werden uns eigene seelische Notlagen bewußt, dann tritt auch für das Kind ein Stück Entlastung ein. Dann müssen wir unsere Nöte nicht mehr unbewußt an das Kind weitergeben.

Ungewollte Kinderlosigkeit

Wenn ungewollt kinderlose Paare sich zur Adoption eines Kindes bewerben, dann haben sie meist einen langen Weg von Schmerz, Verzicht und Verlust hinter sich. Zunächst haben sich fast alle Adoptionswillige ein leibliches Kind gewünscht. In meinem Buch «Pflege- und Adoptivkinder» habe ich im Kapitel «Angelina» auf die Phasen hingewiesen, die kinderlose Paare durchleben. Wenn nach einer Zeit eines oft unbeschwerten Liebeslebens keine Schwangerschaft eintritt, kommt das Paar in die Phase der Ungewißheit. Beide hoffen weiter. Liebe findet fast nur noch nach dem Empfängniskalender statt. Die Ehepartner bekommen häufig sexuelle Probleme. Die Paarbeziehung gerät unter Druck. Kann über Angst, Mißtrauen und das Gefühl, minderwertig zu sein, miteinander gesprochen werden? Wollen sich Mann und Frau einer medizinischen Diagnostik unterziehen? In ihrem sozialen Umfeld geraten sie häufig ins Abseits, ernten Kritik, Mitleid und Schuldzuschreibung.

Schon im alten Testament, im 1. Buch Moses 30, können wir lesen: «Als Rahel sah, daß sie Jakob keine Kinder gebar, wurde sie eifersüchtig auf ihre Schwester. Sie sagte zu Jakob: Verschaff mir Söhne! Wenn nicht, sterbe ich.»

Unfruchtbarkeit wurde zu allen Zeiten und in allen Kulturen sanktioniert. Kaiserin Soraya mußte 1958 Thron und Ehe aufgeben, weil sie dem damaligen Kaiser von Iran, Mohammed Riza Pahlewi, keine Kinder gebar. Die Entscheidung des damaligen Schahs wurde weltweit in der Regenbogenpresse gebilligt.

In Seminaren mit kinderlosen Paaren und Adoptiveltern habe ich die Beteiligten einmal aufschreiben lassen, was ihr soziales Umfeld über Paare, Männer und Frauen, die kinderlos bleiben, denkt und was Kinderhaben für sie bedeutet. Folgende Antworten kamen zusammen:

– Frauen, die kinderlos bleiben... kommen ihrer natürlichen Bestimmung nicht nach, ... sind nur halbe Frauen, ... haben das Brüten nicht gelernt, ... können verstoßen werden, ... sind keine richtigen Frauen, ... haben versagt, ... haben einen Defizit, ... sind keine vollwertigen Frauen.

- Frauen, die selbst gewählt kinderlos bleiben, ... sind Karrierefrauen, ...haben Angst um ihre Figur, ...scheuen die Strapazen einer Schwangerschaft und Geburt, ...sparen sich Sorgen und Ärger, ...sind egoistisch, ...suchen nur ihr Vergnügen, ...scheuen die Verantwortung.
- Männer, die keine Kinder zeugen können, ... sind Schwächlinge, ...sind Versager, «Blindgänger», ...sind zu bedauern, ...sind verkrampft, ...bringen es nicht, ...sind nur halbe Männer.
- Paare, die kinderlos bleiben, ...sind ausgeschlossen von einer «Selbstverständlichkeit», ...werden von anderen bedauert, ...haben ihre biologische Pflicht in der Gesellschaft nicht erfüllt, ...ernten Mitleid, ...haben ein Gefühl von Wertlosigkeit, ...haben einander die Erwartungen nicht erfüllt, ...müssen leiden, ...haben keinen Spaß am Sex, ...ihre Lebensplanung geht nicht auf, ...verlieren Freundinnen und Freunde, ...haben keine Erben, ...leben in der nächsten Generation nicht weiter, ...geben ihre biologische Identität nicht weiter, ...deren Familien sterben aus, ...haben keine Zukunft, ...haben kein Leben im Haus, ...sind im Alter allein, ...werden wunderlich und schrullig, ...müssen sich gegenüber der Umwelt rechtfertigen.
- Kinder haben bedeutet... näher am Leben zu sein, ...Natürlichkeit, ...wichtig zu sein, ...eine Aufgabe zu haben, Sinn im Leben, ...Bereicherung des Lebens, ...Erfüllung, ...Erweitern des Horizonts, ...einen Lebensinhalt haben, ...Glück und Zufriedenheit, ...Leben weitergeben, ...neue Lebenschancen, ...Liebe geben und bekommen, ...Verantwortung haben, ...Gebrauchtwerden, ...nie mehr allein sein.

Die Ursachen

Früher war etwa jede zehnte Ehe ungewollt kinderlos. Heute ist dies schon bei 15 bis 25 % der Paare der Fall. In den letzten dreißig Jahren hat sich die Zahl der Spermien beim einzelnen Samenerguß im Durchschnitt verringert. In früheren Jahren wurde die Verursachung der Kinderlosigkeit allein den Frauen zugeschoben. Heute wissen wir, daß in ca. 40 % der Fälle die Frau, in 40 % der Fälle der Mann und in 20 % beide Partner die Unfruchtbarkeit verursachen. Hierbei gibt es auch soziale und durch Lebensplanung bedingte Ursachen: Viele

Paare wünschen sich erst über dreißig ein Kind. Sie haben zuvor verhütet. Sind Menschen über dreißig, geht – statistisch – die Fruchtbarkeit bereits zurück. Hinzu kommen zahlreiche Umweltbelastungen. Umweltgifte wie Quecksilber, Kadmium oder Blei schwächen die Spermien und setzen sich in den Schleimhäuten der Gebärmutter fest. Sie wirken wie ein chemisches Verhütungsmittel. Auch zahlreiche Bedingungen am Arbeitsplatz in der chemischen und Computer-Industrie kommen hinzu. Die Weltgesundheitsorganisation (WHO) hat in einer Studie nachgewiesen, daß es bei Narkose-Personal doppelt so viele Fehlgeburten gibt wie in einer Vergleichsgruppe. Bei Angehörigen scheinbar gesunder Berufe wie Landwirtinnen und Landwirten, Winzerinnen und Winzern, Forstarbeiterinnen und Forstarbeitern, Gärtnerinnen und Gärtnern, Floristinnen und Floristen führt der Umgang mit Insektenkillern und Unkrautgiften besonders oft zur Unfruchtbarkeit. Auch die Bildschirmarbeit steht im Verdacht, bei Männern und Frauen Sterilität zu bewirken.

Zu den körperlichen Ursachen von Unfruchtbarkeit kommen die psychischen: Oft hat die Seele ihren Grund, eine Schwangerschaft zu verweigern. Konflikte in der Paarbeziehung, schwere Erfahrungen in der eigenen Sozialisation führen manchmal zu Sterilität oder Infertilität.

Oft gibt es ein Zusammenwirken von körperlichen und seelischen Ursachen. Der zunehmende Streß, der Leistungsdruck, der soziale Druck durch die Umwelt, die Belastungen der Paarbeziehung, das alles führt dazu, daß sich erst recht keine Schwangerschaft einstellt.

Bei manchen Paaren ist durch schwere Krankheiten und Operationen der Partnerin oder des Partners klar, daß sie kein Kind bekommen können. Je nach Prognose des Krankheitsprozesses, vor allem bei voraussichtlich lebensverkürzenden Erkrankungen, werden diese Paare auch als Bewerberinnen und Bewerber für ein Adoptivkind meist nicht angenommen.

Ausliefern an medizinische Technologien?

Wenn Männer im Labor ihre Samenspende produzieren, wenn Frauen sich Gen- und Repro-Medizinern ausliefern, so ist dies nur unter Abspaltung der Gefühle möglich. Nur fünfzehn von hundert Paaren erreichen auf diesem Weg ihr Ziel. Jede vierte Frau wird auf dem Weg der In-vitro-Fertilisation (IVF) zwar schwanger, doch es kommt häufig zu Fehlgeburten. Tritt Erfolg ein, so kommt es häufig zu Mehrlingsgeburten. Weltweit leben ca. 20000 Kinder, die in der Retorte gezeugt wurden, davon in der Bundesrepublik fast 3000. Der Gynäkologe Robert Edwards, «Schöpfer» des ersten Retortenbabys, bekundete auf dem Jahreskongreß 1992 der Deutschen Gesellschaft für Gynäkologie: «Theoretisch kann heute eine Sechzigjährige schwanger werden. ... Warum sollte einer älteren Frau die Mutterschaft verweigert werden?» Was es für Zwanzigjährige bedeutet, achtzigjährige Mütter zu haben, interessiert diesen Wissenschaftler nicht.

Ähnlich wie der § 218 reduziert auch die Reproduktionsmedizin Frauen auf die Funktion des Gebärens. Frauen müssen sich schmerzlichen Prozeduren unterziehen, werden ohnmächtig, abhängig und zu Versagerinnen gemacht. Sie werden zum Versuchsobjekt von Forschung und Medizin. Nicht die Erfüllung des Kinderwunsches der Paare steht im Mittelpunkt des Interesses. Kinderlose Paare werden in ihrer grenzenlosen Sehnsucht, doch noch ein leibliches Kind zu bekommen, benutzt. Der Prozeß von Zeugung und Schwangerschaft und Geburt soll immer genauer beherrscht, Menschen sollen durch Gentechnik manipulierbar werden. Die IVF-Methode ermöglicht Eingriffe in die menschliche Keimbahn, will «Menschenerzeugung» steuern.

Menschen, die sich dieser Technologie anvertrauen, nehmen in weiten Teilen den Verlust des Kontakts zum eigenen Ich in Kauf. Viele Paare, die ihr Leben über Jahre von der Sucht und dem Zwang, ein Kind durch die IVF-Methode zu bekommen, beherrschen ließen, fühlen sich befreit und wieder lebendig, wenn sie einen Schlußstrich gezogen haben.

Für die Bewerbung eines
Adoptivkindes zu früh

Ärztinnen und Ärzte raten Paaren oft, parallel zu den IVF-Versuchen die Adoptionsbewerbung laufen zu lassen. Wer diesen Tip gibt, verkennt die Adoptionsproblematik. Ein fremdes Kind kann mit einem heiß ersehnten Kind, das im Mutterleib wachsen soll, nicht konkurrieren. Manche Paare entscheiden schon gleich nach ihrer Diagnose, sich den Reproduktionstechniken nicht auszuliefern. Doch auch dann ist es für eine Bewerbung für ein Adoptivkind noch viel zu früh.

Soziale Elternschaft ist etwas grundsätzlich anderes, als die Selbstverwirklichung über die biologische Kette. Menschen, die kein leibliches Kind bekommen – auch jene, die sich freiwillig dazu entscheiden –, benötigen viel Zeit, um von diesem ungeborenen Kind Abschied zu nehmen. Sie müssen trauern, um sich selbst nicht mehr minderwertig oder inkompetent zu fühlen.

Kinderlose Paare, die sich für ein Adoptivkind bewerben, sollten jeder für sich sowie gemeinsam folgende Themen klären:

– Wie fühlen Sie sich, wenn Sie sich vorstellen, auch in Zukunft ohne Kind zu leben? Fehlt Ihnen dann der Sinn des Lebens? Fühlen Sie sich weniger wert als Menschen mit Kind? Oder haben Sie auch ohne Kind ein ausgefülltes Leben? Sind Sie auch ohne Kind mit sich zufrieden?

– Wie fühlen Sie sich, wenn Sie Menschen mit Babys und kleinen Kindern treffen? Können Sie sich an diesen Kindern freuen, ohne Wut und Verzweiflung zu fühlen? Oder ist der Schmerz, kein eigenes Kind zu haben, immer noch übermächtig?

– Haben Sie schon darüber nachgedacht, daß ein adoptiertes Kind anderswo leibliche Eltern hat, Menschen, denen das gelungen ist, was Ihnen versagt bleibt, nämlich Schwangerschaft und Geburt «ihres Kindes» zu erleben? Was werden Sie gegenüber diesen Menschen fühlen?

– Können Sie trauern darüber, daß Sie kein Kind haben? Weinen Sie gelegentlich und erkennen, daß diese Trauer zu Ihrem Leben dazugehört? Kinderlosigkeit ist ein existentielles Thema, das nie ganz

abgehakt sein wird. Menschen werden von ihrer Trauer immer mal wieder eingeholt. Können Sie das zulassen?
– Können Sie mit Ihrem Lebenspartner über diese Trauer, über diesen Verlust sprechen?
– Was bedeutet es für Ihre Paarbeziehung, wenn Sie weiterhin zu zweit bleiben? Wie geht der «nichtschuldige» Teil mit seiner Enttäuschung um? Wurde an Trennung gedacht? Kann über alles gesprochen werden?
– Können Sie gegenüber Familienmitgliedern und Bekannten dazu stehen, daß Sie kein Kind haben? Können Sie mit abwertenden Kommentaren der Umwelt so umgehen, daß diese nicht auf Ihre Kosten gehen?
– Wie sieht Ihre Lebensplanung aus, wenn Sie durch Adoption kein Kind bekommen werden? Werden Sie resignieren, oder gibt es andere wichtige Ziele im Leben, von denen Sie träumen, die Sie verwirklichen wollen, z. B. eine neue Ausbildung, ein Berufswechsel, eine große Reise, ein Studium, politisches Engagement, ein Hobby? Haben Sie Lust, etwas in Ihrem Leben zu ändern, etwas Neues zu beginnen?
– Können Sie sich vorstellen, damit zufrieden zu sein, Kinder im Verwandtenkreis oder durch Übernahme einer Patenschaft zu begleiten, oder füllt Sie beruflicher Kontakt zu Kindern aus?
– Können Sie sich vorstellen, Ihre Bewerbung für eine Adoption auf einen bestimmten Zeitraum, z. B. zwei, drei oder vier Jahre, einzugrenzen?

Manche Adoptionswillige schützen sich mit der selbst bestimmten Eingrenzung des Wartens. Sie liefern sich dem Kinderwunsch nicht total aus. Sie wollen nicht aus den Augen verlieren, daß das Leben auch ohne Kind Sinn macht, lebenswert ist. Sie beugen vor, daß das Hoffen nicht zum Zwang, zur Sucht wird. Nach dem selbst bestimmten Zeitraum ziehen sie ihre Bewerbung zurück und wenden sich anderen Lebensinhalten zu.

Wenn Menschen es über Jahre als Defekt, als Mangel, empfunden haben, kein Kind zu bekommen, so ist es ein weiter Weg, bis sie sich ohne das gemeinsame, leibliche Kind als vollwertige Menschen fühlen. Doch dies ist die Voraussetzung, daß ein Adoptivkind sich zufrieden fühlen kann. Es kann nicht sein Auftrag sein, Schmach und Entwertung der ungewollten Kinderlosigkeit auszugleichen, die Verletzungen an Körper und Seele wiedergutzumachen.

Ein Geschwisterkind wird gesucht

Henry kam mit seinen Eltern in die Adoptionsvermittlungsstelle. Als die Adoptionsvermittlerin ihn begrüßte und fragte, wie er heißt, antwortete er: «Ich bin der Henry und wünsche mir von dir ein Schwesterchen.»

Manche Eltern verleihen ihrem Wunsch nach einem Adoptivkind Nachdruck, indem sie das leibliche Kind in der Vermittlungsstelle seinen Wunsch nach einem Geschwisterkind vortragen lassen. Doch sie übergeben damit ihrem Kind eine Verantwortung, für die es zu klein ist. Kinder können nicht einschätzen, was auf sie zukommt, wenn aus ihrem Wunschtraum nach einem Geschwisterkind Wirklichkeit wird.

Viele Eltern sagen sich: «Es gibt doch so viele Kinder auf der Welt, statt ein zweites eigenes Kind zu bekommen, wollen wir lieber ein Kind adoptieren.» Sie denken, wo Energie, Platz und Geld für ein Kind vorhanden sind, gibt es auch Platz für ein zweites. Viele Eltern eines Einzelkindes haben Schuldgefühle gegenüber ihrem Kind. Sie wollen nicht, daß es als Einzelkind aufwächst. Oder sie haben die Erfahrung gemacht, daß ihr eigenes Kind aufblüht, wenn andere Kinder zum Spielen da sind. Andere wollen, daß ihr eigenes Kind teilen lernt.

Manchmal waren Schwangerschaft und Geburt des ersten Kindes besonders schwer, und eine Frau darf kein zweites Kind mehr bekommen. Oder das erste Kind ist durch den schmerzvollen Einsatz einer In-vitro-Fertilisation entstanden, und das Paar hat nicht die Kraft oder den Willen, die Torturen ein zweites Mal durchzumachen. Manchmal ist ein Elternteil erkrankt und nicht mehr zeugungsfähig. In all diesen Fällen gilt, daß sie sich in ähnlichen Trauer- und Abschiedsprozessen befinden wie sonst ungewollt kinderlose Paare.

Diese Eltern ließen Henry bestimmen, wann sie zu Bett gingen. Henry nahm sie in Beschlag, wollte sich nicht alleine beschäftigen. Er führte über beide Eltern Tag und Nacht die Regie. Seine Eltern erhofften sich von der Aufnahme eines Kindes, daß Henry diese Verhaltensweisen abbauen würde. Deshalb sollte das zweite Kind im Alter gut zu Henry passen.

Solche Probleme lassen sich durch die Annahme eines zweiten Kindes nicht lindern. Die Wünsche gehen meist nicht in Erfüllung, im Gegenteil. Das angenommene Kind bringt fast immer schwierige Verhaltensweisen und zahlreiche Belastungen mit, da es bereits eine schwere Zeit, Trennung und Verlust hinter sich hat.

Es ist eine andere Situation, ob Sie ein zweites leibliches Kind in Ihre Familie bekommen oder ein Kind, das anderswo Eltern hat. Das angenommene Kind ist in einer anderen Lebenslage. Es hat eine andere Rolle und Position als Ihr leibliches Kind, wie sehr Sie es auch lieben und wie sehr Sie sich anstrengen, die beiden Kinder gleich zu behandeln. Die Kinder selbst fühlen sich dennoch ungleich. Neugeborene Kinder werden von den meisten Adoptionsvermittlungsstellen nicht zu Eltern mit einem leiblichen Kind gegeben. Die ungleichen Bedingungen führen oft dazu, daß Adoptionsprozesse für die Kinder und Jugendlichen schwieriger und schmerzlicher verlaufen als bei Eltern ohne eigene Kinder.

Das zweite Kind als Spielgefährte oder wie auch immer gearteter Helfer oder gar als therapeutische Maßnahme für das erste Kind: Diesen Auftrag kann das angenommene Kind nicht erfüllen. Das eigene Kind wird nach einer ersten Zeit der Begeisterung vielleicht nicht gern mit dem angenommenen Kind spielen. Es wird sich streiten, aggressiv sein, kein Verständnis haben, sich wünschen, das angenommene Kind solle wieder fort. Die Aufnahme des zweiten Kindes wird phasenweise oder auf Dauer zu einem Mehr an Konflikten in Ihrer Familie führen.

Das angenommene Kind wird sich nicht anpassen. Alle Beziehungen in Ihrer Familie werden sich in einer Weise verändern, wie Sie es sich vorher nicht vorstellen können. Das angenommene Kind braucht mehr Zuwendung für sich selbst, als Sie dies von Ihrem ersten Kind kennen. Jeder Beweggrund zur Annahme, der sich auf Ihr eigenes Kind bezieht, sollte deshalb ausscheiden.

Adoptivkinder sollten nur in Ausnahmefällen in Familien mit leiblichen Kindern vermittelt werden. Adoptierte Kinder fühlen sich gegenüber leiblichen Kindern oft benachteiligt. Bei schwer vermittelbaren Kindern (ältere, kranke, behinderte Kinder) wird häufig der Kompromiß eingegangen. Diese Kinder brauchen viel freie Energie der Annehmenden. Hat eine Familie schon Adoptiv- oder Pflegekinder, so fühlen sich die angenommenen Kinder gut aufgehoben. Sie können ihr Schicksal mit anderen Kindern in derselben Familie teilen.

Wenn ein Kind gestorben ist

Angela, Adoptivkind von zehn Jahren, ist ein anhängliches, scheues, ängstliches Kind, das vieles schwernimmt, am Morgen oft erbricht. Manchmal weint Angela, ohne daß die Adoptiveltern es sich erklären können. Als Angela mit mir allein ist und ihre Familie aufmalt, malt sie einen Himmel mit zwei weiteren Kindern. Sie erzählt: «Bevor meine Eltern mich im Krankenhaus abgeholt haben, hatte meine Mutter eine Totgeburt, und ein zweites Kind ist nach wenigen Wochen gestorben. Ich bin nur bei ihnen, weil zwei andere Kinder nicht leben. Das ist schlimm. Ich wünschte mir, sie leben und ich wäre trotzdem hier.» Ich fragte: «Redet ihr manchmal über die Kinder, die nicht leben?» Sie antwortet: «Nein.» – «Woher weißt du es dann?» Antwort: «Das ist sehr lange her, daß meine Mama es mir erzählt hat. Ich habe es mir gemerkt. Wir reden nie mehr darüber. Sonst wird sie zu traurig.»

Immer wieder bewerben sich Eltern, denen ein Kind gestorben ist, sehr schnell für ein Adoptivkind. Und immer wieder geben Adoptionsvermittlerinnen oder Adoptionsvermittler recht bald ein Kind in diese Familie, weil sie den Verlust dieser Menschen nicht aushalten können. Weshalb auch sollen Menschen, die einen schweren Schicksalsschlag erlitten haben, kein Kind annehmen? Weshalb soll der Platz, der frei geworden ist, nicht wieder ausgefüllt werden? An elterlicher Fürsorge und Zuwendung wird es einem solchen Kind gewiß nicht mangeln.

«Der Adoptierte, dessen Schicksal es ist, das tote Baby zu ersetzen, das seine Eltern einmal hatten, wächst Seite an Seite mit dem Geist dieses Babys auf... Dieses tote Kind ist das vollkommene, das andere, das Dinge erreicht haben würde, die der Adoptierte niemals erreichen kann» (Lifton 1982, 55).

Verwaiste Eltern zu haben ist für kein Kind einfach. Kein Kind der Welt kann ein verstorbenes Kind ersetzen. Menschen, die ein Kind durch Tod verloren haben, brauchen Jahre Zeit, um zu trauern. Wenn sie schon bald neue Kinder bekommen oder ein Kind annehmen, besteht die Gefahr, daß das Kind Teile der Trauer aufgebürdet bekommt. Die Eltern können dies nicht beeinflussen. Ich kenne eine Frau, die eine Stimme mit traurigem Klang hat. Erst als Erwachsene erfuhr sie, daß ein Jahr, bevor sie zur Welt kam, das zweijährige Kind der Eltern gestorben war. Obwohl sie es ihre Kindheit über nicht wußte, hat die Trauer sie doch geprägt.

Jedes Kind spürt unbewußt, wenn seine Familie einen Verlust erlitten hat, bevor es zu ihr kam. Und wenn es dies weiß, wird es ebenfalls die seelischen Lasten zu tragen haben. Geht es mit seinen Adoptiveltern zum Friedhof und erlebt deren Verlust, wird es betroffen sein und selbst Trauer fühlen. Hinzu kommt aber auch die bange Überzeugung: Die wollten mich ja nur, weil ihnen ein Kind gestorben ist. Solch ein Kind strengt sich Tag für Tag an, für seine Eltern den erlittenen Verlust wettzumachen, will besonders lebensfroh, lustig, aktiv und unterhaltsam sein. Wenn es dann erlebt, daß die Eltern doch noch trauern, fühlt es sich abgewiesen oder wertlos.

Für die Besonderheiten der Adoption, die ja ebenfalls mit Trauer und Verlust verknüpft sind, bleibt einem Kind bei verwaisten Eltern kaum Raum, selbst wenn die Eltern das Beste wollen. Das Kind wird es nicht wagen, die eigenen Verluste, die am Anfang seines Lebens standen, zu fühlen, weil ihm die zweifache Trauer zu schwer ist. Es will auf keinen Fall weitere Trauer in seiner Familie erzeugen. Es wird seine spezifische Situation verdrängen, um seine Eltern zu schonen. Manchmal kommt dann in der Zeit des Heranwachsens die Problematik geballt zum Vorschein:

> Carola wurde mit dreizehn Jahren in einer Beratungsstelle vorgestellt, weil die Eltern einen Abschiedsbrief von ihr gefunden hatten. Sie fürchteten, Carola wolle sich selbst töten. Die Adoptivmutter konfrontierte Carola mit dem Brief und sagte ihr: «Du weißt genau, daß ich den Tod eines weiteren Kindes nie verkraften könnte!» Carola war schon immer ein reizbares, in seinen Stimmungen wechselhaftes Kind. Sie hatte oft schwere Hautausschläge und kratzte sich blutig. Sie war als Säugling adoptiert worden, schon zwei Monate nachdem das leibliche Kind der Familie im Alter von drei gestorben war.

Immer wieder haben auch Kinder und Jugendliche, die nicht adoptiert sind, Selbstmordgedanken. Diese müssen ernstgenommen werden und sind ein Alarmsignal. Das Kind braucht dringend Hilfe.

Carola hat sich lange Jahre nicht getraut, nach ihrer Adoption zu fragen. Auch Aggressionen gegen ihre Adoptiveltern hätte sie sich nie gestattet. Sie wollte ihnen nicht weh tun. So richtete sie Aggressionen gegen sich selbst. Die Vorstellung, sich selbst zu vernichten, faszinierte sie doppelt. Denn mit ihrem Tod würde sie ihre leibliche Mutter strafen, weil die sie fortgegeben hat. Zugleich fühlte Carola, daß sie ihre Adoptiveltern an ihrem empfindlichsten Punkt treffen kann. Das Thema «Kind stirbt» war in dieser Familie übermächtig. Carola hat die Phantasie, daß sie dem verstorbenen Kind nur ebenbürtig werden kann, wenn sie ebenfalls stirbt. Die Bemerkung der Adoptivmutter hat Carola bestätigt. Die Mutter hat nämlich beim Gedanken an Carolas Tod im selben Atemzug auf das ihr verstorbene Kind hingewiesen. Die Adoptivmutter konnte nicht anders, weil die alte Trauer noch in ihr war. Leider konnte sie Carola nicht helfen, konnte nicht sagen: «Ich will dich auf keinen Fall verlieren. Weil du mit uns unglücklich bist und um uns zu bestrafen, darfst du nicht dein eigenes Leben vernichten! Dazu ist dein Leben viel zu wertvoll.»

Die Adoptionsproblematik allein ist für Kinder und Jugendliche schwer zu verarbeiten. Dazu noch verwaiste Eltern zu haben und zu trösten, das ist eine sehr schwere Aufgabe für jedes Kind. Die seelischen Nöte addieren sich nicht einfach, sie können sich multiplizieren und unerträglich werden.

Diese Erfahrungen zeigen: Eltern, deren Kind gestorben ist, dürfen sich – dem Kind zuliebe – nicht so bald um ein Adoptivkind bewerben. Ich weiß, daß diese Zeilen für viele bitter sind. Es braucht lange, bis die Verwundungen durch den Tod eines Kindes, wenn überhaupt, ein wenig vernarben. Es bedarf vieler Entwicklungsschritte, das Adoptivkind nicht unbewußt mit dem Verstorbenen zu vergleichen.

Wenn die Paarbeziehung
in der Krise ist

Vor zehn Jahren bewarben sich Herr und Frau Schmidt für ein Adoptivkind. Schmidts bekamen in den ersten Ehejahren zwei leibliche Kinder. Sie hatten als Eltern beide volles Programm: sie durch Alltag mit zwei kleinen Kindern, er durch starke Anforderungen im Beruf und Vaterrolle. Beide Kinder entwickelten sich gut. Schmidts waren sich im klaren, daß es in ihrer Familie vielleicht unbewußte Motive für den Wunsch zur Annahme eines Kindes geben würde, die sie noch nicht erkannten. Sie entdeckten, daß sie als Paar seit geraumer Zeit nicht mehr miteinander zufrieden waren. Sie hatten den Kontakt zueinander verloren. Es gab kaum mehr Platz für ihre Paarbeziehung. Sie wollten an ihrer Situation arbeiten, sie verändern. In dieser Zeit wurde ihnen Oliver im Säuglingsalter von der Adoptionsstelle «angeboten». Natürlich wollten sie nicht sagen: «Jetzt ist nicht der richtige Zeitpunkt».

Die Familie wurde in all den Jahren mit Oliver nicht glücklich. Er forderte die Familie stark, wollte beständig im Mittelpunkt stehen, fühlte sich zu kurz gekommen, provozierte, obwohl es ihm an Zuwendung in den ersten Jahren nicht mangelte. Seine besondere Situation, anderswo Eltern zu haben, beschäftigten ihn früh. Und im Alter von neun Jahren fragte er: «Wann komme ich zurück zu meiner Mutter, die ich nicht kenne?» Wenn Frau Schmidt ihm Grenzen setzte, hatte sie Schuldgefühle. Für die beiden eigenen Kinder blieb nicht genug Raum. Der ältere Sohn spürte, daß seine Mutter litt, versuchte auszugleichen. Die Tochter grenzte sich stark ab und hielt sich die meiste Zeit bei einer Freundin auf. Richtig zufrieden waren sie alle nicht miteinander. Frau Schmidt fühlte sich von ihrem Mann unverstanden. Doch ihre eigentliche Belastung sah sie in Oliver. Sie litt darunter, daß sie ihn emotional nicht so annehmen konnte, wie sie dies von sich selbst erwartete. Und Oliver schien sich auf die Familie nicht so eingelassen zu haben. Dabei war er mit fünf Tagen in die Familie gekommen. Herr Schmidt hielt sich raus und konnte sagen: «Mich nervt Oliver nicht so.»

Oliver hätte auch als leibliches Kind schwierig werden müssen, denn er kam in die Familie, als das Paar in einer Krise war. Herr und Frau Schmidt hatten verlernt, sich gegenseitig Wertschätzung und emotionale Wärme zu geben. Statt sich einzugestehen, daß ihnen als Paar Nähe und Intimität fehlte, wurde Frau Schmidt mit Oliver unglücklich. Oliver hatte den unbewußten Auftrag, von den Problemen der Eltern abzulenken. Diesen Auftrag erfüllte er umfassend, oft rund um die Uhr. Er forderte unendlich viel Aufmerksamkeit und Kraft. Im Vergleich zu zwei leiblichen Kindern in der Familie entwickelte er starke Selbstwertprobleme.

In früheren Jahren haben Fachmänner – Eheberater oder Frauenärzte –, wenn ein Paar miteinander unglücklich war, allen Ernstes geraten, dieses Paar sollte ein Kind bekommen. Wir wissen heute, daß Kinder keine Paarbeziehung retten können. Ein Drittel aller Ehen wird wieder geschieden, und das häufig, obwohl Kinder da sind. Eine Ehe zusammenzuhalten, dies ist ein Auftrag, der im Lauf der Jahre über die Kräfte eines jeden Kindes geht. Durch ein Kind werden Paarprobleme nicht gelöst. Im Gegenteil, sie verschärfen sich. Auf dem Hintergrund der Adoptionsproblematik benötigen Kinder eine besonders belastbare Familiensituation.

Miteinander nicht glücklich zu sein, weil in der Zweierbeziehung Grundlegendes fehlt, ist nicht gleichzusetzen mit Auseinandergehen. Aber das ist die unbewußte Phantasie der meisten Paare. Deshalb drängen sie ihre Konflikte lieber weg. Oft ist es ihnen zu bedrohlich, erst einmal festzustellen: Wir haben Schwierigkeiten miteinander.

Doch nur wenn Menschen sich diese Schwierigkeiten eingestehen, den Schmerz darüber nicht mehr verleugnen, können sie entscheiden, wie sie damit künftig umgehen: Ob sie dennoch zusammenleben oder sich voneinander entfernen. Ober ob es Wege gibt, sich wieder näherzukommen. Ein Warnsignal kann es sein, wenn nur einer von beiden Partnern unbedingt ein Kind annehmen will. Sind Sie in Ihrer Paarbeziehung an vielen Stellen unzufrieden oder unglücklich, so ist dies nicht der Zeitpunkt, ein Kind zu adoptieren. Denn das Kind wird unter diesen Konflikten leiden, auch wenn Sie es noch so gut davor schützen wollen. Besonders wichtig ist, daß Sie den Mut haben, Konflikte zu erkennen. Es ist die Chance, Konflikte sichtbar, faßbar zu machen. Erst dann sind Lösungsschritte möglich. Folgende Fragen können Ihnen dabei helfen.

– Sind Geben und Nehmen, einander Versorgen ausgewogen? Sind für beide emotionale Energie und Wärme, Wertschätzung und Anerkennung da, oder ist eine Partnerin oder ein Partner die oder der stärker Sorgende und Helfende? Ist der oder die eine aktiv, die oder der andere aber eher passiv? Gehen Impulse und Veränderungen nur von einer Partnerin oder einem Partner aus?

- Ist die Arbeitsteilung im Alltag befriedigend? Gibt es praktische Kooperation? Oder gibt es das Gefühl auf einer Seite, ständig «zuzubuttern» oder nachzugeben?
- Können Sie Ihre Unzufriedenheit formulieren, miteinander benennen und austragen, oder werden Konflikte vermieden, verleugnet?
- Welche Erfahrungen haben Sie miteinander bei der Bewältigung von Krisen gemacht? Wie gehen Sie als Partnerin oder Partner um mit Krankheit, Streß, Tod oder Pflegebedürftigkeit der eigenen Eltern, beruflichen Sorgen, Prüfungsstreß oder Arbeitslosigkeit, ungewollter Kinderlosigkeit usw.?
- Wo sind die Grenzen zur Außenwelt? Sind diese Grenzen besonders eng oder besonders weit um das Paar gezogen? Haben sich beide von ihren Ursprungsfamilien oder früheren Partnerschaften so weit gelöst, daß sie ihrer Partnerin oder ihrem Partner näherstehen als z. B. eigenen Elternteilen, oder gibt es andere enge Loyalitäten neben der Partnerschaft?
- Gibt es befriedigende Sexualität? Können Sie sich miteinander einlassen, fallenlassen, Zeit nehmen, oder ist Sexualität eher anstrengend, mit Leistung verbunden? Können Sie über Sexualität und Intimität offen miteinander reden? Gibt es Sexualität als seelische Nahrungsquelle in Ihrer Beziehung, oder ist Sexualität eher angstbesetzt, ein Konfliktfeld?
- Gibt es grundlegendes Vertrauen zueinander bezüglich Vereinbarungen, Absprachen, Geldaufteilung, oder herrscht Mißtrauen vor?
- Wenn schon Kinder da sind: Gibt es genug gemeinsame Verantwortung in der Elternrolle, werden Sorgen geteilt, gibt es Solidarität, oder haben Sie immer das Gefühl, der oder die andere erzieht die Kinder falsch, macht vieles nicht richtig?
- Wo stehen Sie zwischen Autonomie und Abhängigkeit? Was geht alleine, was zusammen? Wieviel eigene Freundinnen und Freunde, eigene Aktionsräume, Interessen, die nicht miteinander geteilt werden, sind zugelassen?
- Haben auch Vergnügen und Entspannung Platz in Ihrer Beziehung? Können Sie miteinander lachen?

Wenn Alleinerziehende adoptieren wollen

Alleinerziehende haben keine sehr große Chance, ein Adoptivkind aufzunehmen, weil die meisten abgebenden Frauen sich Vater und Mutter für ihr Kind wünschen. Dennoch gibt es immer wieder Adoptionen durch Alleinerziehende. Manchmal besteht schon lange ein Eltern-Kind-ähnliches Verhältnis. Hin und wieder haben abgebende Eltern ihr Kind für einen bestimmten Menschen freigegeben. Oder Eltern haben geregelt, daß das Kind nach ihrem Tod zu einem bestimmten Menschen kommen soll. Meist handelt es sich hierbei um Adoptionen durch Verwandte. Vielleicht leben Geschwister des Kindes im Verwandtenkreis, und sie werden so nicht zu weit voneinander getrennt. Hin und wieder kommt die Annahme eines älteren Kindes durch eine einzelne Person in Betracht, weil das Kind durch seine Vorerfahrungen für eine komplette Familie nicht geeignet ist. Immer muß bei einer solchen Vermittlung das Interesse des Kindes, ein geeignetes Zuhause zu finden, Vorrang haben.

Selbstverständlich gibt es viele alleinerziehende Adoptivelternteile. Immer wenn Eltern nach abgeschlossener Adoption geschieden wurden, kommt zur Adoptionsproblematik die Einelternsituation hinzu.

Wenn Kinder mit einem Elternteil allein zusammenleben, so gibt es von beiden Seiten – Kind und Elternteil – die Gefahr, daß die Grenze zwischen Kinder- und Erwachsenenebene nicht klar gezogen wird. Das Kind will und soll dem alleinstehenden Elternteil Partner sein, will ihn schützen, unterstützen, ihm helfen. Kinder genießen es, für Erwachsene solch große Bedeutung zu haben, Erwachsene lenken und beeinflussen zu können. Doch zugleich fehlt ihnen, noch genug Kind sein zu dürfen.

Wenn ein Elternteil mit einem Kind allein lebt, ist das Kind Hauptgesprächspartner. Erwachsene und Kinder teilen mehr Aktivitäten miteinander als in größeren Familien. Ein Kind, das in inniger Intimität mit nur einem Elternteil lebt, wird zwangsläufig ein enges Abhängigkeitsverhältnis entwickeln. Dieses ermöglicht ihm nur schwer, auch mal aggressiv zu sein, Wut auf die Mutter oder den Vater zu haben. Denn es hat ja sonst niemanden. Ein Kind, das nur einen Elternteil hat, muß und will oft vernünftig, tüchtig, angepaßt sein. Es will dem Elternteil keine Sorgen machen. Kinder von Alleinerziehenden haben oft Probleme, sich altersgemäß abzulösen. Sie können nicht so gut ertragen, den nahen Erwachsenen, für den sie sich zuständig fühlen, sich selbst zu überlassen.

Schlechtes Gewissen und das Gefühl, für das Kind nicht genug Zeit zu haben, führen oft dazu, daß alleinerziehende Eltern ihrem Kind zuviel erlauben. Sie lassen das Kind an ihrem Erwachsenenleben zu sehr teilhaben. Und oft wollen sie nicht wahrhaben, wie sehr das Kind die Regie schon längst übernommen hat. Dies merken sie dann, wenn sie an die Grenze ihrer Kräfte kommen, weil ihr Kind immer mehr fordert und die Belastungen des übrigen Lebens, Beruf und Alleinsein nur schwer zu bewältigen sind. Dann wird oft im heftigen Affekt der längst zu große Raum, den das Kind eingenommen hat, eingeschränkt. Mit Sätzen wie «Ich kann nicht mehr», «Wenn du dich nicht änderst, gehe ich kaputt» wird das Kind in doppelte Not gestürzt: All seine Bemühungen, den erwachsenen Elternteil zu versorgen, ihn zufriedenzustellen, haben nicht gereicht. Und nun soll es etwas tun, was ihm nie beigebracht wurde, nämlich die Mutter, den Vater in Ruhe lassen. Wen hat das Kind dann? Aus seiner allzu engen Abhängigkeit heraus kann es nicht plötzlich selbständig werden. Solche Kinder fühlen sich plötzlich sehr hilflos und allein. Sie bekommen in diesen Augenblicken keinen Schutz und kein Verständnis von ihrem verzweifelten Elternteil. Mutter oder Vater bereut allerdings sehr schnell. Die Mutter oder der Vater entschuldigt sich beim Kind für das unbeherrschte Verhalten. Und aus Schuldgefühlen gibt es eine Zeitlang wieder kaum Grenzen, scheint alles wieder gut zu sein. So wird das Abhängigkeitsverhältnis zwischen beiden noch enger geschmiedet.

Es gehört sehr viel erzieherische Weisheit und Verzicht dazu, als alleinerziehender Elternteil nicht in diese vorprogrammierten Muster hineinzugeraten. Alleinerziehende helfen ihrem Kind, wenn sie ihm zeigen: Ich komme auch ohne deinen emotionalen Beistand gut zurecht. Ich trage alle Erwachsenenverantwortung, und du die kindlichen Verantwortungen, z. B. für Kindergarten oder Schule. Um dies zu packen, brauchen Alleinerziehende soziale Kontakte außer den Kindern, von denen sie Energie beziehen. Nahestehende Menschen, mit denen sie die Sorgen des Alltags besprechen und bewältigen können. Dann müssen Kinder nicht den freien Platz des Partners oder der

Partnerin einnehmen, und sie können sich altersgemäß verselbständigen.

Alleinerziehende brauchen Unterstützung und Entlastung durch die Gesellschaft. Die Kinder benötigen noch andere wichtige Bezugspersonen. Ein Minimum wäre ein gutes Angebot an Kindergartenplätzen und Ganztagsschulen.

Kommt zur spezifischen Situation der Einelternfamilie noch die vielfältige Problematik des Adoptiertseins hinzu, so sind vielschichtige Konflikte vorprogrammiert. Nähe und Distanz, Unselbständigkeit und Autonomie, Macht und Ohnmacht müssen täglich neu erfahren, neu entschieden werden. Alleinerziehende von adoptierten Kindern haben es nicht einfach, vor allem, wenn die Kinder älter werden.

Familien mit Suchtstruktur

Es gibt Menschen, die ihre eigenen Grenzen nicht kennen. Manche können zu niemandem nein sagen, andere übernehmen sich permanent mit Arbeit. Sie haben ständig mehr zu tun, als sie bewältigen können. Andere haben eine Unzahl schwerer Aufgaben übernommen, mehrere Kinder, pflegebedürftige Angehörige, Haustiere. Sie kommen eigentlich schon zu kurz, haben gar keinen Platz für sich selbst. Aber sie bewerben sich ganz dringlich für ein Adoptiv- oder Pflegekind. Von diesem ersehnen sie sich neue Energie, neues Glück.

Suchtstruktur zeigt sich in unterschiedlicher Form. Zuviel Essen, grenzenloses Fernsehen, grenzenloses Kontaktbedürfnis können ebenso Varianten sein wie exzessiver Konsum von Alkohol, Tabletten, Kaffee, Cola, Kartoffelchips, Sahnetorten, Nikotin, Heroin, Crack. Auch Menschen, die in Sekten, Heilslehren und esoterischen Zirkeln im Übermaß ihr Heil suchen, haben Suchtstruktur. Und es gibt auch Menschen, die sich immer wieder neue Kinder wünschen. Kinder eignen sich vorzüglich, Suchtanteile zu befriedigen. Sie haben noch keine feste Grenze um sich, sind abhängig und ausgeliefert.

Menschen mit Suchtstruktur können manchmal nicht gut auf ihr Gegenüber eingehen. Wenn wir aufhören wollen, mit ihnen zu telefonieren, reden sie weiter. Sie ignorieren unser «Stopp». Sie können die Bedürfnisse anderer Menschen nicht wahrnehmen, nicht respektieren.

Es gibt kaum Erwachsene ganz ohne Suchtanteile. Es kommt sehr auf die Ausprägung an und ob suchtgefährdete Menschen im Laufe ihres Lebens lernen, Kontrollen einzubauen. Jeder Mensch muß lebenslang mit seinen Suchtanteilen kämpfen, sie regulieren, mit ihnen leben lernen.

In Familien mit starken Suchtanteilen kommen Kinder oft zu kurz. Sie sollen und wollen die Bedürfnisse der Erwachsenen erfüllen. Die Erwachsenen können den Kindern nicht genug geben. Hier gibt es fließende Übergänge. Erwachsene, die ganz in ihren Kindern aufgehen, sind gleichzeitig in Gefahr, ihre Kinder seelisch auszubeuten. Sie lassen sich von ihnen emotional versorgen. Bei jedem Aufwachsprozeß sind beide Elemente enthalten, das Versorgen und Versorgtwerden. Kinder brauchen Erwachsene, bei denen das Versorgen und Beschützen der Kinder durch die Erwachsenen überwiegt.

Auch die sexuelle Ausbeutung von Kindern hat mit Grenzenlosigkeit und fatalen Abhängigkeitsstrukturen zu tun. Sexueller Mißbrauch ist Grenzverletzung, Grenzüberschreitung. In manchen Pflege- und Adoptivfamilien kommt sexuelle Ausbeutung von Kindern vor, auch weil die Inzestschranke wegfällt.

Um das ungewöhnliche Leben einer sozialen Elternschaft zu riskieren, benötigen Menschen sicherlich eine gewisse Flexibilität und keine starren Grenzen. Doch Menschen mit starker Suchtstruktur sollte kein Kind vermittelt werden. Es ist für Adoptionsvermittlerinnen und Adoptionsvermittler besonders schwer, gegenüber Menschen mit starker Suchtstruktur nein zu sagen. Denn sie können gerade diese Menschen nicht überzeugen, daß ein Adoptivkind bei ihnen – trotz Übermaß an Sehnsucht nach einem Kind – zu kurz kommen könnte.

Das fatale ist, daß Familien mit Suchtstruktur nicht wahrhaben wollen, wenn sie sich übernehmen. Sie bieten sich an, selbst die schwierigsten Kinder, behinderte, kranke Kinder, große Kinder anzunehmen. Und weil es ohnehin schwer ist, für diese Kinder Familien zu finden, werden immer wieder Kinder in Familien mit starker Suchtproblematik vermittelt.

Ich habe schon erlebt, wie Eltern mit starken Suchtanteilen dem Adoptiv- oder Pflegekind von heute auf morgen die Koffer packten. Sie kannten nur zwei Extreme: totale Nähe oder totalen Abbruch von Beziehungen. Sie waren nicht imstande, den möglicherweise notwendigen Trennungsprozeß schrittweise zu gehen und gaben dem Kind allein alle Schuld mit auf seinen Weg.

Menschen mit starker Suchtstruktur empfinden oft besonders intensiv, sind oft sehr lebendig. Wenn es ihnen im Lauf ihres Lebens gelingt, ihre eigenen Abhängigkeitsstrukturen zu erkennen, wenn sie lernen, Grenzen zu ziehen und ihr Suchtverhalten dauerhaft unter Kontrolle zu haben, dann können sie gute Eltern sein. Dann sind sie auch als Adoptiveltern geeignet.

Adoption durch Verwandte

Oft entscheiden sich Menschen für die Adoption ihrer Nichten und Neffen, wenn die Eltern dieser Kinder gestorben sind. Waisenkinder können nach Abschied und tiefer Trauer – je nach Alter – wieder Beziehungen auf neue Menschen übertragen. Verwandte von Waisenkindern sollten sich und den Kindern Zeit lassen. Es überfordert Kinder, wenn sie den Tod vergessen und mit den Annehmenden schon bald eine «heile» Normalfamilie darstellen sollen. Die Kinder benötigen folgende Botschaft von den neuen Bezugspersonen: «Es ist ein bitterer, lebenslang wirkender Schicksalsschlag, daß du deine Eltern verloren hast. Fortan wird dein Leben anders verlaufen, denn wir sind ganz anders als deine verstorbenen Eltern. Wir können dir deine Eltern nicht ersetzen, das wollen wir auch nicht.»

Oft gibt es die Adoption eines Kindes im Verwandtenkreis, weil seine Mutter oder sein Vater durch psychische Krankheit, Drogenabhängigkeit oder andere Lebenskrisen elterliche Verantwortung abgibt. Wenn Kinder von Verwandten angenommen werden können, so bleibt ihnen der Schmerz, ihre Familie ganz und gar zu verlassen, erspart. Menschen, die ihnen ähnlich sehen, bleiben ihnen erhalten. Doch die Annahme als Kind durch Verwandte kann ein schweres und hartes Schicksal sein, wenn die annehmenden Eltern in Konflikte mit den abgebenden Eltern verwickelt sind. Weil sie sich schon lange kennen, miteinander aufgewachsen sind, schaffen es die Annehmenden manchmal nicht, mit dem Ausscheren, dem Versagen ihrer Schwester oder ihres Bruders fertig zu werden. Manchmal fühlt sich ein Adoptivelternteil mitverantwortlich und mitschuldig am sozialen Abstieg der Schwester oder des Bruders. Oder sie fühlen sich ohnmächtig, weil sie nicht helfen können. Immer auch ist die eigene Sozialisation sehr nah. Nicht zufällig, sondern durch bestimmte Lebensumstände in der gemeinsamen Herkunftsfamilie kommt es dazu, daß ein Mensch Elternrolle nicht übernehmen kann. Der annehmende Elternteil, der mit dem leiblichen Elternteil verwandt ist, ist konfrontiert mit Konflikten im eigenen Elternhaus, dem eigenen Aufwachsen. Vielleicht spürt die Adoptivmutter, wie nah sie selbst diesem Schicksal war, Außenseiterin dieser Gesellschaft zu werden. Oder sie leugnet dies und lehnt den leiblichen Elternteil besonders heftig ab. Es ist bitter, Kind des «schwarzen Schafes» in der Familie zu sein, und alle Angehörigen warten ab: Was hat es mit seinem «schrecklichen Vater» gemeinsam?

Nur wenn die Annehmenden keinen Haß mehr auf die Eltern des Kindes empfinden, kann es den Kindern in Verwandtenadoptionen oder Verwandtenpflegeverhältnissen gutgehen. Die Verwandtenadoption ist also kein einfacher Weg. Kinder, die von Verwandten adoptiert werden, benötigen oft noch mehr Hilfe, noch mehr Brükken, um zu verstehen, weshalb ihre Eltern nicht für sie sorgen können.

Adoption durch Großeltern

Während in den alten Bundesländern stärker nach neuen Sozialisationsmöglichkeiten für die Kinder gesucht wurde, wurden in der DDR die Kinder, deren Eltern versagt hatten, vorzugsweise zu den Großeltern in Pflege oder zur Adoption gegeben.

Der Vorteil der Großelternadoption: Die Kinder bleiben Teil ihrer Familie, behalten ihre Verwandten. Der Nachteil: Die Mutter wird oft zur Schwester des eigenen Kindes. Die Generationen werden vermischt, auf den Kopf gestellt. Oft erleben die Kinder die tagtägliche Enttäuschung der Großeltern über ihr erwachsenes Kind, das sich um das Enkelkind nicht gekümmert hat. Meist können die Großeltern ihre eigenen Anteile an der Sozialisation und damit am Versagen ihres erwachsenen Kindes nicht erkennen. Durch die Anerkennung der Behörden, die ihnen das Enkelkind zur Adoption anvertrauen, fühlen sie sich als ehemalige Eltern rehabilitiert und schieben erst recht alle Schuld auf den jungen Menschen. Die Adoption ist manchmal Instrument im Kampf gegen das erwachsene Kind. Wenn sie ihrer Tochter oder ihrem Sohn helfen wollten, so könnten sie das Kind auch als Enkelkind versorgen. Durch die Adoption bekommt das Kind schon früh mit: «Weil meine Mama so schrecklich war, haben mich meine Großeltern vor ihr gerettet. Jetzt darf sie nicht mehr meine Mama sein.» Großeltern überschütten das Enkelkind mit ihrem Zorn, ihrer Kränkung, ihrer Abwertung der Mutter des Kindes. Und sie beobachten das Kind wachsam, ob es etwa auf seine schlechten Eltern herauskommt.

Um mit den Negativzuschreibungen fertig zu werden, übernimmt das Kind die Position von Oma und Opa, seine Mutter oder sein Vater sei ein schlechter Mensch. Das Kind vertuscht bereitwillig die schmerzliche Wirklichkeit und sagt zur Oma «Mama» und zum Opa «Papa». So spiegelt es sich selbst und anderen vor, daß es ganz «normale Eltern» hätte. Dieser Verleugnungsprozeß läßt keinen Raum für eine konstruktive Bewältigung des Geschehens und reißt tiefe Wunden in die Seele dieser Kinder.

Die Aufnahme durch Großeltern kann für die Kinder gut verlaufen, wenn die Großeltern die Kraft und Selbstkritik aufbringen, dem Enkelkind gegenüber zuzugeben, daß sie in der Erziehung seiner Mutter oder seines Vaters schwere Fehler gemacht haben. Diese haben dazu geführt, daß die jungen Menschen soviel mit sich selbst zu tun haben, daß sie ihre Elternrolle nicht übernehmen konnten. Erst wenn Großeltern dem Kind gegenüber zugeben können, daß sie bei ihm heute vieles besser machen als bei ihren eigenen Kindern, dann bekommt das Kind die Entlastung, nicht ein Kind schlechter, böser Eltern zu sein.

Großeltern sollten darauf bestehen, daß das Kind Oma und Opa zu ihnen sagt. Liebevolle, sorgende Beziehung durch Großeltern unter dem Wiedergutmachungsaspekt kann sich auf das Kind positiv auswirken. Wenn Großeltern das alles beherzigen, dann brauchen sie das Kind oft gar nicht mehr zu adoptieren. Dann kann das Kind als Enkelkind bei seinen Großeltern aufwachsen.

Adoption durch einen Stiefelternteil

Eine besonders komplizierte Form der Adoption ist die Stiefelternadoption. Betroffen ist ein Kind aus einer geschiedenen Ehe oder ein nichteheliches Kind. Sein Elternteil, mit dem es lebt, ist eine neue Ehe eingegangen. Die meisten Stiefelternadoptionen sind Stiefvateradoptionen. Deshalb werde ich jetzt im Text meist Beispiele von Mutter, Stiefvater und leiblichem Vater verwenden.

Mutter und neuer Partner oder Vater und neue Partnerin haben eine neue familiäre und gesetzlich untermauerte Zusammengehörigkeit geschaffen: Sie sind ein Ehepaar. Das Kind fühlt sich, weil es anderswo noch einen leiblichen Elternteil hat, oft nicht «richtig» der Familie zugehörig. Durch eine Stiefelternadoption wird hier zwar eine gesetzliche, nicht aber die psychische Korrektur vollzogen.

Die positive Seite der Stiefelternadoption: Die neuen Partnerinnen und Partner wollen rechtlich und sozial elterliche Verantwortung für das Kind übernehmen. Sie wollen die Elternpflichten mit dem neuen Lebensgefährten oder der neuen Lebensgefährtin teilen. Hat ein Kind nie mit seinem leiblichen Elternteil gelebt oder kennt diesen gar nicht, so ist es für das Kind eine gute Möglichkeit, nun zu einem Vater oder einer Mutter zu kommen, mit allen seelischen und sozialen Einflüssen. Dem Kind geht es aber nur gut, wenn es die Wirklichkeit von klein an kennt. Immer wieder kommt es vor, daß Stiefelternteile als «richtige» Elternteile ausgegeben werden. Für adoptierte Stiefkinder gilt jedoch dasselbe wie für andere Adoptivkinder: Sie brauchen früh Wahrheit und Hilfe bei der Bewältigung ihrer besonderen Situation. Es reicht nicht, dem Kind zu eröffnen, daß es sich bei seinem Vater um einen Adoptivvater handelt und daß es anderswo einen leiblichen Vater gibt. Das Kind benötigt alle Informationen: Haben sich die leiblichen Eltern geliebt? Weshalb konnten sie nicht zusammenbleiben? Was ist der Vater für ein Mensch? Was hat er für einen Beruf?

Die Schattenseite der Stiefelternadoption für das Kind: Oft soll die Adoption des Kindes durch einen Stiefelternteil zur Stabilisierung der neuen Bindung beitragen. Der Verlust, die seelischen Verletzungen, die Schmach der Trennung vom früheren Partner sollen durch die Adoption getilgt werden. Weil der leibliche Vater die Mutter so schwer verletzt hat (meist nicht das Kind), soll er nicht nur aus dem Leben der Mutter, sondern auch aus dem Leben des Kindes verschwinden.

Das Kind wird gezwungen, seine frühere Bindung abzubrechen und zu verleugnen. Besuchskontakte zu dem Elternteil, der das Kind zur Adoption freigibt, gibt es kaum. Die verwandtschaftlichen Verhältnisse erlöschen. Eine Unterhaltspflicht für den abgebenden Elternteil besteht nicht mehr. Stiefkinder denken oft: «Mein Vater wollte mich nicht mehr, ich bin ihm nicht wert, daß er noch für mich bezahlt.»

Scheidungskinder können dann mit der Entzweiung ihrer Eltern leben lernen, wenn beide Elternteile begriffen haben, daß sie als Eltern für das Kind in der Verantwortung bleiben, und wenn sie die Verletzungen und Enttäuschungen, die sie als Paar erlebten, losgelöst vom Kind sehen können. Sonst gerät das Scheidungskind in tiefe Loyalitätskonflikte, denn es fühlt sich als Teil beider Eltern. Mit der Stiefelternadoption geht fast immer einher, daß dem leiblichen Elternteil, der auf sein Elternrecht verzichtet, jeglicher Wert abgesprochen wird.

Meist hat das Scheidungskind mit dem nun zu vergessenden und als wertlos erklärten Elternteil gelebt, hat ihn geliebt oder war von ihm abhängig. Solange die Mutter den leiblichen Vater radikal ablehnt, fühlt sich das Kind als Teil dieses Menschen minderwertig. Das schafft Spannungen. Diese Spannungen führen oft zu Verhaltensauffälligkeiten. Von diesen heißt es dann: Das Kind kommt auf seinen Vater heraus.

Stiefväter helfen dem adoptierten Kind am besten, wenn ihnen gelingt, dem Kind in Worten und Handlungen zu zeigen: Deinen verlorenen Elternteil kann ich nicht ersetzen. Ich kann dir die Trauer um diesen Verlust nicht nehmen. Ich kann dir eine neue, eine andere Bindung und Beziehung anbieten. Doch ich kann nicht so sein wie dein Vater, und ich will dir deinen Vater auch nicht wegnehmen. Und die leibliche Mutter müßte dem Kind gegenüber einräumen können: «Schließlich habe ich diesen Mann ja auch einmal geliebt.»

Die neue Identität des Stiefkindes sollte heißen: Das Kind hat zwei Väter. Kinder wollen sich weiterhin emotional mit ihrem früheren Elternteil auseinandersetzen und identifizieren. Viele zusammengesetzte Familien, die diese Haltung erwerben, kommen zur Entscheidung, daß sich die Stiefelternadoption erübrigt.

Die Adoption von Erwachsenen

Etwa 1/5 aller Adoptionen sind Adoptionen Volljähriger. Oft handelt es sich um ehemalige Pflegekinder, die von ihren Eltern nie zur Adoption freigegeben wurden. Sie können mit ihrer Volljährigkeit selbst entscheiden und mit der Volljährigenadoption rechtlich das Kind der bisherigen sozialen Eltern werden. Auf Antrag können diese Erwachsenenadoptionen nach dem Minderjährigenrecht vollzogen werden, haben also dieselbe «starke Wirkung». Die Adoption Erwachsener hat ansonsten rechtlich eine «schwächere Wirkung». Das Verwandtschaftsverhältnis besteht ausschließlich zum annehmenden Erwachsenen und erstreckt sich anders als bei der Adoption nach dem Minderjährigenrecht nicht auf die Angehörigen der Annehmenden. Es entfallen damit Unterhaltsverpflichtungen, aber auch die Erbfolge der Verwandten des Annehmenden. Ein erwachsener Adoptierter ist also rechtlich nicht mit den Eltern seiner Adoptiveltern «verwandt». Allerdings werden die Kinder des Adoptierten rechtmäßige Enkelkinder der annehmenden Eltern.

Das Verwandtschaftsverhältnis des erwachsenen Adoptierten zu seinen leiblichen Verwandten erlischt nicht. Das bedeutet, daß Erbrecht und Unterhaltspflicht zu den leiblichen Verwandten des erwachsenen Adoptierten subsidiär bestehen bleiben.

6. Zusammenspiel von Herkunftsfamilie – Adoptivfamilie und die Wirkung auf die Kinder

Das Inkognito: Schutz oder Last?

Eines Abends klingelte das Telefon. Am anderen Ende der Leitung sagte eine männliche Stimme: «Ich hole mein Kind zurück.» Die Adoptiveltern wußten, daß der Anrufer nicht der leibliche Vater sein konnte. Dieser sprach kein Deutsch. Wenn nun aber andere abgebende Eltern irrtümlich die fünfjährige Sandra für ihr Kind hielten? Die leiblichen Eltern von Sandra hatten das Kind nicht freiwillig zur Adoption freigegeben. Ihre Zustimmung war vom Vormundschaftsgericht ersetzt worden. War der Anrufer von den leiblichen Eltern vorgeschickt? Für die Adoptiveltern von Sandra war nichts mehr, wie es vorher war. Konnten sie Sandra noch alleine in den Kindergarten gehen lassen? Bald kannten sie alle Autos, die zu ihrer Straße gehörten. Jeder fremde Wagen beunruhigte. Immer wenn das Telefon klingelte, entstand Angst.

Die Unruhe übertrug sich auf Sandra. Sie klammerte sich an die Adoptivmutter, mochte nachts nicht allein schlafen. Bald wollte sie nicht mehr in den Kindergarten. Nicht einmal bei Einladungen zum Kindergeburtstag blieb sie ohne die Adoptivmutter.

Manche annehmenden Familien leben dauerhaft in Angst vor einer Entführung des Kindes durch die leiblichen Eltern. Sie ziehen öfters um. Sie sind gesetzlich legitimiert und moralisch berechtigt, das Kind zu ihrem Kind zu machen. Aber um diesen Anspruch zu untermauern, müssen sie das Bild von der Herkunftsfamilie besonders düster zeichnen. Die sind «asozial», «kriminell» denken die Annehmenden, und das Kind bekommt aufgrund der tiefsitzenden Feindbilder eine negative Ich-Identität.

Durch den «Außenfeind» kam es zwischen Eltern und Sandra zu einem angstbesetzten Abhängigkeitsverhältnis. Sandra konnte sich nicht zu einem selbständigen Kind entwickeln. Als Sandra ihre Adoptiveltern eines Tages fragte: «Was wißt ihr von meinen Eltern?», traten der Adoptivmutter sofort die Tränen in die Augen. Sandra wuchs mit der Gewißheit auf, daß ihre Eltern schlimm und gefährlich seien. Sie litt, daß ihre leiblichen Eltern den Adoptiveltern das Leben erschwerten. Sie fühlte sich mitverantwortlich und schuldig für ihre leiblichen Eltern und sah sich selbst als Kind unwerter, böser Eltern. Die Adoptiveltern stellten sich für Sandra als jene Menschen dar, die sie vor dieser dunklen bedrohlichen Welt beschützen.

«Ich bin mir sicher, daß ich in der Familie meines Kindes anwesend bin – sei es als Schreckgespenst oder als eine Wohltäterin, ausgesprochen oder unausgesprochen» (Bechinger/Gerber 1993, 24).

Unter Inkognito-Adoption verstehen wir eine Adoption, bei der annehmende und abgebende Eltern einander nicht kennen. Das Adoptionsgeheimnis hat bei uns einen hohen Rang, die Adoptivfamilie des Kindes soll «gegen Nachstellungen der leiblichen Eltern gesichert sein» (Lüderitz im Münchener Kommentar zum Bürgerlichen Gesetzbuch, über § 1758, 1987). Auch heute noch ist die Inkognito-Adoption in vielen Jugendämtern die Regel.

Nicht zu allen Zeiten und nicht bei allen Völkern war mit dem Vollzug der Adoption der Abbruch zur bisherigen Familie verbunden. «Von besonderer Bedeutung ist in diesem Zusammenhang, daß in der älteren Adoptionstradition die Beziehungen der Adoptierten zu den leiblichen Eltern nicht abgebrochen wurden. In Attika durfte kein Adoptierter seine leibliche Mutter verleugnen (Ploss 1912, 676). In der Herzegowina betrachteten sich nach erfolgter Adoption der leibliche Vater und der Adoptivvater als Wahlbrüder, was auf eine bedeutsame Intensivierung der gegenseitigen Kontakte hinweist (Ciszewski 1897, 112). Von den Osseten, einem Bergdorf im mittleren Kaukasus, ist überliefert, daß nach Beendigung von Blutfehden zur

Versöhnung Söhne der zuvor befeindeten Familien adoptiert wurden» (Hüttenmoser 1991, 29).

Die Inkognito-Adoption ist eine Erfindung der Neuzeit. Sie steht in der Tradition zu christlichen Moralvorstellungen: Mütter und Kinder der Sünde wurden verfolgt, geächtet und ausgestoßen.

Phantasien von Inkognito-Kindern

Gabi schreibt im Alter von zehn Jahren in der Schule einen Aufsatz zum Thema «Großeltern». Sie schreibt, ihr Großvater sei ein berühmter Kapitän, der über die Weltmeere segelt, Inseln entdeckt und eines Tages kommt, um sie auf diese Reisen mitzunehmen. Nie hat ihr jemand von ihrem leiblichen Großvater erzählen können.

Die fremde Frau auf dem Spielplatz, die andere Frau in der Kinderarztpraxis, die Nachbarn beim Campingurlaub, deren Kind dem Adoptivkind verblüffend ähnlich sieht: Fast alle Adoptiveltern und Adoptivkinder denken, sie könnten zufällig den leiblichen Eltern begegnen und merkten es nicht.

Die zwölfjährige Hannelore sagte: «Ich könnte auf der Straße an meiner Mutter vorbeigehen und wüßte es nicht einmal.»
Die sechsjährige Anna Katrin ging in den Restaurants von Tisch zu Tisch und fragte jede Frau: «Bist du meine erste Mutter?»

Anna Katrins Hauptthema war über Jahre die unbekannte, unsichtbare Mutter. Die Adoptivmutter brachte die Fragestellung in ein Seminar ein und arbeitete daran. Die abgebende Mutter war von ihren Eltern gezwungen worden, sich von ihrem Kind zu trennen. Die Adoptivmutter hatte sich unbewußt am Leid dieser Frau mitschuldig, mitverantwortlich gefühlt. Sie sah sich innerlich nie ganz berechtigt, Anna Katrin bekommen zu haben. Das Kind spürte früh, daß seine Adoptivmutter wegen der Herkunftsmutter einen verborgenen Schmerz in sich trug. Diese reagierte besonders sensibel und aufgewühlt, wenn Anna Katrin nach ihrer leiblichen Mutter fragte. Sie sprach gern und viel mit Anna Katrin über ihre Entstehungsgeschichte. Anna Katrin hat sich in ihrer Phantasie in einen Loyalitätskonflikt begeben. Sie fühlte sich gegenüber der unbekannten Mutter schuldig, daß sie die Adoptivmutter liebte. Die Adoptivmutter hatte ihre Gefühle auf ihre Adoptivtochter übertragen.
Gefühle der Annehmenden gegenüber den Abgebenden wirken immer auf das Kind ein, beeinflussen die seelische Entwicklung der Kinder, ihr Selbstwertgefühl und ihre Identität. Wären die abgeben-

den Eltern in einer guten Lebenssituation, so müßten sie ihr Kind nicht fortgeben. Es gehört zum Adoptionsgeschehen, daß die meisten Abgebenden große Konflikte mit sich selbst haben und auf der Schattenseite dieser Gesellschaft stehen. Vom Verstand her können dies viele Adoptiveltern nachvollziehen, doch auf der Gefühlsebene können sie sich mit den abgebenden Eltern oft nicht aussöhnen.

> «Was denkst du über meine Eltern?» fragte der siebenjährige Robin seinen Adoptivvater. Der wußte, daß Robin bei seiner leiblichen Mutter beinahe verhungert wäre. Er wurde ihr gegen den Willen fortgenommen. Er antwortete: «Ich denke, daß deine Eltern es als Kind sehr schwer hatten. Sie konnten nicht auf dich aufpassen. Vielleicht hätte ich ebenso gehandelt, wenn ich unter ähnlichen Bedingungen aufgewachsen wäre.»

So hat der Adoptivvater nicht von Anfang an gedacht. Am Anfang empfand er Haß und Entsetzen gegenüber der leiblichen Mutter von Robin. Doch im Lauf der Jahre spürte er mehr als einmal, daß auch er an Grenzen kam. Auch er mußte sich eigene Fehler und Schwächen schmerzlich eingestehen. Er wurde fähig, der abgebenden Mutter ihr Handeln nicht mehr nachzutragen. Hätte sie Robin nie vernachlässigt, wäre er heute nicht bei ihnen.

Fast alle Adoptivkinder befassen sich in Tag- und Wunschträumen mit ihren abgebenden Familien. Diese Wachträume und Phantasien stellen meist nicht das reale Eltern-Kind-Verhältnis zu den Adoptiveltern in Frage. Hier reale Welt – hier Phantasiewelt, das können Kinder selbst gut auseinanderhalten.

> Die zwölfjährige Gloria aus Äthiopien weiß nicht, ob ihre Mutter in Kriegswirren umgekommen ist. Sie sagt: «Wenn abends die Sterne zu sehen sind, da gibt es einen ganz bestimmten Stern. Von dem denk ich mir, er sei meine Mutter, und sie schaut zu mir herab.»

Gloria hat einen Weg gefunden, um den erlittenen Verlust zu trauern und sich mit ihrer verlorenen Mutter in Verbindung zu fühlen. Viele Kinder suchen in ihren Wachträumen Kontakt zu ihrer verlorengegangenen Welt.

In den Phantasien der Kinder spiegelt sich die gesellschaftliche Rollenverteilung wider: Zunächst kreist das Fühlen und Denken der Adoptierten um die Mütter, bekommen Mütter die Alleinverantwortung für die Fortgabe. Erst viele Jahre später denken Adoptierte auch über ihre leiblichen Väter nach.

Manches Adoptivkind erträumt sich, wie sein Leben verliefe, wenn es bei dieser Mama geblieben wäre. Dann träumt es, von diesen «richtigen Eltern» als lieben, wunderbaren Menschen, die ihm keine Wünsche abschlagen.

Manche adoptierten Kinder haben Wut auf die leibliche unbekannte Mutter.

> Klaus stellte sich vor, daß seine «richtige Mutter» von «Gottes Strafe» ereilt wurde. Später malte er sich aus, wie er sich rächen würde: «Wenn ich groß bin, dann entführe ich meine Mutter, fessele sie und sperre sie in eine dunkle Kammer.» Ein anderer zehnjähriger Junge sagte: «Wenn ich ihr eines Tages begegne, dann nehme ich einen Revolver mit.»

Adoptierte Kinder leben einerseits ihren Alltag, ihre Wirklichkeit, ihre Beziehung zu Geschwistern und Adoptiveltern. Und zugleich gibt es eine andere Welt, in der sie sich ständig bewegen: Die Welt der verlorenen Eltern. Manche Adoptivkinder führen stundenlange Gespräche mit ihrer abgebenden Mutter. Manche malen sich aus, daß sie ihren Eltern einmal helfen können, wenn sie groß sind. Oder sie versuchen ihr inneres Gleichgewicht herzustellen, indem sie davon träumen, jene Verantwortung für ihre Eltern zu übernehmen, die ihre abgebenden Eltern nicht für sie übernehmen konnten. Manche Heranwachsende schreiben Tagebücher für ihre unbekannten Eltern oder Briefe an die unbekannte Mutter: «Weißt Du, was es für ein schmerzliches Gefühl ist, an jemanden zu schreiben, mit jemandem zu sprechen, den man noch nie, vielleicht doch? gesehen hat, den man nicht kennt, und doch weiß man, daß es diesen Menschen geben muß oder einmal gegeben hat, denn einen tieferen Beweis als diesen, den ich habe, gibt es wohl nicht. – Ich bin der Beweis, ich dieses Lebewesen mit Namen ‹Katharina›...» (Schärer 1991, 14).

Immer mehr Adoptiveltern sind sich bewußt, daß sie mit unsichtbaren Menschen gemeinsam ein Kind haben. Sie wollen eine Verbindung zwischen beiden Welten, dem Kind zuliebe.

Offene Formen der Adoption

Die siebenjährige Dilara wollte bei ihrer Nachbarin den Garten-
teich anschauen. Die Nachbarin sprach mit ihr über Libellen und
Frösche. Ganz unvermittelt sagte Dilara: «Du, meine richtige
Mama ist erst fünfundzwanzig.» Die Nachbarin war überrascht.
«Woher weißt du das?» – «Wir waren mit meiner Mama Gül im
Zoo. Sie hat mir einen Kinderrucksack mitgebracht.»

Offene Formen der Adoption – es gibt sie in verschiedenster Dosierung – ermöglichen allen am Adoptionsprozeß Beteiligten ein Stück
Angstfreiheit und bewußten Umgang mit der doppelten Elternschaft
für das Kind. Das Aufwachsen des Kindes ist nicht vom Dunkel und
vom Geheimnis um seine Herkunft überschattet. Die abgebende Familie geht dem Kind durch Fotos oder Kontakte nicht mehr verloren.

Kinder, die ihre leiblichen Eltern kennen, sind zwar nicht frei von
Wunschträumen, doch in der Regel führen sie kein so starkes Doppelleben. Je weniger Verwirrspiel, je mehr Wirklichkeit das Kind kennt,
um so weniger Energie muß in seine Phantasien fließen. Das Kind
weiß, woran es ist. Solche Kinder fühlen sich schon früh als ganze,
wertvolle Menschen und haben dennoch ein festes Eltern-Kind-Verhältnis zu ihren Adoptivfamilien. Je mehr reale Bindeglieder zwischen den beiden Welten existieren, desto weniger Raum bleibt dem
Kind für Spekulationen.

Immer mehr Adoptiveltern, die unter strikter Wahrung des Inkognitos adoptiert haben, bemühen sich inzwischen um erste Schritte
der Öffnung. Die Mitarbeiterinnen und Mitarbeiter der Adoptionsvermittlungsstellen sind Kontaktpersonen. Sie leiten Briefe und Fotos zwischen abgebenden und annehmenden Eltern weiter. Manche
Adoptivkinder sind nach dem Erhalt eines Fotos zunächst über Jahre
zufrieden, wollen keine weiteren Schritte gehen.

Adoptiveltern, die am Beginn der Adoption die leiblichen Eltern
kennengelernt haben, sind oft befreit von Druck und Angst. Das Kind
kann unbeschwerter aufwachsen. Wie weit die Öffnung gehen kann,
müssen die Betroffenen sorgsam entscheiden. Häufig wird die Anonymität trotz des persönlichen Kontaktes gewahrt. Hin und wieder

kommt es vor, daß die Erwachsenen Telefonnummern und Adressen austauschen. Sie besuchen einander.

Gelegentlich vereinbaren Schwangere und künftige Adoptiveltern sogar, die Entbindung zusammen zu erleben. Doch vor soviel Nähe und Intimität warne ich. Abgebende Mütter, die sich so weit vorwagen, berauben sich selbst der Entscheidungsfreiheit. Sie nehmen sich selbst die Chance, sich die Freigabe noch einmal zu überlegen. Zuviel Nähe zwischen Annehmenden und Abgebenden schon während der Schwangerschaft kann erdrücken, nimmt Schwangere in die Pflicht. Abgebende und Annehmende dürfen nicht in eine Scheinharmonie geraten, um die schmerzlichen Anteile am Adoptionsprozeß – hier Kinderlosigkeit, dort Trennung – auf eine neue Weise zu verleugnen. Adoption bleibt für Abgebende, Annehmende und Kind schwer, auch wenn der Prozeß geöffnet ist.

Manche abgebenden Mütter haben große Angst vor dem Kennenlernen der Adoptiveltern. Sie schämen sich ihrer Verhältnisse. Mütter (Väter) dürfen nicht gezwungen werden, die annehmenden Eltern kennenzulernen. Manchen ist die Situation unerträglich, sie halten sie kaum aus. Die meisten abgebenden Mütter aber sind froh, wenn sie die künftigen Adoptiveltern ihres Kindes kennenlernen, auch wenn sie sehr gemischte Gefühle haben.

Kinder, die zur Zeit der Vermittlung schon älter sind, haben ohnehin bestehende Bezüge zu anderen Menschen: zu ihrer Ursprungsfamilie, zu früheren Pflegeeltern oder Bezugspersonen in Heimen. Diese Bezüge werden mit der Adoption nicht einfach abreißen. Ein älteres Kind muß gemäß der Qualität der früheren Beziehungen Abschied nehmen dürfen oder durch Besuche die frühere Bindung bewahren.

Öffnung beginnt im Herzen –
schwere Wege der Aussöhnung

Manfred kam mit einem Jahr in Adoptionspflege. Im Kopf der Sozialarbeiterin war eine Ersetzung der Zustimmung zur Adoption unvermeidlich. Seine Mutter konnte das Kind nicht kontinuierlich versorgen. Doch die junge Frau kämpfte, das Kind zurückzubekommen. Die künftige Adoptivmutter war verzweifelt. «Sie ist doch die Mutter», dachte sie. Zugleich hatte sie Wut auf die junge Frau, daß diese so gar nicht bereit war, sich verantwortlich um eine gute Zukunft für ihr Kind zu kümmern. Die junge Frau beharrte auf Kontakten. Bevor sich künftige Adoptiveltern und die leibliche Mutter im Café oder auf dem Spielplatz trafen, konnte die Adoptivmutter nicht schlafen. Die junge Frau beschimpfte sie. Zum künftigen Adoptivvater sagte sie einmal: «Sie zeugungsunfähiger Schweinehund!» Die Adoptiveltern von Manfred gingen erregt nach Hause.

Manfreds Adoptivmutter fühlte, daß es so nicht weitergehen konnte. Beim nächsten Zusammentreffen legte sie der Mutter das Kind in den Arm und sagte: «Sie bleiben die Mutter. Lassen Sie uns aber für Manfred sorgen. Ich weiß, wie schlimm für Sie die Situation ist: kein Glück mit Manfreds Vater, keine Wohnung, kein Beruf. Wenn Sie mich anschreien, dann mach ich mir jetzt nichts mehr daraus. Ich bin nicht gegen Sie, aber lassen Sie doch den Manfred bei uns!»

Der Umgangston der jungen Frau wandelte sich. Sie wollte die Adoptivmutter öfters sehen. Die Adoptivmutter verstand immer mehr von der harten Kindheit und Jugend der Mutter. Sie wurde zur Ratgeberin. Eines Tages sagte Manfreds Mutter: «Hätte ich solche Eltern gehabt, wäre ich heute nicht ein so kaputter Mensch.» Danach ging sie zum Notar, um Manfred für diese Eltern freizugeben. Von der künftigen Adoptivmutter verlangte sie: «Sage dem Manfred nie, daß ich seine Mutter bin.» Doch dies versprach ihr die Adoptivmutter nicht. «Manfred soll wissen, wer seine Mutter ist. Und außerdem bist du nicht so unmöglich, wie du denkst. Ich werde schon dafür sorgen, daß er deine Entscheidung versteht.»

Die Adoptiveltern von Manfred sind sich im klaren: Mit der Adoption ihres Kindes werden sie weiterhin auch die Mutter ein Stück mitadoptiert haben. Sie waren dazu bereit und können ihrem Kind jetzt ein ausgesöhntes Bild von seiner Mutter vermitteln.

Leider geht es nicht immer so aus. Immer wieder verhärten sich die Fronten zwischen abgebender und annehmender Familie. Bleiben beim Prozeß der Übergabe eines Kindes von der einen in die andere Familie Ungereimtheiten, Ängste, Affekte, Schuldgefühle, Geheimnisse oder spielen Gewalt und Druck eine Rolle, dann bedeutet dies langfristig eine Last für die annehmenden Eltern. Und das Kind hat damit ebenfalls einen schweren Lebensweg vor sich.

Adoptiveltern – Experten für die Herkunftssituation ihres Kindes

Die zwanzig Monate alte Daria ist das vierte Kind in ihrer Familie. Bei einem älteren Kind wurde sexuelle Mißhandlung durch den neuen Mann der Mutter nachgewiesen. Das Kind wurde aus der Familie herausgenommen. Es war unklar, ob auch Daria sexuell mißhandelt worden ist. Das Gericht ordnete an, daß Daria ebenfalls nicht mehr in der Familie bleiben durfte. Gegen diese Entscheidung hatte die Mutter Einspruch eingelegt, doch der wurde abgelehnt.

Das zuständige Jugendamt vermittelte Daria als Pflegekind zu Adoptivbewerbern, da abzusehen war, daß das Kind nie mehr würde zurück können.

Die künftigen Eltern sind mit zwei Lasten konfrontiert: einer Mutter, die ihr Kind nicht freiwillig fortließ, und einem Kind aus einer sexuell mißhandelnden Familie. Das Entsetzen der Annehmenden über das in der Herkunftsfamilie Geschehene ist heftig. Besonders groß ist das Unverständnis gegenüber der Mutter, die nichts gemerkt haben will, die ihr Kind nicht geschützt hat.

Kinder, die schon einmal Opfer sexueller Gewalt waren, werden in Pflege- und Adoptivfamilien oder in Heimen manchmal ein weiteres Mal sexuell ausgebeutet. Sie tragen sogar aktiv dazu bei. Sie wollen traumatische Situationen wiederholen und müssen unbewußt oder bewußt prüfen, ob die neue Umwelt bereit ist, sie zu schützen. Immer wieder gibt es Erwachsene, die die «Angebote» eines mißbrauchten Kindes annehmen. Sie mißhandeln das Kind ebenfalls, anstatt ihm klare Grenzen zu zeigen. Pflege- und Adoptivfamilien mit sexuell mißhandelten Kindern müssen also besonders wachsam sein. Es kann in ihrer Familie – durch einen Elternteil, einen Großelternteil, ältere Geschwister oder andere Verwandte – oder durch Bekannte zu einer Wiederholung kommen. Die künftigen Adoptiveltern von Daria müssen also zu Experten werden, was sexuelle Mißhandlung von Kindern angeht.

Auch mit der Rolle von Müttern, die «nichts gemerkt» haben, müssen sie sich befassen. Diese Frauen sind oft selbst als Kind mißbraucht worden. Manche Mißbraucher gehen so gezielt vor, daß Mütter nichts merken. Die Kinder schweigen. Einige Mütter verdrängen und leugnen die grausame Realität, weil sie sich doppelt betrogen fühlen: vom Partner hintergangen, und dazu noch wurde dem eigenen Kind Schaden zugefügt. Darias Pflegeeltern werden langfristig daran arbeiten, etwas vom Schicksal und vom Handeln dieser Mutter nachzuvollziehen. Sonst bekommt Daria ein finsteres Bild ihrer Mutter.

Es gibt nur zwei Entwicklungsmöglichkeiten: Entweder Darias Adoptivfamilie bleibt langfristig unter erheblicher Spannung, womit bereits die Weichen für heftige Selbstwertprobleme des Kindes gestellt sind. Oder die Adoptivfamilie leistet all das, wozu sie sich ursprünglich nie imstande sah. Sie entwickelt Professionalität, arbeitet sich ein in die Dynamik von sexuellen Mißhandlungsfamilien und geht auf die leibliche Mutter immer wieder neu zu mit dem Ziel, deren Einverständnis für den Verbleib des Kindes in der neuen Familie doch noch eines Tages zu erringen. Darias künftige Adoptiveltern sind diesen Weg gegangen. Sie haben eine Beratungsstelle für sexuell mißbrauchte Mädchen aufgesucht und wichtige Literatur zum Thema durchgearbeitet.

Bei einem der Zusammentreffen im Jugendamt konnten sie der Mutter sagen: «Viele Frauen merken nicht oder erst spät, daß ihr Partner Kinder sexuell mißbraucht. Die Schmach und Verletzung einer solchen Erkenntnis sind groß. Ich weiß auch, daß Mißhandler außerordentlich geschickt vorgehen. Viele Mütter haben oft gar keine Chance, es zu merken. Ich respektiere, daß Sie Daria zurückhaben wollen. Aber diese Entscheidung haben nicht wir, sondern Jugendamt und Gericht getroffen. Wir sind sehr froh, daß Ihre Daria bei uns ist. Und wir wünschen uns, Sie könnten damit einverstanden sein.»

Darias Adoptiveltern sind dabei, ihre Wut umzuwandeln in Trauer. Daß Menschen weltweit unter deformierenden ökonomischen und seelischen Bedingungen aufwachsen, muß von Adoptiveltern mitgefühlt und miterkannt werden, um den Haß auf die Täter und Täterinnen zu überwinden. Dies heißt niemals, daß Adoptiveltern das Schlimme gutheißen sollen, was geschehen ist. Doch das Verstehen, wie es dazu gekommen ist, ist unumgänglich. Wenn Erwachsene Abscheu, Empörung, Wut gegenüber den abgebenden Eltern nicht bewältigen können, dann wächst das Kind mit einer schweren Bürde auf.

Erstes Treffen mit den leiblichen Eltern im Kindesalter

Thea, zehn Jahre, von Baby an adoptiert, hatte schon immer ein Foto von ihrer leiblichen Mutter. Einmal im Jahr schrieben die Adoptiveltern der leiblichen Mutter und schickten ihr Bilder von Thea. Immer wieder sprach sie in ihrem jungen Alter aus: «Ich will so gern meine Mutter kennenlernen.»

Daß Thea diese Bitte äußern kann, zeigt, daß ihre Adoptiveltern weit sind mit ihrem Öffnungsprozeß. Es gibt Adoptivkinder, die würden eine solche Frage nie formulieren. Sie vermuten, daß ihre Adoptiveltern dies nicht ertragen könnten. Sie schieben ihre Neugierde weit ab ins Unbewußte. Doch mit Thea wurde immer viel und offen über ihre abgebenden Eltern gesprochen. Im Rollenspiel «übte» Thea, wie es sein würde, ihrer Mutter zu begegnen. Sollte sie die fremde Mutter umarmen? Würde sie weinen müssen?

Ob es sinnvoll ist, einem Kind Kontakte zu seiner leiblichen Mutter zu ermöglichen, hängt von den Adoptiveltern ab. Sie müssen entscheiden, welchen Grad der Offenheit sie selbst verkraften. Wenn ein Kind seine leibliche Mutter oder den Vater nie gesehen hat, so muß eine solche Begegnung außerordentlich sorgfältig vorbereitet werden. Das Kind braucht die Hilfe und die Unterstützung seiner Adoptiveltern. Nur die Schritte, die die Adoptiveltern selbst angstfrei mit dem Kind gehen können, kann auch das Kind verarbeiten. Die Verantwortung für die schrittweise Kontaktaufnahme liegt also bei den Adoptiveltern. Erst Heranwachsende und Erwachsene können selbständig ihren Weg beim Wiedersehen gestalten.

Theas Adoptiveltern waren selbst neugierig auf die Mutter. Sie schrieben ihr, telefonierten mehrmals mit ihr und verabredeten sich. Thea war sehr aufgeregt. Die Mutter wollte Thea gleich bei der Begrüßung umarmen, doch Thea wich zurück. Sie beobachtete die Mutter. Später nahm sie einen Ball und warf ihn von weitem der Mutter zu.

Kinder, die ihre Mutter erstmals im Alter von sechs, acht oder zehn Jahren treffen, können dies verarbeiten, wenn sie sich auf die Hilfe ihrer Adoptiveltern verlassen können.

Adoptiveltern sollten sich zuerst ohne Kind mit der Mutter treffen. Sie können die Bedingungen für das Treffen mit dem Kind vorbereiten und absprechen, wo man sich trifft und was die Erwachsenen bei diesem Treffen zum Kind sagen werden.

Es ist für Kinder in Theas Alter spannend, die Mutter zu erleben, ihr Fragen zu stellen, sie kennenzulernen. Es ist für ein Kind ein aufwühlendes Erlebnis, wenn es seiner leiblichen Mutter erstmals begegnet. Je nach Lebenssituation der abgebenden Eltern brauchen Kinder viel Hilfe, muß ihre Betroffenheit, ihre Trauer aufgefangen werden. Thea fühlte sich befreit, das Rätsel ihres Lebens ein Stück gelöst zu haben.

Manche Adoptiveltern fürchten, die leibliche Mutter bekäme mehr Macht und Einfluß auf das Kind als sie selbst oder das Kind könnte die leiblichen Eltern mehr lieben. Doch diese Angst ist unberechtigt. Immer wieder werden von verunsicherten Erwachsenen die Bedeutung von Beziehung und Bindung an die sozialen Eltern und die Neugierde auf die unbekannte Mutter durcheinandergebracht. Viele Adoptiveltern geben einer wie auch immer gearteten «Stimme des Blutes» mehr Macht, als sie sich eingestehen. Sonst kämen sie gar nicht auf die Idee, die leiblichen Eltern, die ein Kind nie gesehen hat, könnten von ihm mehr geliebt werden als die ihm Tag für Tag vertrauten Adoptiveltern. Thea konnte ihre Adoptiveltern beruhigen: «Ich weiß doch, wer meine richtigen Eltern sind und zu wem ich gehöre. Zu euch natürlich.»

Ist die Beziehung der Erwachsenen zum adoptierten Kind allerdings ambivalent, erleben sie ihr adoptiertes Kind selbst zeitweise als fremd, dann bekommt die Frage nach der leiblichen Familie für das Kind ein anderes Gewicht. Wenn ein Kind sich in seiner Familie nicht emotional angenommen fühlt, sehnt es sich nach anderen Eltern. Es hofft, daß diese besser zu ihm sind. Dieses Kind wird beim persönlichen Kennenlernen enttäuscht sein, denn es wird spüren, wie wenig vertraut ihm die leibliche Mutter ist. Eine reale Perspektive kann sie nicht bieten. Manchmal klammert sich ein Kind trotz aller Fremdheit an die leiblichen Eltern; dann ist es in der Adoptivfamilie tatsächlich unglücklich.

In einer schweren Krise wird ein erster persönlicher Kontakt zum leiblichen Elternteil die Probleme nicht lindern, sondern verschärfen. Adoptiveltern dürfen sich also keine Lösung der Konflikte erhoffen, die sie mit dem Kind haben. Wenn ein Eltern-Kind-Verhältnis in der Adoptivfamilie belastet ist, so kann es nach einem ersten persönlichen Kennenlernen der leiblichen Eltern zu erheblichen Eskalationen kommen. Ein erstmaliger Kontakt zwischen Kind und Ursprungseltern sollte in einer stabilen Phase der Adoptiveltern-Kind-Beziehung stattfinden.

Kontakte zu leiblichen Geschwistern der Adoptivkinder

Fabio, einziges Kind der Adoptiveltern, machte mit seinem Vater eine Radtour. Sie werden vom Regen überrascht und kehren ein. Sie kommen ins Gespräch mit anderen Leuten. Der Adoptivvater wird gefragt: «Haben Sie noch mehr Kinder?» Der Adoptivvater verneint. Da sagt Fabio: «Und ich habe noch drei Schwestern.»

Fabio sieht seine drei Schwestern ein- bis zweimal im Jahr bei der Oma. Die Kinder genießen das Familientreffen. Fabio ist stolz auf seine Schwestern. Manchmal phantasiert er wie es wäre, wenn sie alle in einer Familie leben würden. Doch zugleich gefällt es ihm, einziges Kind seiner Adoptiveltern zu sein.

Wenn Adoptivkinder anderswo Geschwister haben, die in anderen Adoptivfamilien oder noch bei den leiblichen Eltern leben, so ist es eine wertvolle Erfahrung, wenn sie von diesen Kindern wissen, deren Alter kennen und vielleicht Bilder bekommen. Noch spannender ist, wenn sie mit den Familien, in denen andere Geschwister leben, Kontakt haben. Adoptierte Kinder sehnen sich oft nach leiblichen Verwandten. Und sie fühlen sich weniger als Außenseiter, wenn sie andere Kinder aus ihrer leiblichen Familie kennen.

Es gibt heute viele Adoptivfamilien, die sich untereinander besuchen, weil sie Kinder derselben Herkunftsfamilie haben. Für die Kinder bedeutet das Kennen der leiblichen Geschwister ein Stück Identität, ein Stück Wirklichkeit, ein Stück Geschichte ihrer selbst. Sie können mit ihrer Adoption besser zurechtkommen.

Manche Adoptiveltern haben Angst, der Kontakt zu leiblichen Geschwistern könnte die Geschwisterbeziehungen innerhalb der Familie gefährden. Hier gilt dasselbe, wie für die sozialen Bindungen der Kinder zu elterlichen Bezugspersonen: Der Lebensalltag zählt, die Bindungen innerhalb der Adoptivfamilie bleiben die zentralen. Das Kennen der leiblichen Geschwister hilft den Kindern, besser mit ihrer Realität, adoptiert zu sein, zu leben.

7. Hilfen für das Kind bei der Verarbeitung seiner Adoption

Es sagen oder verschweigen?

Johannes, heute vierzehn Jahre, einziges adoptiertes Kind unter zwei leiblichen Geschwistern, sagte eines Abends ganz verzweifelt: «Ach, hättet ihr mir doch nie gesagt, daß ich adoptiert bin!» Seine Adoptiveltern gerieten in heftige Zweifel. War es falsch, ihm von klein auf erzählt zu haben, daß er nicht ihr leibliches Kind war?

Auch heute noch sind sich nicht alle Adoptiveltern sicher, ob es richtig ist, dem Kind schon früh zu sagen, daß es adoptiert ist. Manche wünschen sich, das Kind möge unbeschwert von der schweren Wirklichkeit aufwachsen. Beweisen Johannes' Worte nicht, daß jene, die ihren Kindern nichts von der Adoption sagen, richtig handeln?

Johannes ging es nicht in erster Linie darum, daß er nicht wissen wollte, daß er adoptiert ist: Er wollte überhaupt kein adoptiertes Kind sein. Es tat ihm weh, «fremdes Kind» zwischen zwei leiblichen Kindern zu sein. Auch hatte er Hemmungen, seine Adoptiveltern zu fragen, was sie über seine leiblichen Eltern wissen. Wie kam es dazu? Was haben sie ihm ohne Worte mitgeteilt? Wie haben sie sich bei der Adoption gefühlt? Und wie haben sie ihn aufgeklärt? Was haben sie ihm über die Gründe seiner Fortgabe vermittelt? Das Thema Adoption war in dieser Familie zwar benannt, doch das reichte nicht aus. Mit Johannes wurde nicht genug an seiner Ausnahmesituation gearbeitet. Vielleicht wäre es eine Zeitlang für Johannes leichter gewesen, er hätte annehmen dürfen, leibliches Kind seiner Eltern zu sein. Aber wenn er es dann später erfahren hätte, dann wäre er sicher noch viel bitterer geworden. Er hätte sich betrogen gefühlt und gefragt: «Warum habt ihr mir nicht die Wahrheit gesagt?» Offenheit war und ist der richtige Weg.

Es ist unbestritten schwer für Kinder und Jugendliche, mit der Wirklichkeit ihres Adoptiertseins aufzuwachsen. Die Alternative heißt nicht, es ihnen zu verschweigen, sondern ihnen Hilfestellung zu geben, mit ihrer ungewöhnlichen Realität leben zu lernen. Kinder haben feine Antennen. Sie empfangen vor allem die unterschwelligen Botschaften ihrer Eltern. Die wiegen mehr als alles, was von deren Kopf kommt. Wenn der Adoptionsprozeß bei den Erwachsenen Trauer, Schmerz, Inkompetenz, Ohnmacht hervorruft, so registriert dies das Kind. Solange das Kind unbewußt von den Adoptiveltern in zwei Welten aufgeteilt wird – die Schattenwelt der Herkunft, die Sonnenseite der Adoptivfamilie –, so lange können natürlich auch der Aufklärungsprozeß und das Wissen um die Adoption nicht angstfrei und befriedigend verlaufen.

Es gibt viele adoptierte Menschen, denen von Kind an die Wahrheit liebevoll nahegebracht wurde. Sie leiden nicht an ihrem Adoptionsstatus. Sie konnten im Lauf ihres Aufwachsens immer wieder neu daran arbeiten und sich als vollwertige Menschen fühlen.

«Ich habe mit sechs, sieben erfahren, daß ich ein Adoptivkind war, und ich war sehr glücklich darüber. Es war eine sehr schöne Geschichte, die meine Mutter mir darüber erzählt hat, von einem Vögelchen, das aus dem Nest gefallen ist und von anderen Vögeln aufgezogen sei, und ich sei halt auch so ein Vögelchen. Und das war ganz toll. Ich war als Kind darüber sehr erfreut und habe überhaupt keine Probleme damit gehabt... es ist kein Groll da. Ich bin meiner leiblichen Mutter so dankbar, daß die mich freigegeben hat.» (Eine heute ca. 40jährige Adoptierte, Anruferin in der Argumente-Sendung des HR 1 am 19.12.92 zum Thema: Wieviel Wahrheit verträgt ein Kind?)

Wenn frühe Aufklärung versäumt wurde

«Ich bin ein angenommenes Kind... und habe das... über Kinder erfahren... das war ein solcher Schock für mich, darum bin ich unbedingt für Offenheit, man kann es gar nicht früh genug sagen. Ich war über ein Jahr seelisch so krank, daß ich ein Jahr später erst eingeschult wurde. Für meine Eltern war dies genauso ein Schock, wie bringe ich dem Kind das jetzt bei, warum ist das Kind jetzt nicht unser Kind... es war für beide Teile furchtbar... Ja, ich bin schreienderweise nach Hause gelaufen und habe gesagt: ‹Die haben gesagt, du bist nicht meine Mutti und das ist nicht mein Papa und das ist nicht mein Bruder.› Meine Mutter – in der damaligen Zeit – man glaubte ja noch an den Klapperstorch – hat in ihrer ersten Aufregung gesagt: ‹Um Gottes willen, wir hatten dich doch bestellt, aber du bist verkehrt gebracht worden, und nun mußten wir dich da abholen.› ... Ich habe abgenommen, ich habe nichts mehr gegessen. Es war einfach für mich etwas, was ich als so junges Wesen verkraften mußte. Es war ein Riesenberg für mich. Darum kann man das gar nicht früh genug einem Kind sagen.» (Auszüge aus dem Anruf einer Betroffenen in der Argumente-Sendung des HR 1 am 19.12.92 zum Thema: Wieviel Wahrheit verträgt ein Kind?)

Die Sorge, daß die Eröffnung vom Kleinkind nicht verarbeitet werden kann, vom älteren Kind als Trauma, als Schock erlitten wird, ist für viele Adoptiveltern auch heute noch Grund, die Aufklärung vor sich herzuschieben. Spätestens wenn Adoptierte heiraten wollen, wird die Abstammungsurkunde benötigt. Dann erfahren sie, daß sie adoptiert worden sind.

Die zwölfjährige Clarissa kam in die Sprechzeit einer Sozialarbeiterin in den neuen Bundesländern und berichtete, daß sie adoptiert sei. Sie wisse es von ihrer Tante, die ihr auch Einzelheiten gesagt habe. Nur ihre Eltern wüßten nicht, daß sie es weiß. Diese würden alles nur Erdenkliche tun, die Adoption vor ihr geheimzuhalten. Sie fragte: «Wie bringe ich es meinen Eltern schonend bei, daß ich schon weiß, daß ich adoptiert bin und es gar nicht so schlimm ist?»

In der ehemaligen DDR gab es, anders als in den alten Bundesländern, keine Möglichkeit auf Kenntnis der Abstammung. Dort konnten Adoptiveltern davon ausgehen, daß ein adoptierter Mensch auch bei Eheschließung nicht von seiner Adoption erfahren würde. Sie mußten die Adoption allerdings perfekt vor Verwandten, Bekannten und Nachbarschaft geheimhalten. Trotzdem haben sich auch in der ehemaligen DDR die meisten Adoptiveltern bewußt für frühe Information ihrer Kinder entschieden. Andere stehen heute vor der Frage, wie und bei welcher Gelegenheit sie ihre Kinder über die Adoption oder die Stiefelternadoption aufklären sollen.

Späte Aufklärung wird fast immer von den Kindern, Jugendlichen und Erwachsenen als tiefes Trauma, als Schock erlebt. Eine Adoption läßt sich selten völlig geheimhalten. Wenn ein Kind durch Zufall von Dritten erfährt, daß es in seiner Familie nicht das leibliche Kind ist, so bringt dies tiefe Verletzungen und Verwundungen mit sich. Wenn wir einem Kind die existentielle Wahrheit verschweigen, so erlebt es dies als massiven Vertrauensbruch. Es fragt sich: «Habe ich keinen Anspruch auf Wahrheit? Werde ich so wenig für voll genommen, daß man mir die Wirklichkeit vorenthält? Was ist an mir so schlecht, daß mir die Wahrheit verschwiegen wurde?» Die Realität, adoptiert zu sein, schmerzt nicht so sehr wie das Ereignis, in einer zentralen Frage des Lebens hintergangen worden zu sein.

Haben Adoptiveltern oder Adoptivstiefväter die Adoption verschwiegen, so ist es eine große Hilfe für das Kind oder den jungen Menschen, wenn sie offen die Gründe für das Zögern nennen. Wenn ein junger Mensch die Zweifel und Ängste seiner Adoptiveltern nachvollziehen kann, wird für ihn klar: «Es lag an ihnen und ihrer Unsicherheit und nicht an mir.» Dies ist entlastend. Ich kenne Adoptiveltern, die haben zu ihrer großen Tochter gesagt: «Wir haben es dir bis heute verschwiegen, weil wir Angst hatten, du könntest darüber sehr enttäuscht sein. Wir dachten, es wäre besser, du wächst unbeschwert auf. Wir wollten dich nicht belügen oder dir weh tun. Wir wissen, daß du es jetzt als Vertrauensbruch erlebst. Damit müssen wir zurechtkommen. Es war unser Fehler. Wir hoffen nur, daß du es uns nicht für immer verübelst. Uns ist klar, daß dies eine sehr schwer verdauliche Nachricht für dich ist. Wir hatten einfach Riesenangst vor diesem Tag. So ist es dazu gekommen, daß wir jetzt viel zu spät mit dir darüber sprechen.» Die Tochter konnte diese Form der Eröffnung gut verarbeiten und war ihren Adoptiveltern nicht böse.

Ganz anders erging es Friederike. Als sie achtzehn war, eröffnete ihr der Vater: «Und im übrigen, du bist nicht unser Kind. Wir haben dich adoptiert. Deine Mutter war eine Hure. Und du wirst denselben Weg nehmen.» Friederike wird einen sehr schweren Lebensweg vor sich haben. Sie suchte Therapie. Dort formulierte sie: «Was mich so ohnmächtig macht, ist das ewige Bestreben, mit diesem zerstörerischen, egoistischen Vater in Harmonie leben zu wollen, beim Wein, beim Spaziergang, im Urlaub. Ich weiß noch, wie ich als Vierzehnjährige nachts furchtbare Angstträume hatte von Monstern und Skeletten, die mich erdrückten. Und am Tag lachte ich brav mit meinem Vater. Oft weinte ich nachts und wußte nicht genau, warum. Nie fühlte ich die Wut. Nie traute ich, ihm zu sagen, wie gemein er ist. Nie habe ich gesagt: ‹Vati, so viel Zerstörung, so viel Demütigung, so viel Bosheit, das mußt du stoppen... Hör auf damit!› Statt dessen bin ich von meinen eigenen Schreien aufgewacht. Als mein Vater mir entgegenschleuderte, daß ich nicht sein Kind war, dachte ich zuerst, ich werde verrückt. Es tat so weh, ich war betrogen, belogen. Meine ganzen Anstrengungen umsonst, alles umsonst. Es hilft mir nicht, mir zu sagen: ‹Der ist doch nicht mein Vater.› In mir drin ist er mein Vater, bleibt es es auch. Er hat so viel Macht über mich.»

Warten, bis das Kind fragt?

Viele Adoptiveltern sind der festen Überzeugung, sie müßten mit der Aufklärung über die Adoption warten, bis das Kind von sich aus fragt. Doch ein Kind kann nicht etwas erfragen, was es nicht weiß. Und nicht alle Kinder fragen ihre Mutter im frühen Alter: «War ich auch in deinem Bauch?» Sie gehen einfach als selbstverständlich davon aus, daß sie im Bauch ihrer Mutter gewachsen sind. Und schon ist der geeignete Zeitpunkt «so früh wie möglich» verpaßt. Je nachdem, was sich in den Herzen der Adoptiveltern abspielt – ob sie ihre Kinderlosigkeit betrauern, die abgebenden Eltern achten oder ablehnen, diese als einflußreich erleben – und wie gut der Grad der emotionalen Aussöhnung mit der Realität der Adoption bei den Adoptiveltern gediehen ist, kann ein Kind Fragen stellen oder wird dies unterlassen. Kinder fragen nicht immer von alleine. Sie benötigen die Hilfe und die Ermunterung der Erwachsenen.

Betty-Jean Lifton berichtet in ihrem Buch «Adoption» (S. 60): «Joyce entsinnt sich: ‹Jedesmal, wenn ich mehr wissen wollte und zum Beispiel fragte: ‚Warum mußten sie mich weggeben?‘, ging Mutter in Abwehrstellung und brachte wieder vor: ‚Aber wir lieben dich doch, ist das nicht genug?‘ Und natürlich fühlte ich mich schuldig, und damit endete das Gespräch.›»

Ob ein Kind offen Fragen nach seiner Herkunft stellt oder sich in geheimgehaltene Phantasien flüchtet, hängt mit dem Grad der Bereitschaft von Adoptiveltern zusammen, sich selbst den schmerzlichen Prozessen zu stellen. Wenn Kinder spüren, daß ihre Adoptiveltern dies aushalten, stellen sie Fragen an die Adoptiveltern, teilen ihre Gedanken, Wünsche, Sorgen mit ihren Adoptiveltern. Wenn sie merken, daß ihre Adoptiveltern auf ihre Verarbeitungsversuche erschrocken oder gekränkt reagieren oder auch nur unsicher sind, dann malen sie für sich allein sehr viel über ihre früheren Eltern aus und hüten ihre Träume und Wunschgeschichten als Geheimnis.

Der richtige Zeitpunkt:
Je früher desto selbstverständlicher

Es ist eine wertvolle Möglichkeit für Adoptiveltern, dem Kind schon früh seine komplette Lebensgeschichte in kindgerechter Form aufzuschreiben und dem Kind immer wieder zu erzählen. Damit können Adoptiveltern beginnen, wenn das Kind noch gar nicht alles versteht. Hauptsache es spürt, es geht um es selbst und die Eltern lesen und erzählen die Geschichte gern, selbstverständlich und ohne innere Unruhe.

Für alle, die dies wollen, gibt es ein weiteres wertvolles Ritual: Nicht nur der Geburtstag, sondern auch der Ankunftstag in der Familie wird gefeiert. Manche Adoptiveltern nennen es «den kleinen Geburtstag» oder «Kommtag». Dieser Tag wird bei vielen Adoptiveltern nur im engsten Kreis und nicht mit Gästen gefeiert. So haben alle gemeinsam einmal im Jahr einen Anlaß, über die Herkunft des Kindes zu sprechen. Adoptiveltern können seine Geschichte erzählen, ihm Fragen beantworten und die Freude, zueinandergefunden zu haben, erneuern. Das Feiern des Ankunftstages ist für das Kind die Botschaft: Es ist erlaubt und selbstverständlich, über das Thema meiner Herkunft zu sprechen. Aber auch: Es ist erlaubt, traurig zu sein, daß ich meine leiblichen Eltern verloren habe.

Die spezifische Lebensgeschichte mit allen konkreten Umständen kann im Lauf der Jahre immer mehr konkretisiert und ausgestaltet werden. Gibt es Fotos der abgebenden Mutter, so sollten sie im Fotoalbum ihren Platz bekommen. Hat die Mutter einen Lebensbrief mit auf den Weg gegeben, so kann er dem Kind gezeigt werden, sobald es den Inhalt verstehen kann.

Max, heute zwölf Jahre, lebt, seit er ein Jahr ist, in seiner Adoptivfamilie. Die Adoptiveltern haben ihm erzählt, daß seine Mutter, als er acht Jahre alt war, noch ein Mädchen geboren hat. Bei einem Wochenendtreffen fragte er seine Adoptionsvermittlerin: «Du, Mariam hat doch noch ein Baby. Wo ist das?» Die Adoptionsvermittlerin erzählte ihm: «In einem Heim für Mutter und Kind. Mariam lernt noch einen Beruf.» Max: «Sorgt sie gut für das Kind?» Die

Adoptionsvermittlerin: «Ja. Lotte geht in den Kindergarten und wird nachmittags und abends von Mariam versorgt.» Max: «Na, dann bin ich ja beruhigt. Sonst würde ich das Kind zu uns holen.»

Die Erfahrung zeigt, daß jene Kinder die Aufklärung am besten verarbeiten können, die schon sehr früh und selbstverständlich in die Realität hereinwachsen. Je offener die Adoptiveltern mit Einzelheiten umgehen, je konkreter sie berichten, desto aufrichtiger, echter und tragfähiger gestaltet sich die Beziehung zwischen Adoptiveltern und Kind. Bittere und schwere Fakten, beispielsweise, wenn ein Kind durch eine Vergewaltigung gezeugt wurde, sollen dem Kind erst mitgeteilt werden, wenn es sechzehn oder achtzehn ist. Um aufrichtig zu bleiben, können die Adoptiveltern zum jüngeren Kind sagen: «Es gibt noch etwas, das ich dir erzählen will, wenn du älter bist.»

Hilfen beim Formulieren der Lebensgeschichte

Die meisten Adoptiveltern erzählen ihren Kindern die Lebensgeschichte in etwa so: «Als du wenige Tage alt warst, haben wir dich im Krankenhaus abgeholt. Du warst ein Wunschkind. Wir waren sehr glücklich...» Oder: «Als du ein halbes Jahr alt warst, haben wir dich aus dem Kinderheim geholt...»

Doch das Leben des Kindes hat begonnen, längst bevor das Kind geholt wurde. Es reicht nicht, wenn Kinder nur die isolierte Tatsache erfahren, daß sie im «Bauch einer anderen Frau» gewachsen sind, und alle anderen brennenden Fragen bleiben unbeantwortet: Wie hieß sie? Wie sah sie aus? Wie alt war sie? Weshalb hat sie mich fortgegeben? War etwas an mir nicht richtig? War sie ein böser Mensch? Weshalb kann sie nicht bei uns wohnen?

Folgende Elemente sollten in der Lebensgeschichte eines adoptierten Kindes enthalten sein:

Das Kind hatte Eltern, die selbst einst Kinder waren

Erkundigen Sie sich bei Ihrer Vermittlungsstelle nach der Kindheit und Jugend der Eltern Ihres Kindes. Interessant für Kinder ist auch, wie sich seine Eltern kennengelernt haben. Haben sie zusammengelebt, oder sind sie gleich wieder auseinandergegangen? Wie heißen die Eltern, wie alt waren sie zur Geburt des Kindes?

Wenn der Vater unbekannt blieb, muß ergänzt werden: «Mutter und Vater trennten sich schon, als du noch im Bauch deiner Mutter warst. Sie konnten nicht zusammenleben. Deine Mutter hat der Adoptionsvermittlerin nicht gesagt, wie dein Vater heißt.»

Eine wertschätzende Bezeichnung für die leibliche Mutter und den leiblichen Vater

Wichtig ist, daß Sie sich für eine Bezeichnung der Mutter Ihres Kindes entscheiden. Wenn Sie die Vornamen der abgebenden Eltern kennen, so ist dies für das Kind eine schöne und konkrete Situation. «Mama Sabine», «Mama Petra», «Papa Otto» nennen manche Adoptiveltern die leiblichen Eltern. Beliebt ist die Formulierung: «Du kommst aus dem Bauch einer anderen Frau.» Wenn Sie von «der anderen Frau» oder von «der Frau, in deren Bauch du gewachsen bist» sprechen, so könnte das Kind dies als geringschätzend, als distanziert erleben. Deshalb sprechen viele Adoptiveltern auch von «deiner Mutter» oder «deine erste Mutter, deine frühere Mutter». Diese Bezeichnung enthält die Information, daß die leibliche Mutter ein Teil der Vergangenheit ist, die Adoptiveltern sind Gegenwart. Manche Adoptiveltern haben sich für die Bezeichnung «Bauchmama» oder «Geburtsmutter» entschieden. Diese Begriffe reduzieren die leiblichen Mütter auf ihren Bauch und ignorieren, daß auch Schwangerschaft und Geburt nicht nur biologische, sondern auch seelisch-soziale Ereignisse sind.

Das Kind wurde geboren

Wenn Sie etwas über Uhrzeit der Geburt, Verlauf der Geburt wissen, so soll dies Bestand der Geschichte werden. Viele adoptierte Kinder können sich nicht vorstellen, geboren zu sein, weil ihnen nie über die Geburt erzählt wird. Leibliche Kinder bekommen von ihren Müttern oft Einzelheiten über die Geburt erzählt: «Am Abend, als wir beim Essen saßen, bekam ich die erste Wehe. Vater brachte mich ins Krankenhaus. Am Morgen um vier Uhr und sieben Minuten bist du zur Welt gekommen. Du wogst sechs Kilogramm und zweihundertfünfzig Gramm.»

Einem adoptierten Kind kann erzählt werden: «Deine erste Mutter war damals sehr aufgeregt. Sie ging am Abend ins Krankenhaus, und am Mittwoch morgen um 4 Uhr 10 wurdest du geboren. Du sahst ihr ähnlich. Sie war glücklich, dich zur Welt gebracht zu haben.»

Das Kind bekam seinen Namen

Der Name macht uns unverwechselbar – zusammen mit dem Geburtsdatum. Unser Name ist ein frühes, vertrautes Merkmal unserer Identität. Von wem bekam das Adoptivkind seinen Namen? Haben die leiblichen Eltern dem Kind einen Namen gegeben, oder haben diese den Adoptiveltern überlassen, wie das Kind heißen soll? Viele Adoptiveltern möchten ihr Kind gern umbenennen. Rechtlich ist dies mit der Adoption auch möglich. Für die spätere Identitätsfindung ist es besser, dem Kind seinen Namen zu lassen und ihm von den Adoptiveltern einen zweiten Namen dazuzugeben.

Das Kind wurde freigegeben

Wichtig ist es, für das adoptierte Kind den Auftrag zu formulieren: «Sie wollte, daß du andere Eltern bekommst.» Diese Information entbindet das Kind von der späteren Phantasie, seine Eltern hätten es nicht hergeben wollen und es dürfe seine Adoptiveltern nicht liebhaben. Auch hier ist so konkret wie möglich vorzugehen, z. B.: «Dann hat sie bei der Adoptionsvermittlerin, Frau Schmidt, die du kennst, eine Vereinbarung unterschrieben, damit du Adoptiveltern bekommst.»

Wenn sich leibliche Mutter und Adoptiveltern kennengelernt haben, so können die Adoptiveltern dem Kind viel Konkretes erzählen: «Wir waren damals sehr aufgeregt, sie kennenzulernen. Sie hat blonde Haare wie du. Wir verstehen ihren Entschluß gut. Wir sind froh, daß sie dich uns anvertraut hat.»

Das Kind war nicht schuld

Viele Kinder denken bewußt oder im Unterbewußtsein, sie selbst hätten die Fortgabe durch falsches Verhalten verursacht oder an ihnen sei etwas nicht in Ordnung gewesen. Das Kind benötigt die Information, daß die Ursache für das Weggeben des Kindes bei den Erwachsenen lag: «Deine erste Mutter wußte, sie hätte nicht die Kraft, für ein Kind dazusein.» Und: «Deine Mutter hatte dich lieb. Deshalb wollte sie, daß du andere Eltern bekommst. Deine Mutter hatte große Probleme mit sich selbst, sie war nicht imstande, auf ein Kind aufzupassen.»

Beschreiben der seelischen Ursachen

Damit das Kind nicht denkt, seine Eltern seien schlechte Menschen gewesen, müssen hier Informationen zur Entlastung eingefügt werden: «Menschen, denen es als Kind schlechtgeht, die als Kind zu wenig Liebe bekommen haben, können nicht lernen, wie man später, wenn man groß ist, ein Kind versorgt.» Oder: «Deine Mutter hatte selbst keine Eltern, die sich um sie kümmerten, als sie klein war. Sie lebte im Heim. Kinder, die keine lieben Eltern haben, können später oft keine richtigen Eltern werden, weil sie kein Vorbild hatten. Sie müssen erst noch lernen, auf sich selbst aufzupassen. Das hat deine Mutter gefühlt. Deshalb war es ein guter Schritt, dafür zu sorgen, daß du andere Eltern bekamst.»

Nennen von äußeren Gründen

Äußere Gründe sollten der Wirklichkeit entsprechen. Dem Kind sollen keine Halbwahrheiten serviert werden. Wenn wir Teilgründe als alleinige Ursache nennen, säen wir Zweifel im Kind. Erklären wir beispielsweise: «Sie hatte kein Geld, sie mußte arbeiten, sie mußte zur Schule gehen, sie war allein und hatte keinen Mann», so wird das Kind in seiner Phantasie erwidern: «Ich hätte aber trotzdem für mein Kind gesorgt. Ich hätte es auch ohne Mann und ohne Geld und trotz Schule geschafft.» Auch lernt das Kind im Lauf der Jahre andere Kinder kennen, deren Mütter arbeiten gehen, kein Geld haben, ohne Mann sind. Deren Kinder leben trotzdem bei ihnen. Also vermutet das Kind, es hat doch etwas an seiner Geschichte nicht gestimmt.

Ein häufiger realer Grund ist Krankheit der Mutter. Auch Alkoholabhängigkeit oder psychische Krankheit darf für das ganz kleine Kind mit Krankheit umschrieben werden. Es kann sein, daß Kinder dann Mitleid mit ihrer Mutter bekommen, sich Sorgen machen. Deshalb ist wichtig zu sagen: «Sie bekommt Hilfe in einem Krankenhaus. Dort gibt es Menschen, die ihr helfen und sie versorgen. Sie wollte nicht, daß ihr Kind so oft ohne Mutter sein muß. Deshalb hat sie entschieden, daß du andere Eltern bekommst.»

Anders wieder ist es bei Kindern aus sogenannten Dritte-Welt-Ländern. Hier ist es real, dem Kind von Armut, Hunger oder Krieg zu erzählen: «Im Land deiner ersten Eltern sind viele Menschen so arm, daß sie ihre Kinder nicht ernähren können. Es gibt nicht genug zu essen und kaum Medizin für die Kinder. Es ist Krieg. Viele Kinder dort sind krank und haben Hunger. Da deine Eltern unbedingt wollten, daß du es besser hast und überleben kannst, haben sie sich entschlossen, dich zu uns zu geben.» Oder: «In dem Land deiner ersten Eltern gibt es längst nicht für alle Kinder Essen oder eine Wohnung. Deshalb hat dich deine Mutter dort in ein Kinderheim gebracht. Sie hoffte, daß du dort zu essen bekommen würdest und neue Eltern für dich gesucht würden.»

Über die leiblichen Geschwister und deren Verbleib erzählen

Hat die leibliche Mutter später weitere Kinder bekommen oder hatte schon Kinder, so sollte dies von Anfang an Bestandteil der Lebensgeschichte sein: «Deine erste Mutter hatte schon vor dir drei Kinder geboren und es nicht geschafft, gut auf diese aufzupassen. Sie kamen deshalb auch zu anderen Eltern.» Oder: «Deine erste Mutter hatte schon drei Kinder. Sie mußte sich von deinem Vater trennen, als du in ihrem Bauch warst. Sie fühlte, daß sie nicht mehr die Kraft hatte, für ein viertes Kind dazusein. Deshalb hat sie gewollt, daß du andere Eltern bekommst, die viel Kraft haben.»

Ausgestaltung mit Fotos oder gemalten Bildern

Fotos der abgebenden Familie gehören von Anfang an ins Fotoalbum des Kindes. Gibt es keine Fotos, so können die Adoptiveltern Eltern-Bilder zeichnen. Später kann das Kind seine Herkunftsfamilie malen.

Wie du unser Kind wurdest...

Hier ein allgemeiner Formulierungsvorschlag für die Lebensge-schichte eines Kindes, das als Säugling adoptiert wurde. Sie kann Le-serinnen und Lesern als Rahmen dienen, die für ihr Kind spezifische Geschichte auszugestalten.

Es waren einmal eine Frau und ein Mann, die hießen Sabine und Willi. Willi war 22 Jahre und Sabine 20 Jahre. Sabine erwartete ein Baby von Willi. Sie war sehr froh, als du an einem Montagabend geboren warst. Sie nannte dich Maria. Wir gaben dir später den Namen Eva dazu, so heißt du jetzt Eva Maria.

Willi und Sabine wußten, sie würden nicht selbst auf ein Kind aufpassen können. Sabine war noch sehr jung. Ihr fehlte die Kraft, für ein Kind zu sorgen. Sie konnte sich noch nicht einmal gut um sich selber kümmern. Das mußte sie noch lernen. Ich kann sie gut verste-hen. Sabine hatte selbst als Kind keine guten Eltern, sie war lange in einem Kinderheim. Und wenn Menschen als Kind allein waren oder nicht gut versorgt werden, dann lernen sie nicht, wie sie auf ein Kind aufzupassen haben, wie sie es versorgen können. So ein kleines Baby braucht sehr viel Zeit und Kraft.

Schon als du noch im Bauch von Sabine warst, gingen Sabine und Willi auseinander. Allein traute sich Sabine erst recht keine Kinder-erziehung zu. Sie wollte lieber, daß du neue Eltern bekommst. Als du noch in ihrem Bauch warst, redete sie viel mit der Adoptionsver-mittlerin. Die erzählte ihr von uns und wie sehr wir uns ein Kind wünschten. So hat Sabine entschieden, daß du zu uns kommen sollst. Es war für deine Mama Sabine kein leichter Schritt. Aber es war ein guter Schritt, und ich bin froh, daß sie sich so entschieden hat. Sie hat dich als Baby nach der Geburt im Krankenhaus angeschaut und dir die allerbesten Wünsche mit auf den Weg gegeben. Sie wollte auch, daß du deine neuen Eltern liebhast. Das sind wir: Papa und Mama. So wurdest du unser Kind.

Wenn Eltern ihr Kind nicht freiwillig fortgaben

Wurde das Kind den Eltern per Sorgerechtsentzug fortgenommen und die Zustimmung zur Adoption ersetzt, so ist auch das dem Kind zu übersetzen. Dem kleinen Kind kann erzählt werden: «Nach deiner Geburt nahm dich deine Mutter mit nach Hause, doch sie hatte viel Streit mit deinem Vater. Die beiden trennten sich, und deine Mutter schaffte es nicht, auf dich aufzupassen. (Menschen, die als Kinder keine lieben Eltern haben oder als Kind sehr oft allein waren, die von ihren Eltern verletzt wurden, können später nicht gut ihre Kinder versorgen. Ihnen fehlen die Vorbilder.) Es gab Zeiten, in denen ihr glücklich miteinander wart, aber dann hat sie dich wieder allein gelassen, dir nicht genug zu essen gegeben. Nachbarn haben das Jugendamt angerufen, und das hat bestimmt, daß du nicht mehr bei deiner Mama Ursel leben kannst. Deine Mama Ursel hat sich nicht bewußt so verhalten. Sie wollte dir nicht mit Absicht schaden. Sie wußte einfach nicht, was ein Kind alles braucht. Sie war auch nicht froh, als du dann ins Kinderheim gebracht wurdest. Deine Mutter lebt heute in einer anderen Stadt. Später hat sie eingesehen, daß es für dich gut ist, bei uns zu leben.»

Präzisierung der Informationen
je nach Alter und Reife des Kindes

Wird das Kind älter – z. B. mit 14, 16 oder 18 Jahren, so sollten den jungen Menschen auch alle anderen Einzelheiten über ihre Entstehung und ihre abgebenden Eltern mitgeteilt werden: Informationen über Drogenabhängigkeit oder Alkoholabhängigkeit, oder wenn die leibliche Mutter als Prostituierte gearbeitet hat, wenn es Gewaltsituationen oder sexuelle Mißhandlung in der Familie gegeben hat. Hierbei ist es wichtig, immer so konkret wie möglich zu bleiben und das Geschehene nicht aus dem Zusammenhang zu reißen.

> Die Adoptiveltern vom achtzehnjährigen Paul wußten, daß Pauls leiblicher Vater wegen Totschlag im Gefängnis gesessen hatte. Wenn sie Paul gesagt hätten: «Dein leiblicher Vater hat wegen Totschlag im Gefängnis gesessen», so wäre dies für Paul eine schwere Belastung gewesen. Seine Eltern berieten sich vorher mit ihrer Adoptionsvermittlerin. Danach erklärten sie es Paul so: «Dein leiblicher Vater hatte eine schwere Kindheit. Er wurde von seinem Vater oft mißhandelt. Als Erwachsener konnte er leicht in Wut geraten und ging dann auf andere Menschen los. Eines Abends, dein Vater hatte schon viel getrunken, kam es zu einem Streit mit einem anderen Mann in der Kneipe. Dein Vater nahm einen schweren Stuhl und warf ihn dem Mann an den Kopf. Der Mann wurde ins Krankenhaus gebracht und erlag später seinen Verletzungen. Deshalb kam dein Vater ins Gefängnis. Er hat bereut, was er getan hat.»

Für die Herkunftssituation mancher Kinder benötigen Adoptiveltern fachliche Informationen. In den ersten zehn bis zwanzig Jahren des Zusammenlebens haben Adoptiveltern Zeit, sich zu Profis zu machen, was die spezifische Not- bzw. Zwangslage der Herkunftseltern ihrer Kinder anbelangt. Es ist von großer Bedeutung – zur Entlastung der Kinder und Jugendlichen – immer auch die gesellschaftlichen Ursachen der Notlagen wahrzuhaben und den Kindern mit zu erörtern. Immer spielen die gesellschaftlichen Rahmenbedingungen und die persönlichen Aufwachsbedingungen von Menschen eine zentrale Rolle dabei, ob sie später ihr Leben bewältigen oder in immer tiefere

Notlagen geraten. In meinem ersten Buch «Pflege- und Adoptivkinder» gebe ich Informationen über die Lebenssituation geistig behinderter Mütter, drogenabhängiger Mütter, psychisch kranker Mütter, über die Rolle der Psychiatrie in dieser Gesellschaft oder die Doppelmoral der Prostitution.

Immer wieder wurden und werden Frauen vergewaltigt. Insbesondere in Kriegen ist die Vergewaltigung ein grauenvolles militärisches Zeremoniell. Frauen, die durch Vergewaltigungen schwanger wurden, geben und gaben Kinder zur Adoption frei. Auch diese bittere, brutale Situation der eigenen Entstehung werden erwachsene Adoptierte einmal erfahren. Wenn sie es nicht von ihren Adoptiveltern erzählt bekommen, dann ahnen sie davon. Sie kommen erst recht nicht zur Ruhe. Diese Adoptierten brauchen den Beistand ihrer Adoptiveltern bei der Bewältigung ihrer schlimmen Wahrheit.

Betty-Jean Lifton schildert am Ende ihres autobiographischen Romans «Zweimal geboren» (1981, 309) folgenden Dialog mit einem älteren Arzt. Sie sagt zu ihm:

«‹Was könnte es zu Schreckliches in der eigenen Vergangenheit geben, als daß man es nicht wissen sollte, wenn es die Wahrheit ist?›

Ich beobachte ihn, wie er darüber nachdenkt. Ich sehe Huren, Psychotiker, Selbstmörder an seinem geistigen Auge vorbeiziehen.

‹Wahrscheinlich nichts›, sagt er zu guter Letzt. ‹Nichts, was der Wahrheit entspricht, könnte zu schrecklich sein, wenn man erwachsen ist.›»

Wenn Kinder und Jugendliche
nicht über ihre Adoption sprechen wollen

Es gibt Adoptivkinder, die, angesprochen auf ihre Situation, jeden Gedanken an ihre leiblichen Eltern weit von sich weisen. Hierfür gibt es zwei Hauptgründe. Einer kann sein: Sie wollen ihre Adoptiveltern schonen. Hier können Adoptiveltern dem Kind helfen, es entlasten, indem sie beispielsweise sagen: «Ich merke, du willst jetzt nicht drüber reden, das ist okay. Dann werde ich es ein anderes Mal versuchen. Ich spreche gern mit dir über deine Adoption und deine leiblichen Eltern.»

Der zweite Grund: Manche Kinder wollen phasenweise selbst nichts von dem Thema wissen, weil es für sie schwer ist, mit dieser Realität, zweimal Eltern zu haben, zurechtzukommen. Sie wollen einfach so sein wie andere Kinder und nicht immer wieder an ihre Ausnahmesituation erinnert werden. Sie sind in Gefahr, ihre Realität zu verdrängen, weil sie ihnen zu schmerzlich ist.

Hier sollten Adoptiveltern immer wieder sanfte Angebote machen, damit das Kind nicht ganz in die Verdrängung abgleitet. Denn wenn wir verdrängen, blenden wir nicht nur die schmerzlichen, unerträglichen Gefühle aus, sondern auch gute, lebendige Gefühle. Das ist der Preis für die Verdrängung. Nur jene Kinder und Erwachsene, die sich immer wieder schmerzlichen, zu betrauernden Prozessen stellen, die möglichst wenig ins Unbewußte abdrängen, können langfristig lebendig und zufrieden werden. Verdrängte Gefühle sind nicht einfach weg oder ungeschehen. Sie wirken weiter auf unsere Seele, auf unsere Stimmung, auf unsere Gesundheit.

Wenn ein Kind sich nicht mit seiner Adoptionssituation befassen will, so heißt das nicht etwa, daß es alles verarbeitet hat, daß es ihm gutgeht. Dies können die Adoptiveltern aufgreifen mit Worten wie: «Es ist in Ordnung, daß du z. Zt. nicht darüber reden willst. Ich werde ein anderes Mal drauf zurückkommen.» Es ist wichtig, dem Kind zuzugestehen, daß es zwischendurch auch mal verdrängen will. Das Kind schafft es jedoch oft nicht allein, von sich aus das heiße Eisen wieder anzupacken. Die Initiative, das Thema wieder anzugehen, sollte dann von den Erwachsenen kommen.

8. Zusammenleben in der Adoptivfamilie

Familiendynamik und Adoption

David, vier Jahre, kam mit eineinhalb in die Adoptivfamilie. Zuvor
hatte er bei der leiblichen Mutter, im Heim und in Kurzzeitpflege
gelebt. David ist ein lebhaftes, intelligentes, aktives Kind, der Sonnenschein der Familie. David hat einen riesigen Bedarf nach Aufmerksamkeit. Er hat schon immer wenig und zögernd gegessen. Mit
gutem Zureden, Spielen und Geschichtenerzählen waren ihm immer kleine Happen zugeführt worden. Als David dreieinhalb war,
gebar seine Tante ein Baby. David interessierte sich sehr für das
Baby und wurde zu dieser Zeit auch aufgeklärt, daß er nicht aus dem
Bauch der Mama gekommen ist, sondern aus dem Bauch der Jan-
neke, bei der er nicht bleiben konnte.

Seit dieser Zeit wurde seine Eßverweigerung massiver. Die
Adoptivmutter machte sich furchtbare Sorgen, fühlte sich als unfä-
hige, inkompetente Mutter. Sie lief ständig hinter ihm her, bettelte,
er möge doch essen. Ohne Erfolg. Der Adoptivvater kritisierte
seine Frau ständig und meinte, sie müsse lernen, strenger zu sein.
Einmal gab er David eine Ohrfeige, damit er endlich essen soll.
Doch auch das half nicht. Die Oma, Mutter des Vaters, die mit in
dem Zweifamilienhaus lebte, warf ihr vor, sie ließe das Kind ver-
hungern. Der Kinderarzt wies die Adoptivmutter an: David muß
essen.

Davids Verweigerung zu essen hat mehrere Ursachen. Eine liegt in der Vergangenheit des Kindes: Die intensive Nähe, das dichte Beziehungsangebot der Adoptivmutter, hat David beunruhigt. Indem er nicht ißt, will er seine Unabhängigkeit, seine Autonomie beweisen, leistet er Widerstand gegen allzuviel Liebe. Sich ganz auf die Adoptivmutter einzulassen würde bedeuten, sich verletzbar zu machen, vielleicht wieder verlassen zu werden. Zugleich nimmt er Einfluß, bekommt Macht. Er ist derjenige, der das Geschehen steuert. In seiner Verweigerung ist er stark. Mit der negativen Form der Zuwendung wiederholt sich für ihn früh Erfahrenes. Das ist ein Muster, das er kennt.

Durch die Geburt des Babys in der Familie wurde David klar, daß er nicht das leibliche Kind seiner Eltern ist. Die allseitige Freude über das Baby weckten in ihm die Vermutung, er sei weniger wert, weil er nicht von seiner Mama geboren war. Er strafte sich selbst. Er erlaubte sich nicht, sich zu versorgen, zu wachsen und zu genießen.

Doch auch bei Adoptivmutter und Adoptivvater hat die Wirklichkeit, kein leibliches Kind zu haben, viel ausgelöst: Sie fühlten sich als Eltern von Anfang an anderen Eltern unterlegen, minderwertig, unsicher. Sie plagten sich mit Schuldgefühlen, litten auch unter dem Gedanken, David hätte es bei anderen Adoptiveltern vielleicht besser haben können. Ihre nicht genug betrauerte Kinderlosigkeit führte bei der Adoptivmutter zum Gefühl, nicht wirklich ein Kind verdient zu haben. Und David bewies ihr durch sein Eßverhalten: Sie war nicht fähig, ein Kind zu nähren, ein Kind großzuziehen. Von ihrem Mann kam zur geheimen Anklage «Nun hat sie mir schon kein Kind geboren» auch noch die Vorwurfshaltung «Und mit dem adoptierten Kind schafft sie es auch nicht».

David erlebte uneinige Eltern. Adoptivmutter und Adoptivvater arbeiteten gegeneinander. Ihre Entzweiung auf der Paarebene übertrugen sie auf David. Den Liebesentzug durch ihren Mann suchte die Adoptivmutter in der innigen Nähe zum Kind auszugleichen. David spürte die Unsicherheit und Uneinigkeit seiner Eltern und erfüllte bereitwillig ihre seelischen Bedürfnisse. Wo seine Adoptiveltern sich uneins waren, übernahm er die Regie.

Beide Eltern verhielten sich auf ihre Weise dominant: Die Mutter durch Überverwöhnung, Weich- und Nachgiebigsein, durch Anklammern und ihr Bemühen, mit David eins zu sein, der Vater durch Strenge, Härte. Die Dynamik in Familien mit Eßverweigerung gleicht der von Familien mit Suchtproblemen. Dominante Eltern ermöglichen einem Kind nicht genug Unabhängigkeit. Nichtessen hat immer auch mit Macht-Ohnmachts-Problemen zu tun. David fühlte sich von beiden Elternteilen ein Stück beherrscht und erfuhr, wie er die Eltern durch seine Verweigerung selbst beherrschen konnte. Wenn Kinder in einer Familie nicht essen können, so beweisen sie zum einen Teil Unabhängigkeit, zugleich jedoch handelt es sich um ein immenses Abhängigkeitsproblem. David ist abhängig von den Reaktionen der Eltern, und die Eltern sind abhängig von Davids Eßverhalten.

Die hier geschilderte Dynamik gibt es auch in anderen Familien. Doch hier kam die spezifische Adoptionssituation hinzu: das Gefühl der Adoptiveltern, keine vollwertigen Eltern zu sein, und Davids Bestreben, sich vor allzu dichten Bindungen zu schützen.

> Die Mutter suchte Hilfe in einer Beratungsstelle. Der Vater wollte nicht mitgehen. Doch der Berater rief ihn an und machte ihm deutlich, daß ohne seine Hilfe, Davids Eßstörung nicht zu bewältigen sei.

Häufig haben Väter und Mütter verinnerlicht, die Mutter sei allein zuständig für die Probleme des Kindes, denn der Vater sei ja den ganzen Tag abwesend. Doch Kinder – das wissen wir alle von unserem eigenen Aufwachsen – orientieren sich genauso stark am Vater, obwohl er viel fort ist. Es geht um die Interaktion, das Zusammenwirken der beiden Elternteile. Die bekommen Kinder mit, auch wenn der Vater werktags nur stundenweise am Familienleben teilnimmt.

In der Beratung einigten sich beide auf der elterlichen Verhaltensebene auf eine gemeinsame Strategie. Beide mußten lernen, daß Essen kein Thema mehr zwischen ihnen und David sein dürfte. Wenn David sagte, ich esse nichts, so antworteten beide: «Das ist in Ordnung. Es ist deine Sache, ob du ißt oder nicht.» Süßigkeiten wurden aus dem Haus verbannt. Hier mußte der Vater sich gegenüber seiner Mutter, Davids Oma, durchsetzen. In der Küche wurde ein kleines «Buffet» aufgebaut. Dort gab es verschiedene sehr kleine Häppchen. Hier konnte sich David bedienen. Auch wenn David etwas von den Häppchen pickte, so bekam er dafür kein Lob, keine Aufmerksamkeit. Wollten die Eltern selbst essen, so sagten sie zu David: «Wir decken jetzt den Tisch für uns. Du brauchst nicht mitzuessen.»

Es dauerte schwere zehn Tage. Da holte sich David einen Teller aus der Küche und sagte: «Ich will auch.» Immer mal wieder versuchte er, die alten Muster auszuprobieren. Begann ein paar Bissen zu essen und ließ dann den Teller wieder stehen. Die Adoptiveltern lernten, dann möglichst unbeschwert darauf zu reagieren: «Macht nichts.» Oder: «Du kannst selbst entscheiden, wieviel du ißt.» Erst wenn David merkt, daß die Eltern sich von seinem Eßverhalten nicht mehr abhängig machen, kann er fühlen, daß er Hunger hat, wird er genießen können, wenn es ihm schmeckt.

Zwar aß David nach wenigen Wochen, doch sein Verhalten wäre nicht stabil geblieben, wenn die Adoptiveltern nicht Schritt für Schritt die Ursachen bearbeitet hätten: die Adoption, die innere Aussöhnung mit dem vernachlässigenden Verhalten der leiblichen Mutter von David; Informationen, die David bei der Bewältigung braucht, um sich nicht als abgeschobenes, wertloses Kind zu sehen; die nicht genug betrauerte Kinderlosigkeit, ihre daraus resultierenden Inkompetenzgefühle gegenüber David. Hinzu kamen die spezifischen Erfahrungen, die beide Elternteile in ihrer eigenen Kindheit durchlebt haben. Daß der Adoptivvater so streng, die Adoptivmutter so weich gegenüber David war, hat Ursachen in deren eigener Geschichte. Der Adoptivvater hätte als Kind nie gewagt, sich jemals zu verweigern. Er hatte nie so viel Zuwendung und Verwöhnung erfahren, wie seine Frau sie David zukommen ließ, durfte nie egoistisch sein. Die Adoptivmutter hatte als Kind viel Schläge bekommen, mußte früh selbständig sein, wollte es mit ihren Kindern einmal besser machen.

Im Zusammenleben mit Kindern, das geht allen Eltern so, werden Konflikte aktiviert, die aus der eigenen Kindheit, der eigenen Geschichte der Eltern stammen. Dies gehört zu jedem Aufwachsprozeß dazu. Elterliches Verhalten kann nicht in erster Linie über den Verstand gesteuert werden. Alle Eltern greifen auf das emotional Erlebte, auf das in ihrer Kindheit selbst Erfahrene zurück.

Alle Eltern und Kinder leben die ersten Jahre in enger Abhängigkeit voneinander. Kinder fühlen, was der zu ihnen gehörige Erwachsene braucht, sie erspüren die Bedürfnisse der Erwachsenen und erfüllen sie. So übernehmen Kinder unbewußte Rollenaufträge ihrer Eltern. Wenn Eltern ihre eigenen Muster erkennen und durch intensive Wachstumsprozesse ihre unbewußt erteilten Aufträge zurücknehmen können, haben die Kinder die Chance, davon ebenfalls ein Stück befreit zu werden. Wenn dies nicht gelingt, so übernehmen die Kinder ihrerseits die auf sie übertragenen Muster bis in ihr Erwachsenenleben.

Adoptiveltern bringen ein Bündel von zusätzlichem Konfliktpotential mit: die Verletzungen der ungewollten Kinderlosigkeit, deren Bedeutung in ihrer Paarbeziehung, die Überlegungen, was das familiäre Umfeld von der Adoption denkt. Aufgrund der spezifischen Adoptionssituation sind beide Teile – Eltern und Kind – sensibler, verletzbarer.

«Ich wollte, ich wäre aus deinem Bauch»

Die sechsjährige Judith beschließt, ihren Kindergartenfreund Rainer zu heiraten. Sie will Ärztin werden, er Polizist. Sie wollen zwei Kinder. Die Kinder sollen tagsüber bei der Adoptivmutter bleiben, weil Judith arbeiten muß. Als die Kindergärtnerin ihr erklärt, sie müsse schon eine Weile zu Hause bleiben, um die Kinder zu bekommen und das Baby zu versorgen, antwortet Judith: «Glaubst du wirklich, ich lege mich eine Woche ins Krankenhaus, um meine Kinder zu kriegen? Ich hole meine Kinder aus dem Heim!» Judith selbst kam auch aus dem Kinderheim zu ihren Adoptiveltern.

Immer wieder befassen sich adoptierte Kinder mit ihrer ungewöhnlichen Situation, nicht durch Geburt mit «ihren Eltern» verbunden zu sein. Judith versucht, es als Selbstverständlichkeit hinzunehmen. Was für sie normal ist, will sie später wiederholen, sie will selbst auch keine leiblichen Kinder. Sich ganz und gar als Kind seiner Eltern zu fühlen und doch nicht ihr leibliches Kind zu sein ist schwer. Manche Kinder sagen: «Es macht mir nichts aus» – und zeigen damit ebenfalls, daß es sie beschäftigt. Andere sprechen es offen aus: «Ich wollte, ich wäre aus deinem Bauch.» Fast alle adoptierten Kinder wünschen sich, von ihrer sozialen Mutter auch geboren worden zu sein.

Doch nicht nur das Wissen, daß mit ihnen selbst etwas anders ist, wirkt auf die Seele angenommener Kinder, oft fühlen sich auch Adoptiveltern wegen ihrer Unfruchtbarkeit nicht als ganze, vollwertige Menschen. Und so verstärkt sich das eigene Gefühl der Kinder, daß es ein Mangel sei, nicht von der Adoptivmutter geboren zu sein. Bedingt durch das Signal der Adoptiveltern, daß auch sie die ausschließlich soziale Elternschaft bedauern. Eine Adoptivmutter sagte: «Wenn ich den Martin doch in meinen Bauch reinziehen könnte und wieder rauspressen! Es fehlt mir so sehr, daß er nicht in mir gewachsen ist.»

Kinder fragen sich, ob sie es schaffen, den Eltern das nicht geborene leibliche Kind zu ersetzen. Wenn Adoptiveltern noch das leibliche Wunschkind in sich tragen, dann ist es kein Zufall, daß ihr Kind solch bange Fragen in sich trägt. Denn die Kinderseele empfängt Botschaften ohne Worte.

Helene im Buch «Adoption» von Betty-Jean Lifton (1982, 50) sagt: «Manchmal hatte ich sogar die Phantasie, daß ich gar nicht wirklich adoptiert war und sie mir das nur erzählten, weil sie sich meiner schämten.» Angenommene Kinder sind gegenüber ihren Adoptiveltern mehr oder weniger bewußt im Zweifel, ob sie von diesen wirklich so gewollt sind, wie sie sind. Hätten die Eltern es noch mehr lieb, wenn es leibliches Kind wäre? Solche Erwägungen lösen Minderwertigkeitsgefühle aus. Viele Adoptiveltern erklären den kleinen Kindern: «Du bist unser Wunschkind. Dich haben wir uns ausgesucht.» Doch das Kind wird für sich denken: «Und die anderen Eltern, die wünschten mich nicht.» Denn diesem Aussuchen ist ja das Weggeben vorhergegangen. Auch fühlen sich viele Kinder verpflichtet als «auserwähltes» Kind besonders dankbar und besonders angepaßt zu sein.

Helfen können Adoptiveltern ihrem Kind, wenn sie den Prozeß der eigenen Kinderlosigkeit ansprechen: «Zuerst waren wir sehr traurig, daß wir kein leibliches Kind bekommen konnten. Aber als du bei uns warst, wollten wir gar kein leibliches Kind mehr. Du bist uns lieber.»

Alltagskonflikte mit adoptierten Kindern

Die sechsjährige Miriam aus Thailand sagte zu ihrer Adoptivmutter: «Wenn du mir jetzt kein Eis kaufst, dann gehe ich in mein Land zurück.»

Nicht das «richtige Kind» zu sein, wird von Kindern im Erziehungsalltag immer wieder eingesetzt. Sobald sie von ihren Eltern Grenzen erfahren, fühlen sie sich – wie andere Kinder auch – zurückgesetzt. Doch bei ihnen werden durch ein normales Nein heftigere Zweifel ausgelöst. «Tun sie das nur, weil ich nicht ihr richtiges Kind bin?» fragen sich adoptierte Kinder schnell. Sie fühlen sich leichter als andere Kinder gekränkt, verunsichert, stellen ihre Eltern-Kind-Beziehung schneller in Frage. Die Belastbarkeit der Adoptiveltern wird von Kindern ganz massiv auf die Probe gestellt, wenn sie im Streit sagen: «Ich bin nicht euer Kind. Mich habt ihr ja nur, weil ihr keine eigenen kriegen konntet.»

Adoptivkinder sagen dies, weil sie Bestätigung wollen, daß ihre Eltern sie nicht fallenlassen. Wenn Adoptiveltern mit gleicher Münze zurückzahlen und sagen: «Dann geh doch» oder «Ich helfe dir beim Koffer packen», dann kann dies zu einem tiefen Riß in der Eltern-Kind-Beziehung führen. Das Kind fühlt sich in seiner Befürchtung bestärkt, den Adoptiveltern nicht wichtig zu sein, nicht wertvoll zu sein, und weiß zugleich, daß seine unbekannten Eltern keine echte Alternative sind. Es fühlt sich von seinen Adoptiveltern überführt, gedemütigt, alleingelassen. Gerade im Streit und in Krisen brauchen adoptierte Kinder Klarheit von ihren Adoptiveltern über ihre Zugehörigkeit. Adoptierte wurden schon einmal fortgegeben. Viele von ihnen müssen unbewußt herausfinden, ob auch die Adoptiveltern sie wieder fortschicken.

Adoptiveltern benötigen hier viel Kraft, nicht gekränkt und verbittert zu reagieren. Das Kind drückt in solchen Momenten – wenn auch in durchaus verletzender Weise – nichts anderes aus, als daß es sich seiner Ausnahmesituation schmerzlich bewußt ist. Es benötigt jetzt besonders viel Halt. Für Adoptiveltern ist es nicht einfach, in solchen schweren Momenten die Ruhe zu bewahren und zu antworten: «Es ist richtig, daß wir nicht deine leiblichen Eltern sind, wir verstehen auch, daß dir das sehr weh tut, aber deine ‹richtigen› Eltern sind wir und bleiben wir. Und wir halten zu dir, auch wenn wir jetzt gerade Streit haben.»

Geschwister in Adoptivfamilien

«Für meine Mutter war mein Bruder alles. Alles drehte sich um ihn. Wir Mädchen verhielten uns unauffällig, waren ehrgeizig, brachten Erfolge. Doch das zählte alles nichts. Der Bub, der Bub, hieß es immer nur» (Daniela, 25 Jahre).

Ob wir mit Geschwistern aufgewachsen sind oder als Einzelkind, welche Position wir in der Geschwisterreihe haben, die Geschlechterrolle, welche psychische Aufgabenteilungen es zwischen uns und unseren Schwestern und Brüdern gab, das alles prägt uns für ein ganzes Leben.

Die Geschwister sind Teil der Welt, gehören zum Leben. Der Verlust durch Trennung oder Tod eines Geschwisters trifft Menschen existentiell. Die Situation unter den Geschwistern beeinflußt, wie Menschen sich mit anderen Menschen auseinandersetzen, beeinflußt soziales Verhalten auf vielen Ebenen. Es gibt viele Studien über die Auswirkungen der Geschwisterkonstellation. Allen gemeinsam ist die Erkenntnis: Erste Kinder, die zunächst die ungeteilte elterliche Liebe erfahren haben, bekommen Probleme durch das hinzugekommene Geschwisterkind. Erste Kinder sind stärker an Erwachsenen orientiert, Spielkameradinnen und Spielkameraden sind schwerer einzuschätzen. Nachfolgende Kinder haben eine vielfältigere Sozialisation. Sie kennen es nicht anders, als im sozialen Verband mit Kindern und Erwachsenen zu leben. Sie treffen die Situation gar nicht anders an. Sie wachsen mit zwei Normen auf, denen der Erwachsenen und denen der Kinderwelt. Älteste Kinder haben oft die schwerste Position. Sie müssen verzichten und teilen lernen. Die Eltern sammeln mit ihnen erste Erfahrungen, sind noch unsicher. Von ihren Ältesten erwarten sie besonders viel Mitverantwortung und Vernunft.

Wenige Wochen nachdem Max als Baby adoptiert worden war, wurde die Adoptivmutter schwanger und bekam Jenny. Beide Kinder vertrugen sich nicht. Schon von klein an schubste Max die wenig jüngere Schwester im Garten umher. Als die Kinder älter waren, bissen und schlugen sie sich. Max zerschnitt der Schwester heimlich das Bettuch und ihr Nachthemd. Selbst wenn sie eine Phase harmonisch zusammen spielten, eskalierte es immer wieder. Kaum ein Spielzeug blieb heil.

Auch bei leiblichen Geschwisterkindern kommt es immer wieder zu solchen Rivalitäten. Sie übernehmen in der Familie unbewußt verschiedene Aufträge und Rollen. Deshalb entwickeln sie sich oft unterschiedlich. Fast in allen Familien fühlen sich Kinder gegenüber Geschwistern benachteiligt, zurückgesetzt. Zwar prägt die Geschwistersituation Menschen existentiell, doch selten ist die Geschwistersituation alleinige Ursache von Konflikten. Es kommt immer darauf an, wie die erwachsenen Bezugspersonen die Konflikte einordnen und wie sie auf diese Konflikte reagieren. Kulturelle Werthaltungen, Geschlechterrollen und die Paarsituation der Eltern beeinflußt ganz entscheidend die Geschwistersituation. Viele Geschwister streiten stellvertretend für die Eltern, oder sie reproduzieren den Streit der Eltern.

Bei Max und Jenny bekommen die Streitigkeiten einen anderen Stellenwert. Gibt es in der Familie ein adoptiertes und ein leibliches Kind, so fühlen sich die angenommenen Kinder oft als Kind zweiter Klasse, als Außenseiter. Die restliche Familie wird als Einheit erlebt. Rivalitäten vom angenommenen zum leiblichen Kind sind in der Konstellation vorprogrammiert. Deshalb gibt es viele Adoptionsvermittlerinnen und Adoptionsvermittler, die keine Kinder zur Adoption in eine Familie mit leiblichen Kindern geben. Leben in einer Familie noch andere Adoptiv- oder Pflegekinder, können sich die Kinder gegenseitig in ihrer ungewöhnlichen Situation identifizieren und bestärken. Dann gibt es nicht die Rangordnung leibliches Kind, angenommenes Kind. Doch es kommt immer wieder vor, daß Adoptiveltern – wie bei Max und Jenny – nach der Annahme eines Kindes noch ein leibliches Kind bekommen. Für das adoptierte Kind ist dies nicht einfach. Es wird trotz aller Anstrengungen in einer ungleichen Situation bleiben. Dabei blieb Max für die Adoptiveltern nach wie vor das erste, das heiß ersehnte Kind. Sie gaben ihm alle Wertschätzung.

Scheitern wird der Versuch der Eltern, die Kinder gleich zu behandeln. Was schon in der leiblichen Geschwisterreihe nicht möglich ist, geht erst recht nicht bei leiblichen und adoptierten Kindern. Der Status Adoptivkind – leibliches Kind läßt sich durch noch soviel Gerechtigkeit nicht ausgleichen. Diese Realität zudecken zu wollen beunruhigt und verunsichert die Kinder. Alle Eltern haben verschiedene Gefühle ihren Kindern gegenüber. Auch bei adoptierten und leiblichen Kindern sind unterschiedliche Gefühle den verschiedenen Kindern gegenüber angemessen. Das Zulassen von Verschiedenheit fördert die Individualität und ist die Basis für ein zufriedenes Zusammenleben.

Adoptiveltern sind oft verzweifelt und wollen dem Kind beweisen, daß sie es genauso liebhaben wie das leibliche Kind. Doch damit haben sie wenig Erfolg. Adoptiveltern helfen dem Kind eher, wenn es ihnen gelingt, das Gefühl des Kindes, anders zu sein, ernst zu nehmen und dem Kind zuzugestehen. «Ja, du bist in einer anderen Situation als Jenny. Das können wir nicht ändern. Wir können dir nur helfen, dich begleiten, mit deiner ungleich schwereren Situation leben zu lernen. Und wir verstehen auch, daß du oft wütend bist auf Jenny.»

Adoptivkinder mit einem leiblichen Geschwisterkind brauchen Ermutigung, Lob und Wertschätzung für Selbstverständliches. Sie müssen immer wieder neu erfahren, daß sie trotz ihres anderen Status und trotz ihrer anderen Herkunft einzigartige und wertvolle Menschen sind. Das fällt Adoptiveltern nicht immer leicht. Denn sie gehen davon aus, daß das Kind längst gemerkt haben müßte, daß sie es achten und lieben. Doch ein angenommenes Kind, das neben sich ein «richtiges Kind» in der Familie hat, braucht Tag für Tag extra Zuwendung und Bestätigung.

Großeltern und Verwandte

«Die Kinder sind ja ganz lieb, aber sie sind nicht unser Fleisch und Blut» oder «Ihr tut ein gutes Werk, aber die Kinder danken es nicht», sagt der Opa, oder: «Was ärgert ihr euch mit Kindern anderer Leute.» «Die kommen doch auf ihre Mutter heraus!» – «Aber es sind doch unsere Kinder», antwortet die Adoptivmutter. Doch sie erntet kein Verständnis. Auf Familienfesten hatte die vierzehnjährige Natalie das Gefühl: «Ich gehöre dazu und auch wieder nicht. Manche behandeln mich schon immer wie eine Exotin. Ich geh da nicht mehr gern hin.»

Oft freuen sich Großeltern über das adoptierte Kind genauso wie die Adoptiveltern. Sie haben sich mit dem Adoptionsprozeß befaßt und geben dem neuen Familienmitglied alle Liebe ohne Unterschied. Doch nicht alle Großeltern freuen sich über eine Adoption. Ähnlich wie Adoptionswillige als kinderloses Paar viele Stufen der Verarbeitung und der Trauer durchleben, müssen auch Großeltern den Abschied vom nicht existierenden leiblichen Enkel nehmen. Sie haben ein Enkelkind, das nichts von ihnen geerbt hat. Sie können sich in diesem Kind nicht wiederfinden. Viele Großeltern teilen die Freude über das angenommene Kind, doch es bleibt für sie ein bitterer Tropfen dabei. Gibt es leibliche Enkel in der Familie, so stehen Großeltern diesen oft näher. Dies schmerzt die Adoptiveltern.

Eine Adoptivmutter berichtet: «Meine Mutter hat Frank immer nur links liegen lassen. Und dann die Vergleiche: Maria kann schon reiten, und Frank? Maria kann schon lesen, und Frank? Maria kann schon Flöte spielen, und Frank? Immer schneidet Frank schlechter ab als Maria, dabei ist Frank ein Jahr älter. Ich glaube, sie wird ihn nie als vollwertiges Enkelkind anerkennen. Es macht mich total fertig, wie meine Mutter damit umgeht.»

Manche Großeltern können den ungewöhnlichen Weg, ein fremdes Kind als eigenes anzunehmen und zu lieben, nicht mitvollziehen, oder sie kritisieren die Adoptiveltern. Was schon an eigenen Ängsten und Unsicherheiten in den Köpfen der Adoptiveltern immer wieder auflebt – Minderwertigkeitsgefühle, das Gefühl, keine Berechtigung zu haben, Eltern zu sein –, das herrscht viel stärker noch in den Köpfen von Großeltern und Verwandtschaft. «Warum willst du Kinder erziehen, wenn du nie ein Kind geboren hast?» ist eine häufige Bemerkung, die Adoptivmütter zu hören bekommen. Die allernächste Familie geht oft schonungslos mit den wunden Punkten der Adoptivfamilie um und nimmt die «nicht richtigen» Eltern besonders ins Visier. Die Angehörigen mischen sich ein, wollen es besser wissen. Handelt es sich um früh seelisch verletzte Kinder, die sich besonders schwierig verhalten, so bekommen Adoptiveltern oft wenig Unterstützung. Es wird nicht immer ausgesprochen, doch Adoptiveltern bekommen es zu spüren: «Das habt ihr nun davon, daß ihr ein Kind fremder Leute aufzieht.» Oder: «Ihr seid schuld daran, daß das Kind so schwierig ist. Wäre das unser Kind, wir würden es bestimmt besser machen.»

Adoptiveltern brauchen viel Kraft, um sich von ihrem familiären Umfeld abzugrenzen, wenn dieses nicht solidarisch zu ihnen und dem adoptierten Kind hält. Oft fühlen sich Adoptiveltern in Selbsthilfegruppen besser verstanden als von der eigenen Familie. Manchmal müssen Adoptiveltern sich schmerzlich von ihren eigenen Eltern ablösen. Doch auch das spüren adoptierte Kinder. Sie tragen in sich feine Empfänger, die jede Entwertung registrieren. Deshalb sollten Prozesse der Auseinandersetzung mit dem familiären Umfeld schon geführt werden, bevor ein Kind in die Familie kommt. Die einen werden gewonnen, von den anderen gilt, sich zu distanzieren. Oft ändert sich noch einmal alles, wenn das Kind dann da ist. Es gehört für Adoptiveltern zum Alltag, daß sie an den Herausforderungen ihrer Familie wachsen, ihre eigenen Inkompetenzgefühle überwinden und der übrigen Familie gegenüber selbstbewußt ihren Standort bestimmen. Wenn sie das können, geht es ihnen gut und sie sind dazu noch ein gutes Modell für ihr Kind.

Kindergarten, Schule und Nachbarschaft

Die Adoptiveltern des elfjährigen Lars kamen zum ersten Eltern-
abend in die neue Schule. Der Klassenlehrer begrüßte die Eltern
und sagte: «Lassen Sie mich raten, welches Kind von welchen Eltern ist!» Bei allen Eltern traf er die richtigen Zuordnungen, außer
bei den Adoptiveltern von Lars. «Sie haben ja gar keine Ähnlichkeit
mit Lars», sagte der Lehrer. «Das hat uns erneut einen Stich ver-
setzt. Über die Adoption haben wir nichts gesagt», berichtete die
Adoptivmutter.

Der erste Schritt, die Realität der Adoption positiv unter Bekannten
und Verwandten zu vertreten, ist – wie bei anderen Kindern die Anzeige der Geburt – die Bekanntmachung der Aufnahme des Kindes in
die Familie.

Später wird es immer wieder Situationen geben, wo die Adoptiveltern spontan entscheiden müssen: Wen sollen sie in ihre außergewöhnliche Situation einweihen und wen nicht? Oder soll es jeder wissen? Wie sollen sie reagieren, wenn fremde Mütter auf dem Spielplatz
sagen «Ihr Kleines sieht Ihnen aber ähnlich»? Sollen sie antworten:
«Es ist adoptiert.» Oder: «Ja, ich weiß, wir sehen uns ähnlich» und
von der Adoption nichts sagen? Einerseits gilt: Je selbstverständlicher Adoptiveltern in Anwesenheit des Kindes gegenüber anderen
Menschen mit der Tatsache der Adoption umgehen, desto besser
kann sich das Selbstwertgefühl des Kindes entwickeln. Andererseits:
Ist ein Eltern-Kind-Verhältnis durch Adoption nicht auch ein Stück
weit eine intime, eine ganz persönliche Situation, die nicht jeden
etwas angeht? Diese Fragen sind nicht leicht zu entscheiden. Nur
Adoptiveltern von Kindern, denen man ihre andere ethnische Herkunft ansieht, bleibt keine Wahl.

Die fünfjährige Maike erzählte im Kindergarten: «Ich habe zwei
Mamas.» – «Die lügt ja», sagten die anderen Kinder. Die Erzieherin
wußte, daß Maike adoptiert ist und sagte zu den Kindern: «Maike
lügt nicht. Sie hat eine Mama, die sie geboren hat, bei der konnte sie
nicht bleiben. Und dann bekam sie die Mama, die ihr kennt.»

Hätte die Erzieherin nicht Bescheid gewußt, so hätte sie Maike nicht unterstützen können. Schnell hätte Maike daraus den Schluß ziehen können, mit ihr stimme etwas nicht.

Ein anderes Mal sagte ein Kind zu Maike: «Du hast ja keine Mutter!» Da antwortete Maike: «Du kamst ganz nackt auf die Welt, und deine Mutter mußte dich nehmen wie du bist. Meine hat mich ausgesucht!»

Im Aufklärungsunterricht erntete der achtjährige Guntram Gelächter, als er sagte: «Ich bin nicht aus dem Bauch meiner Mutter.» – «Dann ist sie gar nicht deine richtige Mutter», antworteten die Kinder.

Mareike kam mit neun aufgeregt aus der Schule. Sie sollten heute ihren Familienstammbaum zeichnen. «Also richtig wäre doch gewesen, wenn ich die Eltern von Susanne und Kurt aufgemalt hätte. Aber über die weiß ich nichts. Und dann wollte ich euch und Oma und Opa malen. Aber von euch stamme ich doch nicht ab. Da habe ich einfach nicht mitgemacht.» Mareikes Mutter hatte bisher der Lehrerin nicht gesagt, daß Mareike ein Adoptivkind ist. Sie wollte nicht, daß sie Ausnahme ist. Sie wußte von einem Adoptivjungen im Bekanntenkreis, sobald er etwas in der Schule anstellte, sagte der Rektor: «Da wissen wir ja, wo es herkommt, der ist adoptiert.» Die Adoptivmutter von Mareike riet ihr, einen doppelten Stammbaum zu malen. Sie holte die Adoptionsunterlagen und half Mareike, die Daten ihrer leiblichen Eltern aufzuschreiben. Sie rief die Lehrerin an und erklärte ihr die Situation.

Wenn Lehrerinnen und Lehrer über die Adoption wissen, so können sie schwierige soziale Situationen auffangen. Oder sie können das Thema Adoption in ihren Unterricht einbauen.

Sie können den Kindern erklären, daß es viele Familienformen gibt, in denen Kinder nicht mit beiden leiblichen Eltern zusammenleben. Auch andere Kinder kennen nicht beide leiblichen Eltern. Kinder aus Einelternfamilien und Stieffamilien können über ihre Situation berichten. Die Lehrerin kann den Kindern beibringen: Egal, ob Menschen allein und ohne Kinder, in nichtehelicher Lebensgemeinschaft, in gleichgeschlechtlicher Lebensgemeinschaft, in Wohngemeinschaften, in Stieffamilien, in Einelternfamilien, in Adoptiv- oder

Pflegefamilien oder eben in Familien mit biologischer Elternschaft leben, keine von Menschen selbst gewählte Lebensform sollte als besser oder schlechter, gut oder böse, richtig oder falsch bewertet werden. Und sie kann den Kindern deutlich machen: Soziale Bindungen sind das entscheidende im Leben. Auch biologische Eltern müssen mit ihren Kindern sozial zusammenwachsen, erst dann ist es eine Eltern-Kind-Beziehung. Nach einem solchen Unterricht ist das adoptierte Kind nicht mehr allein mit seiner Ausnahmesituation.

Doch leider gibt es keine Garantie, daß alle Lehrerinnen und Lehrer so verständnisvoll mit der Situation umgehen. Nicht immer wird die Umwelt positiv auf die Information reagieren. Es gibt Adoptiveltern, die immer wieder neu abwägen, wen sie in die Adoption einweihen und wen nicht. Andere haben sich entschieden, in jeder sozialen Situation offensiv mit der Realität der Adoption umzugehen. Jedes Adoptivelternpaar wird hier ein Stück anders handeln, wird eine andere Dosierung wählen. Wichtig ist, daß sie gegenüber dem Kind eindeutig Farbe bekennen und dem Kind zeigen, daß sie Wege wissen, wie sie die jeweilige Situation meistern wollen. Die Basis für ein selbstbewußtes Verhalten nach außen ist, daß Adoptiveltern an ihrer seelischen Situation arbeiten und ihre innere Beziehung zum adoptierten Kind geklärt haben.

Konflikte im Jugendalter

Renate, fünfzehn Jahre alt, hat seit einem Jahr aufgehört, mit ihren Adoptiveltern zu sprechen. Sie zieht sich zurück, ist abweisend, behauptet aber, das sei gar nicht so. Sie sagt ihren Adoptiveltern nicht, was sie verletzt hat. Statt Auseinandersetzung: Schweigen, Kontaktabbruch. Die Adoptivmutter bohrt immer wieder: «Was hast du? Was haben wir falsch gemacht?» – «Es ist nichts», antwortet Renate. Die Adoptivmutter klagte: «Renate, du hast dich zu deinem Nachteil verändert!» Ohne Erfolg. Renate entzog sich dem Alltag, nahm nicht am gemeinsamen Essen teil und verschwand am Nachmittag zu Freundinnen.

Früher hatten die Adoptiveltern ein problemloses, inniges Verhältnis zu Renate. Über ihre Adoption sagte sie immer: «Das macht mir doch nichts aus. Ihr seid meine richtigen Eltern.» Renate war leicht zu begeistern, war gut und beliebt in der Schule. Sie hatte schon immer viele Freundinnen. Es gab selten Streit mit den Adoptiveltern. Renate setzte ihnen nichts entgegen, war immer sehr lieb.

Seit sie schwierig geworden ist und ihren Eltern Sorgen und angst macht, wird sie zugleich von Schuldgefühlen gepeinigt.

Hier leiden beide: Jugendliche und Adoptiveltern. Die soziale Bande ist angespannt, droht zu zerreißen. Da die soziale Beziehung alles ist, was sie haben, kommen Adoptiveltern und -kinder oft mehr ins Zweifeln, als andere Familien. Provozierendes Verhalten der Jugendlichen wird auch in anderen Familien als «fremd» erlebt. Doch in Adoptivfamilien kommt sehr schnell das Gefühl, daß dieses Verhalten von den leiblichen Eltern herrührt, oder: «Sie will nicht mehr unser Kind sein.»

Die Kritik der Adoptivmutter, «Du hast dich zu deinem Nachteil verändert», hat Renate sehr gekränkt. Sie hatte aus diesem Satz herausgehört: Du gefällst uns nicht mehr wie du bist, und du kommst auf deine Herkunftseltern heraus. Renate war besonders eng auf ihre Adoptiveltern angewiesen. Die Mutter war sich nicht im klaren, wie empfindlich sie Renate mit ihren Worten traf. Renate dachte: «Zum ersten Mal merke ich nun doch, daß ich nicht ihr richtiges Kind bin.

Zu ihrem eigenen Kind hätte sie so etwas Schlimmes nicht gesagt.» So zog sie sich immer stärker zurück. Und je intensiver die Mutter bohrte, fragte, desto weniger fühlte sie sich von ihr akzeptiert, so wie sie ist.

Alle Jugendlichen hinterfragen das Leben ihrer Eltern kritisch, lehnen vieles an deren Leben ab, brauchen Kontraste, wollen anders und ihrem Gefühl nach besser sein. Sie neigen zu extremen Verhaltensweisen und regen damit ihre Eltern auf. Gleichzeitig sind die Jugendlichen nach wie vor abhängig von der Meinung ihrer Eltern, auch wenn sie dies manchmal nicht zeigen. Sie sind getrieben von der Frage: «Respektieren mich meine Eltern mit meinen Fehlern, so wie ich wirklich bin?» Junge Menschen wollen von ihren Eltern Orientierung, einen Rahmen, wollen vielleicht «auf den Boden der Wirklichkeit» geholt werden. Doch immer wieder passiert es Adoptiveltern, daß ihre eigenen alten Verletzungen, nicht die leiblichen Eltern des Jugendlichen zu sein, hervorbrechen und sie auch ihre Adoptivkinder verletzen. Sie entfernen sich von ihnen und verharren in Bitterkeit. Wenn Adoptiveltern nicht in den Jahren vor der Pubertät die Fragen für sich und das Kind geklärt haben, von wem das Kind seine Persönlichkeit hat und bei wem die seelisch-soziale Zugehörigkeit liegt, dann kommen sie im Jugendalter ihrer Kinder ins Schleudern.

In den Jahren der Ablösung ist es für beide Teile schwer, auseinanderzuhalten, was sind normale entwicklungsbedingte Turbulenzen und was haben die abgebenden Eltern dem Kind «vermacht»? Wenn Adoptierte sich über ihre Eltern ärgern, von ihnen zurückziehen, sich von ihnen genervt fühlen, dann bekommt der Gedanke an die «anderen Eltern» ein neues Gewicht. Und Jugendliche befassen sich ganz anders mit ihrer Adoption als Kinder. Im Jugendalter stellen sich die Fragen: Wer bin ich? Wem gleiche ich? Wie werde ich zu einer eigenen Persönlichkeit? Wie unterscheide ich mich? Es gehört zur Doppelsituation adoptierter Jugendlicher, daß sie sich doppelt auseinandersetzen, doppelt ablösen: Von ihren Adoptiveltern und ihren Herkunftseltern.

Immer wieder gibt es Pflege- und Adoptivfamilien, die sich innerlich oder offen von angenommenen Kindern lösen, weil sie den Prozeß, daß die Jugendlichen ihre eigene Persönlichkeit entwickeln, nicht richtig einordnen können. Das Eigene, das Kinder während des Ablösungsprozesses entwickeln, schieben sie ausschließlich auf die Herkunftsanteile des Kindes. Nur wenn Adoptiveltern sich mit der

Persönlichkeit und den Lebensumständen der Herkunftseltern befaßt und versöhnt haben, werden sie die «Fremdanteile» ihrer Kinder tolerieren können, werden sie dem Ablösungsprozeß ihres Kindes gewachsen sein.

Jugendliche brauchen Eltern, die sich von ihren neuen Wegen nicht erschrecken, nicht umhauen lassen, Eltern, die ertragen können, daß die Wege sich nach vielen Jahren des Zusammenlebens auch ein Stück scheiden. Ablösung zuzulassen heißt ertragen, daß die Kinder anders leben, als die Eltern dies wollen. Eine Mutter von heranwachsenden Adoptivtöchtern sagte: «Ich würde sie ja loslassen, wenn ich mich auf sie verlassen könnte.» Doch wirkliches Loslassen bedeutet gerade, keine Garantie zu haben. Loslassen bedeutet, dem jungen Menschen Verantwortung für sich selbst zu übertragen ohne Sicherheitsnetz. Darin ist auch das Risiko enthalten, ein Kind vielleicht für immer zu verlieren. Dies müssen Eltern von drogenabhängigen Jugendlichen schmerzlich erfahren. Drogenabhängige Jugendliche haben erst eine Chance, wenn Eltern ihr Abhängigkeitsverhältnis zu ihnen lockern.

Es tut sehr weh, wenn die Wege sich langsam trennen. Renate ist dabei, sich aus einer sehr engen Verquickung mit ihrer Adoptivmutter zu befreien. Die Adoptiveltern können sicher sein, Renate will sie nicht ganz verlieren. Renates Adoptiveltern haben nach langem Auf und Ab gelernt, gut auf Renates Abgrenzung zu reagieren: Sie sagten: «Es ist zwar schmerzlich für uns, wenn du mit uns nicht sprechen willst. Doch deine Entscheidung ist okay. Du brauchst das jetzt so. Ich will nicht mehr in dich dringen. Bestimmt kannst du später einmal darüber reden, was los war.»

Renates Adoptiveltern sind dabei, ihre Verletzungen zu überwinden. Dazu gehört auch, sich langsam wieder auf einen Alltag ohne Kind einzustellen. Renates Adoptiveltern vertrauen inzwischen darauf, daß es ein gutes Zeichen ist, wenn Kinder sich von ihren Eltern lösen. Schließlich gibt es viele adoptierte Heranwachsende, die aus inniger Loyalität und Dankbarkeit zu ihren Adoptiveltern in einem engen Abhängigkeitsverhältnis verharren. Ihnen fällt schwer, ihr Leben selbständig in Angriff zu nehmen.

9. Identitätsfindung von Adoptierten

Mit wem stimmen wir überein?
Wem gleichen wir?

Die Kinder einer Selbsthilfegruppe von Adoptiveltern übten mit ihrem Kinderbetreuer eine Zirkusdarstellung ein, die sie am Abend den Eltern vorführen wollten. Die Kinder ersannen für ihre Darbietung den Namen «Zirkus ADOPTIV».

> «Ich esse genauso gerne Spaghetti wie der Opa», betonte der achtjährige Marcel. «Und ich kann so gut Fahrräder reparieren wie der Papa.»

Oft beobachten wir, daß Kinder Körperhaltung, Tonfall, Sprachstil, Bewegung und sogar den Gesichtsausdruck eines Adoptivelternteils übernehmen. Adoptierte Kinder wollen ihren sozialen Angehörigen gleichen. Auch bei Ehepaaren, die viele Jahre zusammengelebt haben, stellt die Umwelt häufig fest: Sie sehen sich ähnlich. Sie haben sich einander angeglichen. Hier haben Menschen über soziale Prägung ein Stück ihrer Identität gewonnen. Dies zeigt, wie stark Menschen durch das soziale Umfeld und nicht durch Vererbung zu den Persönlichkeiten werden, die sie sind.

Ganz locker sagen manchmal Adoptiveltern, wenn ihr Kind besonders schön singt oder besonders gut im Schwimmen ist: «Das hat es von seinen Eltern.» Auch über schwierige Verhaltensweisen z. B. mangelnde Konzentration in der Schule oder aggressive Verhaltensweisen besteht oft in der Adoptivfamilie Konsens: «Das bringt das Kind von seinen früheren Eltern mit. Das hat es nicht von uns.»

In Lexika finden wir folgende Beschreibungen für Identität:
- «Völlige Übereinstimmung, Wesensgleichheit» (DBG Fremdwörterlexikon 1965),
- «Die völlige Übereinstimmung einer Person oder Sache mit dem, was sie ist oder als was sie bezeichnet wird» (Brockhaus Enzyklopädie 1989).

Unter dem Begriff Identifikation finden wir:
- «Die weitreichende Übereinstimmung des Verhaltens oder Denkens einer Person mit einem Vorbild (z. B. mit einem Idol oder den Eltern; primäre Identität)» (Brockhaus Enzyklopädie 1989),
- «(Lat. Gleichsetzung), Psychol.: Das meist unbewußte sich Hineinversetzen in eine andere Person infolge starker Gefühlsbindung...-Allg.: Feststellung der Wesenseinheit» (Knaur 1979),
- «Feststellung der Personalien, Gleichsetzung seelischer Bindung an einen anderen Menschen, Nachahmung persönlicher Vorbilder, Wiedererkennen» (DBG Fremdwörterlexikon 1965).

In der Psychologie bedeutet Identifikation die Verinnerlichung bestimmter Motive oder Eigenschaften oder Wünsche einer nahestehenden Person oder eines Vorbildes in das eigene Ich. Identität im Zusammenhang mit Adoption meint in erster Linie den Doppelaspekt: Das Auseinanderfallen sozialer und biologischer Übereinstimmung. Adoptierte müssen immer wieder ihre seelische Balance herstellen zwischen realen sozialen Zugehörigkeiten und dem Nichtkennen wesentlicher Bausteine ihrer selbst. Adoptierte Kinder identifizieren sich einerseits wie alle Kinder mit «ihren Eltern», mit denen sie leben. Sie wollen diesen gleichen, übernehmen ihre Normen und Einstellungen oder reiben sich später an diesen. Die meisten Adoptierten haben es schwerer, sich selbst zu finden, weil sie die Menschen, von denen sie abstammen, denen sie gleichen, von denen sie ein Teil sind, nicht kennen.

«Das häßliche junge Entlein» von Hans Christian Andersen ist das klassische Märchen über die Identitätsfindung Adoptierter. Ich empfehle allen, die mit Adoption zu tun haben, dieses Märchen noch einmal bewußt durchzulesen. An vielen Stellen wird auf originelle und einfühlsame Weise dargelegt, was Identität ausmacht, wie Identität sich entwickelt, finden wir Parellelen zur Identitätsfindung Adoptierter. Hier wenige Beispiele aus diesem an Symbolen reichhaltigen

Märchen: «‹Es sind die hübschesten jungen Enten, die ich je gesehen habe. Sie sind sämtlich ihrem Vater wie aus dem Gesicht geschnitten!› sagt die Entenmutter von ihren jungen Enten. Als das häßliche Entlein aus dem Ei schlüpft, stellt die Mutter fest: ‹Das ist ja ein entsetzlich großes Entlein. Keines von den anderen sieht so aus!›» (S. 291). Hier wird der erste zentrale Aspekt der Identität berührt: Die Übereinstimmung mit einem Elternteil im Aussehen, die Ähnlichkeit unter Geschwistern.

Von dem zu großen Ei mutmaßt eine alte Ente: «Verlaß dich drauf, es ist ein Putenei! So bin ich auch einmal angeführt worden und ich hatte meine liebe Not mit dem Jungen, denn sie fürchten sich vor dem Wasser, kann ich dir sagen» (S. 290). Hier wird der zweite Teil der Identität thematisiert: die Suche nach Übereinstimmung in zentralen Fähigkeiten, Begabungen. Bei den Enten ist dies das Schwimmenkönnen. Hier will die Entenmutter prüfen, ob das Entlein, das mit den anderen so wenig übereinstimmt, nicht doch ihr Kind ist. Als die Entenmutter erlebt, daß auch das häßliche graue Entlein schwimmen kann, legen sich ihre Zweifel: «Sieh nur einer, wie hübsch es die Beine gebraucht, wie gerade es sich hält! Es ist mein eigenes Kind...» (S. 291).

Einmal weist die Entenmutter die jungen Enten auf eine «besondere» Ente mit einem Lappen am Bein hin und erklärt: «Das ist etwas unvergleichlich Schönes und die höchste Auszeichnung, die je eine Ente erhalten kann. Es soll andeuten, daß man sie nicht verlieren will und daß sie Tieren und Menschen kenntlich sein soll» (S. 292). Hier werden jene spezifischen Merkmale hervorgehoben, durch die ein Lebewesen unverwechselbar wird, wiedererkannt werden kann. Das Inkognito im Adoptionsprozeß bedeutet, nicht erkannt zu werden.

Das häßliche Entlein verläßt den Entenhof, weil es von allen gebissen und gehackt wird. Nach einigen Abenteuern, bei denen es immer wieder mit seiner «Häßlichkeit» konfrontiert wird, kommt es zur alten Frau mit ihrer Katze und einem Huhn. Hier wird die Geschlechtsrollen-Identität zum Thema. Die alte Frau sagt: «Nun kann ich Enteneier bekommen. Wenn es nur kein Entrich ist! Das müssen wir erproben» (S. 295). Danach werden die spezifischen Fähigkeiten, Begabungen und Leistungen, das, was Lebewesen können oder nicht können, was sie einmalig macht oder voneinander unterscheidet, im Märchen bearbeitet. Das Entlein kann keine Eier legen wie das Huhn und es kann keinen Buckel machen wie die Katze. «Und das Entlein saß im Winkel und war schlechter Laune. Da dachte es unwillkürlich an die frische Luft und den Sonnenschein und bekam eine so eigentümliche Lust, auf dem Wasser zu schwimmen...» (S. 296). Hier entdeckt das Entlein sein eigenes Selbst, ein wesentliches Stück seiner Identität. Es kehrt zum Wasser zurück. Dort nähert es sich der Entdeckung seiner eigentlichen Identität. Es sieht zum ersten Mal Schwäne, die wegfliegen. Es spürt, daß es mit diesen Schwänen etwas gemeinsam hat: «Es drehte sich im Wasser wie ein Rad herum, streckte den Hals hoch nach ihnen aus und stieß einen so lauten und sonderbaren Schrei aus, daß es sich ordentlich vor sich selber fürchtete. Es konnte die prächtigen, die glücklichen Vögel nicht vergessen...» (S. 299). Im nächsten Frühjahr trifft es dann erneut Schwäne: «...aber was sah es in dem klaren Wasser? Es sah unter sich sein eigenes Bild, aber es war nicht mehr ein plumper schwarzgrauer Vogel, häßlich und Abscheu erweckend, es war selbst ein Schwan» (S. 300). Nun hat das häßliche Entlein im Spiegel des Wassers seine Schwanen-Identität im wahrsten Sinne des Wortes gefunden: Übereinstimmung, Wiedererkennen.

Junge Menschen blicken besonders oft und lange in den Spiegel, um sich selbst zu finden. Eine wertvolle Hilfe ist es für Adoptivkinder, mit Kindern und Jugendlichen in derselben Lebenssituation zusammenzukommen. Kinder anderer ethnischer Herkunft freuen sich sehr, wenn sie Kinder aus demselben Land treffen, Kinder, mit denen sie «übereinstimmen». Reisen in ihr Herkunftsland helfen ihnen ebenfalls, sich selbst zu finden, «wiederzuerkennen», wer sie sind.

Unsere Einmaligkeit –
woher haben wir sie?

Unsere Pässe dienen dazu, uns zu identifizieren, uns zu erkennen, zu prüfen, wer wir sind. Es werden Merkmale, die uns in ihrer spezifischen Kombination einmalig machen, die uns von anderen Menschen unterscheiden, festgehalten: Name, Familienstand, Geburtsdatum, Aussehen (Foto), Haarfarbe, Augenfarbe, Körpergröße. Zu unserer Einmaligkeit gehört auch die soziale Zugehörigkeit zu anderen Menschen.

Ein wesentlicher Teil der Identität in unserer Kultur wird mit der Herkunftsfamilie verknüpft. Über unsere Eltern, Großeltern, Geschwister, unsere Verwandten definieren wir uns, und wir werden von ihnen definiert. Darüber hinaus wird unsere Identität bestimmt über Geschlechtsrolle, soziale Rollen, sozialen Status, Beruf, d. h. über Leistung, Normen und Werthaltungen. Die Identität der Adoptierten setzt sich aus zwei Welten zusammen: Sie definieren sich selbst über ihre Adoptivfamilie und über ihre Herkunftsfamilie.

Adoptivkinder sind neugierig auf ihre leiblichen Eltern, nicht etwa, weil in ihnen «dasselbe Blut fließt», sondern weil sie wissen, daß in dieser Gesellschaft Eltern-Kind-Beziehungen sich normalerweise auf biologische und zugleich soziale Zusammengehörigkeit gründen. Die Kinder wollen wissen, von wem sie kommen, wer ihnen ihre körperliche Gestalt mitgegeben hat, wer sie geboren hat, wem sie ähnlich sehen. Ihre Bindung an ihre Adoptiveltern bleibt dennoch bestimmend für ihr ganzes Leben.

Die meisten Menschen verstehen bestimmte Reaktionen von sich selbst besser, lernen viel über sich selbst, indem sie sich fragen: Was habe ich von meinem Vater, was von meiner Mutter, was von meinen Großeltern? Sie vergleichen sich, suchen nach Übereinstimmungen. Nicht nur adoptierten Kindern, allen Menschen, die ihre Eltern oder einen Elternteil nicht kennen, z. B. Vollwaisen, Kindern mit unbekannten Vätern, bleibt diese Quelle, sich selbst besser zu kennen und zu verstehen, verschlossen. Sie haben es schwerer, mit sich selbst in Übereinstimmung zu kommen, identisch zu sein.

Eine heute dreißigjährige Adoptierte umschreibt es so:

«An manchen Tagen lerne ich mich ganz neu kennen, merke, daß es Zeit ist, mir klar zu werden, wer ich bin. Am Abend dann verschiebe ich es auf den nächsten Tag. Ich bin ein Mensch, der sich immer wieder verzettelt. Mein Fühlen ist eingeschränkt, ich habe keinen Kontakt zu mir. Ich möchte ihn am liebsten totschlagen, den starren, unlebendigen Teil in mir, der mich gravierende Fehler machen läßt, der sich vor den lebendigen Teil in mir stellt. Ich bin wieder nicht ich, sondern die so wenig lebendige fremde Person, die ich hasse. In mir sind Tränen der Wut. Ich weiß nicht, wo ich anfangen soll. Nur, daß mein ganzes Leben geändert werden muß, ist klar. Dieser ewige Kampf um meine eigene Identität. Ich will innehalten und ganz von vorn entscheiden, wo es für mich langgeht. Ich muß endlich aufhören, ein Doppelleben zu führen.»

Was alles von den unbekannten Eltern kommt, wissen Adoptierte nicht genau. Allerdings haben sie oft bunte Phantasien. Die wieder basieren auf fein signalisierten Vermutungen ihres sozialen Umfeldes, denn dieses glaubt sehr gut zu wissen, welche Anteile das Kind aus der Herkunftsfamilie und welche es aus der Adoptivfamilie hat. So nimmt das Kind an, bestimmte Eigenschaften von seinen leiblichen Eltern zu haben. In Wirklichkeit wurden sie aber von der Adoptivfamilie an das Kind gegeben. Das Kind geht von etwas aus, das nicht wirklich ist. Und es kann den Wahrheitsgehalt nicht überprüfen. Das kann ausgesprochen verwirrend sein.

Unser Name – Teil unserer Identität

Frank hat als Zweitnamen Felix. Als er vier war, sagte seine Mutter: «Ich würde dich lieber Felix rufen, das gibt es nicht so oft und ich finde den Namen heute viel schöner.» – «Aber ich bin doch der Frank!» sagte der Vierjährige entsetzt. Und fest entschlossen fügte er hinzu: «Und der will ich auch bleiben.»

Mit unserem Vornamen ist untrennbar unsere Person verbunden. Der Name macht uns identisch, unverwechselbar.

Denken wir über unseren Vornamen nach! Nach wem wurden wir genannt? Wer hat unseren Namen gewählt, Vater oder Mutter? Wurden wir nach einem Vorfahren benannt? Wie haben wir uns mit unserem Namen gefühlt, wurde unser Name als Kosename verändert, gab es in der Schule einen Spitznamen? Sind wir mit unserem Namen zufrieden oder nicht?

Viele abgebende Eltern verzichten darauf, ihrem Kind einen Vornamen zu geben und überlassen dies den neuen Eltern. Wenn ein Kind von seiner leiblichen Mutter (Vater) schon einen Namen bekommen hat, so sollte es diesen behalten dürfen. Es hilft dem Kind später bei der Identitätsfindung. Viele Adoptiveltern geben ihrem Kind einen Doppelnamen: Das Kind behält den Namen, den es von seinen Herkunftseltern hat, und bekommt einen zweiten Vornamen von den Adoptiveltern dazu.

Manche Adoptiveltern bestehen auf dem Wechsel des Vornamens – sogar bei Kindern, die schon drei, vier Jahre oder älter sind. Dies kann für diese Kinder einen Bruch in der Persönlichkeit verursachen. Der Name ist oft das einzige, was sie aus ihrem früheren Leben und von den früheren Menschen mitbringen. Wenn sie ihn nicht behalten dürfen, so heißt dies für ein Kind: Der Mensch, der es bisher war, soll es nicht mehr sein. Die unverwechselbare Person, die es bisher war, soll es nicht mehr geben.

Es gibt heute adoptierte Erwachsene, die ihren Vornamen oder ihren Rufnamen wechseln. Sie wollen den Namen tragen, den sie von ihren Ursprungseltern bekommen haben.

Unsere körperliche Gestalt –
Teil unserer Einmaligkeit

Recht eindeutig spielt sich die Identitätsfindung bezüglich der körperlichen Seite ab. Hier gibt es keine Zweifel, die körperliche Gestalt kann das Kind nur von seinen Herkunftseltern haben. Deshalb stellen adoptierte Kinder oft schon früh sehnsüchtig fest: «Ich wüßte so gern, wie meine erste Mutter aussieht.»

Ein vierzehnjähriger Adoptierter fragte: «Ich bin schon ein Meter und achtzig. War mein Vater ein Riese?»

Adoptiveltern können dem Kind helfen, mit der Realität, die körperliche Gestalt von anderen Eltern mitbekommen zu haben, umzugehen, wenn sie sagen: «Deine Augen und deine Haare, die hast du von deiner ersten Mama, deine Nase kommt vielleicht von deinem früheren Papa.» Oder: «Bestimmt gleichen deine Hände denen deines Vaters.» Kennen Kinder Bilder von ihren Eltern, so ist die Lücke schon mit erstem Wissen und Fühlen gefüllt.

Wesensmerkmale von den leiblichen Eltern oder soziale Vererbung?

Was für die körperliche Gestalt eindeutig ist, nämlich, daß sie ihren Ursprung bei den leiblichen Eltern hat, wird fälschlicherweise oft auf den Charakter, auf die seelische Ebene übertragen.

Wir wissen heute, daß menschliches Verhalten in erster Linie sozial beeinflußt und geprägt wird. Über Vererbung werden weitergegeben: Haar- und Augenfarbe, Aussehen, Physiognomie, körperliche Gestalt. Mit einer großen Bandbreite sind außerdem vorgegeben: Temperament, Motorik und einige besondere Begabungen wie z. B. Musikalität.

Einflüsse aus der Schwangerschaft, seelischer Kummer, Streß, Aufregung oder Rauchen und Alkoholgebrauch u. v. a. m. wirken sich ebenfalls auf das Kind aus. Das Kind bringt also tatsächlich eine ganze Menge mit, was ihm seine Eltern auf den Weg gegeben haben. Was davon allerdings wirklich angeboren ist und was sich unter dem Einfluß der Adoptiveltern zu bestimmten Verhaltensweisen entwickelt, das läßt sich später kaum mehr auseinanderhalten.

Charaktereigenschaften, Wesenszüge werden nicht vererbt. Sie sind immer durch das soziale Klima in der Familie entstanden, durch psychische Aufträge von sozialen Eltern oder Verwandten. Dies gilt auch für leibliche Familien: Wenn von einem Kind behauptet wird, «seinen Jähzorn, den hat es vom Opa», so ist das eine Zuschreibung der Erwachsenen. Sie hat keine reale Ursache in der Vererbung. Kann sein, das Kind hat sich mit dem Verhalten des Opas identifiziert, also Verhaltensweisen abgeschaut, übernommen. Vielleicht hat es entdeckt, daß seine Eltern außergewöhnlich aufgeregt auf die Zornesausbrüche des Opas reagieren. Es wollte unbewußt oder gezielt erkunden, was ihm widerfahren würde, wenn es sich wie der Opa verhält. Oder das Kind hat sich einfach solidarisiert mit dem Opa. Selbst wenn es diesen Opa gar nicht gekannt hat, dann hat es seine Verhaltensweisen über Stimmungen, Gefühle, Erinnerungen und Erwartungshaltungen der Erwachsenen übertragen bekommen. Vielleicht wollte sich die Mutter von ihrem Vater nicht lösen, wollte in ihrem Kind gern Eigenschaften, die sie an den Vater erinnern, wiederfinden

und weiterleben sehen. Kinder sind mit einem Instrumentarium aus-
gerüstet, das an das Gedankenlesen grenzt, und so übernehmen sie
bereitwillig unbewußte Rollen und Aufträge, die Teil ihrer Identität
werden. Adoptiveltern entscheiden letztendlich, ohne sich darüber
im klaren zu sein, was ein Kind über seine Herkunftseltern fühlt und
was es von sich selber hält.

Doch hier sind sich Adoptiveltern leider nicht immer ganz sicher.
Was hat das Kind alles von seinen Eltern? Was können wir alles als
soziale Eltern bewirken? Wo endet unser Einfluß, das fragen sich
Adoptiveltern immer wieder. Und je nachdem, zu welchem Schluß
die Adoptiveltern kommen, wird das Kind sich verhalten. Das Kind
spürt früh, ob und welche seiner Eigenschaften von seinen Adoptiveltern emotional als von den leiblichen Eltern kommend eingeordnet
werden. Viele Kinder teilen ihre Persönlichkeit in zwei Teile: jenen
Teil, in dem sie ihren Adoptiveltern gleichen, und jenen, von dem sie
glauben, er sei von den leiblichen Eltern.

Niemandes Kind – wertloses Kind?

«Ich strecke meine Fühler aus ins Niemandsland, spreche ihn an: ‹Vater, wer bist du? Bist du die Leere in mir? Bin ich die Tochter von nichts? Bin ich deshalb niemand? Glaube ich darum: Mich liebt niemand?› Die Leere in mir ist so groß, da muß Platz für jemand gewesen sein. Mühsam entziffere ich meine Lebenschiffre: ‹Niemand, das bist du, Vater›» (Plogstedt 1991, 13).

> Alexander sehnte sich im Alter von zehn Jahren sehr danach, zu wissen, wie seine Mutter aussieht. Tag für Tag redete er davon, daß er sich ein Bild von ihr wünsche. Die Adoptiveltern erreichten nach intensiven Bemühungen bei ihrer Adoptionsvermittlungsstelle, daß Alexander das Foto bekam. Er schaute es an und legte es in eine Schublade, ohne sich weiter darum zu kümmern.

Alexanders Verhalten ist nicht etwa ein Beweis, daß er das Foto gar nicht benötigt hätte: Ein Blick hat ihm genügt. Nun wußte er, wessen Kind er war. Und so, wie ihn die Mutter einst fortgegeben hat, legt er jetzt das Foto von ihr weg. Bei der Bearbeitung seiner Adoption ist er – unsichtbar – vorangekommen. Er weiß, wo das Foto liegt, kann es wieder hervorholen. Alexander hat das Foto auch schnell in eine Schublade gesteckt, weil er mit der Verletzung dichter in Berührung kam, weggegeben worden zu sein.

Fast alle adoptierten Kinder haben Selbstwertprobleme. Denn sie empfinden es als Kränkung, daß ihre leiblichen Eltern sich von ihnen getrennt haben. Adoptivkinder sind ein Stück verwaiste Kinder. Doch schlimmer, als durch Tod seine Eltern verloren zu haben, ist es, daß diese ihr Leben ohne das Kind fortgesetzt haben. Viele fragen sich, ob sie selbst sich nicht richtig verhalten haben, die Fortgabe verursacht haben, glauben, mit ihnen hätte irgend etwas nicht gestimmt.

Hinzu kommt bei vielen Kindern die unbewußte Befürchtung: Sie haben mich angenommen, «geholt», werden sie mich auch wieder fortbringen? Wer schon einmal weggegeben wurde, nicht für Wert befunden wurde, dem kann dies auch wieder passieren. Auf dem Grundgefühl, schon einmal verlassen worden zu sein, werden Adoptivkinder lebenslang empfindsamer, leichter verletzbar sein.

Böser Teil – guter Teil?

«Früher war ich in der Annemarie. Aber die ist böse. Manchmal bin ich auch böse», sagte der fünfjährige Horst im Kindergarten.

Viele adoptierte Kinder haben die Phantasie, daß ihnen die Adoptiveltern Zuflucht geboten haben vor einer bösen Welt. Und das Kind sieht sich als Teil dieser bösen Welt.

Horst lebt als Adoptivkind bei seinen Großeltern. Obwohl diese dem Kind gegenüber nie negativ von seiner Mutter gesprochen haben, hatte sich ihre tiefe Verwundung, ihre Wut und ihre Not bezüglich ihrer drogenabhängigen Tochter Annemarie nicht vor Horst verbergen lassen.

Wenn Adoptiveltern gegenüber den abgebenden Eltern ihres Kindes ungeklärte Gefühle, Ängste, Unverständnis, Zorn, überhaupt negative Affekte haben, so spüren das die Adoptivkinder, auch wenn die Adoptiveltern nie darüber sprechen. Mehr noch, die Kinder übertragen diese negative Einstellung auf sich selbst. Es war den Großeltern von Horst gelungen, die Schuld für sein Verlassenwordensein bei ihrer Tochter Annemarie, der leiblichen Mutter, zu lokalisieren. Horst nahm nicht an, selbst verursacht zu haben, daß seine Mutter fort war. Doch er spaltete sich auf – und das machen viele Adoptierte – in das gute Kind der Adoptiveltern und das schlechte Kind der leiblichen Eltern.

Sich selbst erfüllende Prophezeiung

Als Evelyn sich mit zwölf verliebte, war für die Adoptiveltern klar: Die Triebhaftigkeit hat sie von ihrer Mutter. Mit fünfzehn war Evelyn schwanger. Sie wollte ihr Kind unbedingt bekommen und selbst aufziehen.

Auch viele andere Mädchen werden in jungen Jahren schwanger. Dies ist immer auch mit eine Folge ihrer Aufwachsbedingungen, ihrer Fähigkeit, Verantwortung für sich selbst und ihre Zukunft zu übernehmen. Es gibt junge Menschen, die sich früh ein Kind gewünscht haben und lernen, mit ihm zu leben. Bei Evelyn bekommt das ganze Geschehen einen anderen Stellenwert, weil sie adoptiert ist.

Evelyn war selbst das Kind einer sehr jungen Mutter, die unter dem Druck ihrer Familie Evelyn zur Adoption freigegeben hat. Schon als Evelyn klein war und sich charmant und kokett verhielt, hatten die Adoptiveltern Angst, daß ihre Tochter denselben Weg wie ihre Mutter nehmen würde. Doch sexuelles Verhalten ist nicht angeboren. Ob Mädchen früh sexuelle Kontakte suchen, ist immer Folge ihrer Sozialisation.

Die Adoptiveltern hatten dem Mädchen auf vielfältige Art die Botschaft gegeben: Du wirst wie deine Mutter. Aufgrund der eigenen Verletzung, nie schwanger geworden zu sein, wurde es Lebensthema der Adoptiveltern, Evelyn könnte wie ihre Mutter früh schwanger werden. Evelyn handelte danach.

Evelyn suchte ihre Identität, indem sie Übereinstimmung herstellte mit dem Bild, das ihre Adoptiveltern von ihr hatten. So erfüllte sich die Prophezeiung ihrer Adoptiveltern. Hinzu kam, daß die Jugendliche sich – gemäß dem hohen Stellenwert, den ihre Adoptiveltern der leiblichen Elternschaft einräumten – danach sehnte, in ihrem Leben auch körperliche Verwandte zu haben. Und mit ihrer Schwangerschaft hatte sie ihrer Adoptivmutter etwas Existentielles voraus: Sie konnte, was dieser unmöglich war, nämlich schwanger werden. So verwirklichte sie schon früh in ihrem Leben, was ihren Adoptiveltern nicht gelang.

Immer wieder werden adoptierte Mädchen durch die hier beschriebene Dynamik jung schwanger. Dazu bearbeiten sie so ihr Lebensthema, fortgegebenes Kind zu sein, indem sie jetzt selbst vor der Entscheidung stehen: Werde ich das Kind behalten, mit ihm leben oder es ebenfalls zur Adoption freigeben? Werden mir meine Adoptiveltern helfen, das Kind aufzuziehen, oder werden sie nicht besser sein als die Eltern meiner leiblichen Mutter und mich zwingen, mein Kind ebenfalls fortzugeben?

Die Identität von Kindern
anderer ethnischer Herkunft

«Ich möchte so runde Augen haben wie ihr», sagte der sechsjährige Benedikt aus Korea immer wieder. Und seine Mutter antwortete: «Ich finde deine Augen wunderschön.»

Doch mit ihrem Trost konnte sie ihn nicht erreichen. Dagegen stand machtvoll die tagtägliche Erfahrung, wegen dieser Augen abgewiesen zu werden. Was half es ihm draußen im Kindergarten und in der Schule, daß seine Mutter seine Augen schön fand? Benedikt fühlt sich allein in seinem schweren Alltag, von anderen Kindern wegen seiner Augen geärgert, gehänselt, geprügelt zu werden.

Kühl (1985) berichtet, daß etwa die Hälfte der von ihm befragten 145 Jugendlichen wegen ihres Aussehens «etwas» oder «sehr» gehänselt wurde. Rund 30 % sahen in ihrem Aussehen eher Vorteile bei der Partnersuche und in Schule und Beruf, rund 15 % eher Nachteile. Diese Zahlen dürften heute wesentlich ungünstiger aussehen.

Kinder anderer ethnischer Herkunft können im Streit mit ihren Adoptiveltern nicht einfach mal so sagen «dann schickt mich doch zur anderen Mutti». Der Weg von der einen in die andere Welt ist weiter. Über ihre Herkunftsfamilie ist oft noch weniger bekannt, als bei inländischen Adoptivkindern. Doch das ist nicht das Schwerste. Viel schlimmer wiegt für diese Kinder, allein wegen des äußeren Aussehens als weniger wertvoll angesehen, gehaßt zu werden. Über die schwere Aufwachssituation und die Identitätsproblematik von einem indischen Adoptivkind gibt es ein Kapitel in meinem Buch «Pflege- und Adoptivkinder».

Mendy aus Äthiopien bedauert im Alter von vier Jahren bei den Nachbarn, daß sie nicht so weiße Haut hat wie ihre Eltern. Und sie beteuert: «Ich bin ein ‹echtes› Kind von meiner Mama. Die haben mich nur als Baby nicht genug gewaschen.»

Adoptiveltern können ihren Kindern nur vermitteln: «Wir verstehen, wie schwer es für dich ist. Wir haben es leichter. Wir sehen so aus, wie alle anderen in diesem Land. Du hingegen siehst anders aus. Deshalb mußt du einen anderen, viel schwereren Weg gehen. Wir können dafür kämpfen, daß alle Menschen gleich sind, daß wir alle Weltbürger sind. Wir können mit deinem Lehrer sprechen, daß er es den Kindern beibringen soll. Aber letztendlich schützen vor den bitteren Erfahrungen können wir dich nicht. Das wirst du ganz alleine lernen müssen. Wir finden es unfair, daß Menschen allein wegen ihres anderen Aussehens abgewertet, ausgegrenzt, unterdrückt werden. Wir schämen uns auch, daß wir in einem solchen Land leben. Und es tut uns weh, daß wir dir diese Erfahrungen zumuten müssen. Wir wollen dir helfen, stark zu werden und selbstbewußt.»

Adoptiveltern ausländischer Kinder können manchmal nicht die ganze Tragweite der Identitätsprobleme ihrer Kinder anerkennen. Schuldgefühle hindern sie, machen sie handlungsunfähig. Dabei müssen sie handeln, sich tagtäglich mit Eltern jener Kinder anlegen, die die Kinder diskriminieren. Sie müssen immer wieder in der Schule intervenieren, mit den Lehrerinnen und Lehrern sprechen, damit diese den alltäglichen Rassismus in den Schulen bekämpfen. Sie können ihren Kindern Verhaltensstrategien mit auf den Weg geben. Ich kenne ein schwarzes Mädchen, dem von Schulkindern gesagt wird, es sähe aus wie brauner Pudding, das zur Antwort gibt: «Und du wie Kotze.»

Es gibt viele jugendliche Adoptierte aus anderen Ländern, die sich mit Hilfe ihrer Adoptiveltern zu selbstbewußten jungen Menschen entwickelt haben, die sich der alltäglichen Angriffe zu erwehren gelernt haben, die zu sich selbst stehen gelernt haben, sich selbst achten. Sie definieren sich als Weltbürger, denken nicht mehr in den engen Grenzen von Nationen. Doch es ist ein langer und schmerzlicher Weg dorthin. Es ist ein schweres Ringen und tägliches Wachsen, die jungen Menschen in all ihren Konflikten nicht allein zu lassen.

Viele andere Jugendliche und junge Erwachsene wieder werden mit den schweren Erniedrigungen, die sie erleiden, nicht fertig. Sie verlieren die Lust am Leisten und Lernen. Sie geraten in Abhängigkeit von Drogen, um sich zu betäuben, oder bekommen auf andere Weise ihr Leben nicht geregelt. Sie lehnen sich selbst ab, haben die ihnen aufgedrückte Negatividentität verinnerlicht. Sie brechen ihre Ausbildungen ab, bleiben ohne Perspektive. Manche machen ihren Adoptiveltern bittere Vorwürfe, daß sie sie nicht in ihrem Land gelassen haben. Ihre Verletzungen, die sie tagtäglich in diesem Lande zugefügt bekamen, verheilen nicht. Sie verharren in Selbstablehnung und leben im Gefühl, aufgrund ihrer körperlichen Identität nicht in Ordnung zu sein. Ihre Adoptiveltern wiederum machen sich Vorwürfe, fühlen sich als Versager. Manche Adoptiveltern geben auf, andere haben gelernt, trotz schwerster Herausforderungen zu den jungen Menschen zu halten. Sie fangen sie auf. So haben einige der jungen Menschen eine Chance, im Lauf von vielen Jahren doch noch zu lernen, sich selbst gern zu haben.

10. Suche – Begegnung

«Erinnere dich mal...»

«Hallo, hier ist Ute, erinnere dich mal an den 20.2.75.» Das waren die ersten Worte, mit denen sich die sechzehnjährige Ute bei ihrer leiblichen Mutter meldete, die sie in einem bitteren Entscheidungsprozeß zur Adoption freigegeben hatte, als sie drei war.

Ute hatte heimlich in den Unterlagen ihrer Adoptiveltern gestöbert und den Namen ihrer leiblichen Mutter gefunden. Sie suchte im Telefonbuch der nahegelegenen Stadt. Dort entdeckte sie eine Frau mit dem gesuchten Nachnamen, doch mit anderem Vornamen. Sie rief an und hatte ihre leibliche Großmutter am Apparat. Die konnte ihr sagen, wo ihre Mutter inzwischen lebte. Utes Mutter berichtete: «Ich konnte es nicht fassen. Ich dachte, jemand würde sich einen schlechten Witz mit mir erlauben. Ute wollte mich kennenlernen und war sehr glücklich darüber, daß ich dies auch wollte. Elf Tage später trafen wir uns.»

Mutter und Ute waren sehr aufgeregt. Der spannendste Augenblick war, als ihre Blicke sich zu allererst trafen. Ute sprach von sich, erzählte, wie sie als kleines Kind zufällig von den Nachbarn erfahren hat, daß sie adoptiert ist. Die Mutter wollte ihr erklären, wie es zu der Adoption gekommen ist, wollte ihr ihre Gefühle und Gedanken näher bringen. Kann Ute meinen Schritt verstehen? Kann sie mich achten? Werden wir eine gute Beziehung aufbauen können? Das waren und sind die Sehnsüchte der Mutter. Sie erzählt: «Ute und ich halten Kontakt durch gelegentliche Briefe und Anrufe. Sie hatte ihren Adoptiveltern nichts von unserem Wieder-

sehen gesagt. Nach einem Jahr erfuhr ihre Adoptivmutter über die
Mutter von Utes Freundin, daß sie mit mir Kontakt hat. Doch sie
lehnt einen Kontakt zu mir strikt ab.» Die gelegentlichen Treffen
wühlen Mutter und Ute sehr auf. Die Mutter würde Ute gern öfter
sehen. Aber Ute sagt: «Laß mir Zeit.» Dies kann die Mutter heute
gut verstehen. Sie kann ihr die Zeit lassen.

Nur wenige Jugendliche machen sich heimlich auf die Suche. Für Ute
war es nicht einfach, der Mutter gegenüberzusitzen, die Umstände
ihrer Fortgabe zu erfahren, das Erlebte ganz für sich allein zu verarbeiten. Sie war wie elektrisiert, in ihr Gefühle der Nähe, der Vertrautheit, und doch war ihr die Mutter fremd. Sie fühlte, daß sie das Bedürfnis der Mutter, die nicht miteinander gelebten Jahre aufzuholen,
nicht würde erfüllen können. Doch sie war erleichtert, daß die Mutter
damals um sie gekämpft hatte, um sie getrauert, sie nie vergessen hat.
Für sie bedeutete der Kontakt, zu klären, wer sie ist, woher sie
kommt, wem sie ähnlich sieht, warum sie fortgemußt hatte. Eine Mut-
ter-Kind-Beziehung, das fühlte sie, würde sie zu ihrer Mutter nicht
einfach haben können, nicht so schnell jedenfalls.
Hinzu kamen Schuldgefühle gegenüber den Adoptiveltern, aber auch
Wut und Ärger, daß diese ihren Schritt nicht richtig verstehen, nicht
einordnen konnten. Ute hat sich selbst sehr gefordert, als sie sich trotz
der Widerstände und Ängste ihrer Adoptiveltern auf die Suche
machte.

Das Einverständnis der Adoptiveltern

Nur wenige junge Adoptierte denken wie Ute, daß es ihre alleinige Angelegenheit ist und sie diesen Weg für sich gehen wollen, ohne die Adoptiveltern daran teilhaben zu lassen.

Die Spannung des Suchens, ob sie ihre Elternteile finden, aber auch die Vorstellungen, falls sie diese finden, was sie erwarten wird, kosten immense seelische Kraft. Adoptierte brauchen Mut und gute Nerven, diesen risikovollen Weg durchzustehen. Diese Kraft können sie eher aufbringen, wenn sie sich keine zusätzlichen Sorgen darüber machen müssen, ob ihre Adoptiveltern ihren Weg gutheißen können. Deshalb brauchen heranwachsende Adoptierte die explizite Billigung und Ermutigung durch ihre Adoptiveltern.

Es genügt nicht, wenn sie von ihren Eltern gesagt bekommen: «Es ist deine Sache, wir haben nichts dagegen.» Solange Jugendliche spüren, daß der Schritt den Adoptiveltern Unruhe und Angst bereitet, werden sich die meisten nicht trauen. Sie wollen die Verbundenheit zu ihren Adoptiveltern nicht gefährden oder ihre Adoptiveltern nicht belasten, sie schützen.

Können Adoptiveltern diese Ermutigung nicht geben, spüren Jugendliche, daß ihre Eltern möglicherweise Angst haben, blockieren, dann schieben die meisten ihren Entschluß noch einmal auf. Sie kommen Jahre später auf ihr Bedürfnis zurück. Sie hätten ein schlechtes Gewissen gegenüber ihren Adoptiveltern, wenn sie sich auf die Suche machen würden. Sie befinden sich im Konflikt zwischen ihren nahestehenden Adoptiveltern und dem Drang, den anderen Teil ihres Lebens zu erforschen. Es gibt erwachsene Adoptierte, die suchen erst nach ihren Eltern, wenn die Adoptiveltern nicht mehr leben.

Am besten können jene Adoptierten ihre Suche gestalten, deren Adoptiveltern selbst mitbangen, sich mitfreuen, mit neugierig sind. Dennoch wollen die meisten Jugendlichen und jungen Erwachsenen den ersten Kontakt mit ihrer leiblichen Mutter, ohne daß die Adoptiveltern dabei sind. Sie wollen weder ihrer leiblichen Mutter noch den Adoptiveltern zumuten, sich gegenüberzutreten.

«Ich freue mich sehr, daß meine Adoptivtochter die Möglichkeit hat, ihre leibliche Mutter kennenzulernen. Ich weiß, daß sie so eine Chance hat, für sich zu klären, wer sie ist, sich als ganzer vollständiger Mensch zu fühlen. Falls sie mit dieser Frau Freundschaft schließen kann, so gönne ich es ihr aus ganzem Herzen», sagte die Adoptivmutter von Elisabeth, die im Alter von neunzehn Jahren einen Brief von der leiblichen Mutter erhalten hat, daß diese sich auf das Treffen freut.

Auch Adoptiveltern, die ihr Kind bewußt auf diesem Weg begleitet haben, kommen noch einmal ins Schleudern, sie verlieren ihre Balance, sie bekommen Angst. Oder ihr uralter Trauerprozeß, daß dieses Kind nicht ihr leibliches Kind ist, wird neu ausgelöst. Dies ist angemessen, gehört dazu. Die Realität der doppelten Elternschaft wird wieder Wirklichkeit.

Haben sie zu ihrem Adoptivkind eine gute Beziehung aufgebaut, haben sie es innerlich in seiner Persönlichkeit mit seinen Stärken und Schwächen akzeptiert, so brauchen Adoptiveltern keine Sorge zu haben, ihr heranwachsendes Kind zu verlieren. Ganz vereinzelt – bei sehr problematisch verlaufenen Adoptionsverhältnissen – haben junge Menschen mit ihrer Adoptivfamilie gebrochen. Doch dies lag nicht daran, daß die Bande zu den leiblichen Eltern etwa stärker war, sondern das Kind sich schon lange in seiner Adoptivfamilie abgelehnt gefühlt hatte.

Der Anspruch auf Kenntnis
der Abstammung

«Es ist, als seien wir durch den Adoptionsakt in einen Zauberbann geraten, der unser Bewußtsein betäubte. Wenn wir erwachen, erkennen wir erstaunt, daß wir vielleicht unser Leben verschlafen hätten, dahintreibend, entwurzelt» (Lifton 1982, 101).

Wir haben in der Bundesrepublik eine fortschrittliche Regelung, die es in den meisten Ländern der Erde nicht gibt: Mit sechzehn Jahren haben Jugendliche die Möglichkeit, Einblick in das Geburtenbuch beim Standesamt zu nehmen. Dort finden sie Namen der Eltern, Beruf, Wohnort, Tag, Stunde und Ort ihrer Geburt. In der früheren DDR gab es diese Möglichkeit nicht. Erst nach der Wende sahen sich deshalb viele Adoptiveltern, veranlaßt, ihren Kindern zu eröffnen, daß sie adoptiert sind.

Jugendliche können nur zum Standesamt gehen, wenn sie von ihren Eltern über ihre Adoption informiert sind. Sie müssen nicht zum Standesamt gehen, wenn ihnen die Adoptiveltern die Geburtsurkunde, Säuglingspaß, Adoptionsbeschluß usw. zeigen oder aushändigen. Adoptiveltern, deren Kinder heute ins Erwachsenenalter kommen, haben fast alle unter völlig anderen Bedingungen adoptiert. Sie haben verinnerlicht, daß das Inkognito der einzige Weg ist. Sie scheuen sich vor dem Schritt, ihren Kindern die Informationen zu geben.

Junge Adoptierte, die in ihre Adoptionsakte Einblick nehmen wollen, können dies im Einvernehmen mit ihren Adoptiveltern schon im Jugendalter. Erwachsene Adoptierte haben Einsichtsrecht in ihre Akten in anonymisierter Form, denn die persönlichen Daten der an der Adoption beteiligten Menschen – leibliche Eltern, Adoptierter und Adoptiveltern – dürfen nur mit deren Einwilligung bekanntgegeben werden. Die Adoptionsvermittlerin oder der Adoptionsvermittler kann sich hier als Mittlerin oder Mittler unter Wahrung der Anonymität zur Verfügung stellen. Zulässig hingegen sind alle Auskünfte über allgemeine Lebensumstände. Solche allgemeinen Fakten und Informationen können vor Vollendung des 16. Lebensjahres nur mit Einwilligung der Adoptiveltern, danach auch ohne deren Einwilligung gegeben werden. Letzteres ist allerdings laut § 1758 (Offenbarungs- und Ausforschungsverbot) umstritten. Oft werden den Adoptierten auch Schriftstücke gezeigt, in denen Namen und Daten geschwärzt sind. Adoptionsberaterinnen und Adoptionsberater sollten sich immer darum bemühen, das Einverständnis zwischen jungem Adoptierten und den Adoptiveltern herzustellen. Eine neuere Rechtssprechung des Bundesverfassungsgerichtes betont den Anspruch eines jeden Menschen auf seine genetische Abstammung.

In Adoptionsvermittlungsstellen häufen sich in den letzten Jahren Anfragen von jungen Adoptierten, aber auch von Adoptiveltern, die frühzeitig sicherstellen wollen, daß Informationen nicht verlorengehen. Wenn Adoptierte zur Adoptionsvermittlungsstelle kommen, so bietet sich die Chance, die Begegnung vorzubereiten und fachkundig zu begleiten, wenn die beteiligten Menschen dies nicht ablehnen. Adoptierte können zunächst wichtige Informationen über ihre leiblichen Eltern aus den Akten erfahren, bekommen schon einen ersten Eindruck, um was für Menschen es sich handelt, wie ihr Lebensweg ausgesehen hat. So sind sie nicht total überrascht, wenn die Begegnung Wirklichkeit wird.

Barrieren

Auch heute stoßen erwachsene Adoptierte auf zahlreiche Widerstände bei ihrer Suche nach Menschen aus ihrer Herkunftswelt. Längst noch nicht alle Adoptionsvermittlungsstellen helfen bereitwillig mit. Oft sind Akten nicht auffindbar, sie wurden vernichtet oder nie mehr aktualisiert. Heute lautet die Forderung von Adoptionsfachleuten, die Adoptionsakten noch dreißig bis vierzig Jahre nach Volljährigkeit des Adoptierten aufzubewahren.

Viele abgebende Mütter sind verzogen oder haben ihren Namen durch Heirat geändert. Viele erwachsene Adoptierte brauchen Jahre, bis sie die Adresse ihrer Mutter ausfindig gemacht haben. Manche geben für eine Zeit auf, sind mutlos geworden. Dann unternehmen sie Jahre später neue Versuche.

Auch bei der Suche nach leiblichen Geschwistern stoßen erwachsene Adoptierte auf Schwierigkeiten. Hier das Antwortschreiben eines Jugendamtes auf die Anfrage einer anderen Adoptionsvermittlungsstelle im Auftrag eines jungen Mannes, der seine leibliche Schwester suchte. Er wußte aus eigener Erinnerung, daß sie von diesem Jugendamt in eine andere Familie zur Adoption vermittelt wurde.

Sehr geehrte Damen und Herren,

wir bestätigen den Eingang Ihres Schreibens vom... Mit diesem Schreiben teilen Sie uns mit, daß M. O., der adoptiert ist, auf der Suche nach seinen Wurzeln sei.

Zu unserem Bedauern müssen wir Ihnen mitteilen, daß Akteneinsicht aus datenschutzrechtlichen Bestimmungen nicht in Betracht kommt (siehe § 64 SGB VIII).

Durch die Annahme als Kind sind die verwandtschaftlichen Beziehungen erloschen. Aus diesem Grund sehen wir uns nicht in der Lage, über die persönlichen Verhältnisse der Geschwister Auskunft zu erteilen, da damit u. U. deren schutzwürdige Belange betroffen werden.

Mit freundlichen Grüßen

Es ist falsch verstandener Datenschutz, Adoptierte bei ihrer Suche zurückzuweisen. Der Urheber des Briefes, Mitarbeiter eines Jugendamtes, hätte datenschutzrechtliche Bestimmungen nicht verletzt, wenn er sich um die Einwilligung der adoptierten Schwester und deren Adoptiveltern bemüht hätte. Er hätte die Möglichkeit gehabt, die Adoptiveltern der Schwester und die Schwester selbst über die vorliegende Anfrage zu informieren, ohne das Inkognito zu gefährden. Nur wenn die Betroffenen ihre Einwilligung verweigert hätten, hätte das Jugendamt den abschlägigen Bescheid erteilen müssen.

Ich vermute, daß Mitarbeiter des Jugendamtes, aus dem dieser Brief kommt, emotionale Barrieren aufgerichtet haben und einem längst überholten Adoptionsverständnis anhängen. Es ist irrational und nützt niemandem, wenn Adoptionsvermittlerinnen und Adoptionsvermittler in eigener Regie rigider am Inkognito festhalten als die Betroffenen selbst.

Gefunden

Hans Schneider war dreißig Jahre alt, selbst schon Vater von einem vierjährigen Jungen, als er zum ersten Mal im Leben in die Adoptionsvermittlungsstelle kam und sich nach seiner Ursprungssituation erkundigte. Er erfuhr den Namen seiner leiblichen Mutter. Diese hatte, ohne den Vater zu nennen, das Kind zur Adoption freigegeben. In der Akte befand sich die damalige Adresse der Mutter. Im Telefonbuch fand er unter dem Mädchennamen seiner Mutter und unter derselben Adresse die Eltern seiner Mutter, also die leiblichen Großeltern. Ohne vorher anzurufen, fuhr er in den kleinen Ort und klingelte an der Tür. Als er langsame Schritte auf die Tür zukommen hörte, rannte er zurück in sein Auto und fuhr davon.

Er benötigte weitere drei Jahre, bis er einen zweiten Kontaktversuch bei den leiblichen Großeltern machte. Diese erinnerten sich sofort an das Auto, das ein paar Jahre zuvor davongefahren war, und fragten ihn, ob er dies gewesen sei. Sie erzählten ihm, daß seine Mutter nach seiner Geburt einen Amerikaner geheiratet hatte und in Louisiana lebte. Ein weiteres Enkelkind haben sie von ihr nicht bekommen. Die alten Leute waren überglücklich, Hans kennengelernt zu haben. Und Hans saß zum ersten Mal im Leben leiblichen Verwandten gegenüber.

Hans hatte öfters mehrere Wochen geschäftlich in USA zu tun. Er schrieb seiner leiblichen Mutter und traf sie. Sie sprachen einen langen Nachmittag lang. Die Mutter war überrascht, daß sie schon Oma geworden war. Von ihr erfuhr er auch den Namen des leiblichen Vaters. Er brauchte ein weiteres Jahr, bis er sich entschied, den leiblichen Vater ohne Vorankündigung aufzusuchen. In der Tür stand ein etwas jüngerer Mann, der ihm ähnlich sah. Dieser begrüßte ihn mit großer Herzlichkeit: «Bist du unseres Vaters Sohn aus Deutschland?» Sein Vater war gestorben und hatte eine große Familie zurückgelassen. In seiner Adoptivfamilie Einzelkind, hatte er nun sieben Halbgeschwister, die ihn alle kennenlernen wollten und die ihm Bilder seines Vaters zeigen konnten und ihm alles über dessen Leben erzählten.

Wenn Adoptierte sich auf die Suche nach ihren biologischen Eltern machen, suchen sie fast alle zunächst nach der Mutter. Erst Jahre später bekommen sie auch Neugierde auf ihren Vater. Viele Adoptierte wissen zuvor nicht, was sie erwartet. Immer wieder kommt es zu erschütternden Szenen. Jedes Wiedersehen, jede Begegnung von adoptierten Menschen mit ihren leiblichen Elternteilen verläuft einmalig, je nach Lebensschicksal. Oft fließen auf beiden Seiten Tränen. Es wird getrauert über die nicht miteinander verbrachten Jahre. Erinnerungen über den aufgestauten Schmerz und die bittere Situation vor der Adoption werden bei den abgebenden Müttern lebendig.

Die meisten Adoptierten sind erschüttert, wenn ihnen der Mensch, von dem sie sich über Jahre ihres Lebens ein Bild machen wollten, von dem sie träumten, nun erstmals gegenübersitzt. Alle Adoptierten brauchen viel Zeit nach dieser ersten Begegnung, um das Erlebte zu verarbeiten.

Manche Adoptierten finden einen Elternteil, einen Bruder oder eine Schwester, die ihnen ähnlich sehen, die ihnen jedoch außerordentlich fremd bleiben. Die einen beschließen, sich wiederzusehen, wobei einige dieses Vorhaben aber erst nach sehr langer Zeit in die Wirklichkeit umsetzen, so viel Kraft hat dieses eine Wiedertreffen beansprucht. Andere belassen es bei dem einen Kontakt, tauschen aus, erzählen, berühren einander und gehen weiter getrennt ihren Lebensweg.

Für manche ist das Kennenlernen eine bittere Erfahrung, da sie einem sozial und seelisch zerstörten Menschen gegenübertreten. «Du hast mir mein ganzes Leben kaputtgemacht», sagte eine leibliche Mutter zu ihrer Tochter beim Wiedersehen. Sie überschüttete sie mit Vorwürfen, daß sie überhaupt auf der Welt war. Solch destruktive Erfahrungen sind eher die Ausnahme. Mit einer derartigen Begegnung fertig zu werden ist extrem schwer. Das bedeutet Abschied zu nehmen von allen Sehnsüchten und Wünschen nach Versöhnung. Dies heißt schmerzliche Erneuerung des Trennungsprozesses von dem Menschen, von dem man schon immer getrennt war.

Manche Adoptierten tragen schwer an ihrer Ursprungssituation. Sie werden akut mit massiven Problemen überschüttet. Immer wieder kommt es vor, daß Adoptierte sich für einen zuvor nie gekannten Elternteil verantwortlich fühlen, ihm helfen, ihn aus einer schweren Lebenslage befreien wollen. Die Suche, die ursprünglich zur Abrundung der Identität verhelfen sollte, bekommt nun eine ganz neue Dimension: Plötzlich fließt alle Kraft in das nie gelebte Eltern-Kind-Verhältnis. Dies können für das Kind aufzehrende Prozesse sein. Es ist sehr schwer für Adoptierte, die angemessene Dosierung von Nähe und Distanz, von Zuständigfühlen oder Abgrenzen, zu finden.

Wenn der Weg zum eigenen Ursprung abgeschnitten ist

Nick, als Säugling adoptiert, wußte von seinen Adoptiveltern, in welcher Kleinstadt seine leibliche Mutter gewohnt hatte. Dort hat sie als Sechzehnjährige 1943 den Sohn zur Adoption freigegeben, ohne den Vater anzugeben. Sie war gegen Ende des Krieges gestorben. Er reiste als Vierzigjähriger vier Wochen lang in die Kleinstadt, um dort mit älteren Menschen zu sprechen. Er sprach sie im Park an, im Café, in Gasthäusern. Er fand tatsächlich eine ältere Bäkkersfrau, die seine Mutter als junges Mädchen gekannt hatte. Von dieser ließ er sich alles erzählen, was sie noch wußte. Was war sie für ein Mensch? Wie sah sie aus? Wie hat sie gelebt? Woher kamen ihre Eltern? Von der Bäckersfrau wurden ihm noch andere Menschen genannt, die sich an seine Mutter erinnern konnten. Verwandte gab es keine mehr. Über seinen leiblichen Vater konnte er nichts herausfinden. Allein, mit Menschen gesprochen zu haben, die seine Mutter einst gekannt hatten, half ihm, seinen inneren Frieden mit seiner Adoption zu machen. «Dieser Urlaub war für mich die Rückkehr zu mir selbst. Ich habe geweint, gespürt, gefühlt und begonnen, mich selbst zu finden.»

Vielen Adoptierten bleibt der Weg zurück zu Menschen ihrer Herkunft für immer verschlossen. Sie sind gezwungen, mit der Lücke zu leben. Auch Verwandte können sie nicht befragen. In sehr vielen Nationen gibt es keine Möglichkeit auf Kenntnis der Abstammung. Manche adoptierten Kinder waren Findelkinder – besonders in sehr armen Ländern. Diesen Menschen bleibt nur, sich in ihren Gedanken mit ihrer Herkunftssituation zu befassen. Sie bleiben ohne leibliche Verwandte, bis sie selbst Kinder haben. Ein Stück ihrer Identität können sie in Erfahrung bringen, indem sie in ihre Herkunftsländer reisen.

Ji Yuhn Engel berichtet in ihrem Artikel «Warum muß ich ausgerechnet in der Schweiz sein, wo jeder mir ansieht, daß ich nicht von hier bin?» von ihrer Reise nach Korea: «Durch die Reise zu meinem Ursprung habe ich ein Teil meines Selbst wiedergefunden. Der Baum kann sich nun besser entfalten, der Stamm und die Wurzeln werden dicker. Seit ich wieder zurück bin, ist mein Leben in der Schweiz zufriedener geworden. Ich kann jetzt aktiv mit der Adoption umgehen und sie vielleicht auch besser akzeptieren. Die Frage nach der leiblichen Mutter ist gänzlich verschwunden, und die Umstände sind nicht mehr relevant. Korea ist näher gekommen, und ich habe die Möglichkeit, wieder zurückzugehen. Ob nur in die Ferien oder für immer, liegt in meiner Freiheit» (Schärer 1991, 118).

All jenen Adoptierten, die gar nichts über leibliche Angehörige herausfinden können, weder den Wohnort noch den Namen der abgebenden Eltern, bleibt nur, ihre leiblichen Eltern in Phantasie zu entwerfen und immer mal wieder im Leben ein Stück zu trauern. In Selbsthilfegruppen erwachsener Adoptierter können sich diese Menschen mit Menschen ähnlicher existentieller Erfahrung zusammenschließen. So stehen sie mit ihrer einzigartigen Situation nicht ganz allein. Zum Thema Suche von Adoptierten nach ihren Ursprungsfamilien gibt es inzwischen einige empfehlenswerte Literatur. Hier können Adoptierte sich mit ihrer Situation befassen und anhand der geschilderten Lebenssituationen von Betroffenen ihre eigene Geschichte ein Stück bearbeiten (siehe Anhang).

Auch leibliche Mütter suchen

Frau Groß hat kurz vor dem 18. Geburtstag ihres Sohnes, den sie vor 15 Jahren zur Adoption freigegeben hatte, die Adoptionsvermittlungsstelle aufgesucht. Sie bat den Adoptionsvermittler, den Adoptiveltern und ihrem Sohn Briefe zu überreichen, in welchen sie ihre Bereitschaft zu einem persönlichen Kennenlernen kundtat. Sie formulierte es so: «Lieber Dominik, ich weiß, daß diese Nachricht von mir bei Dir sehr gemischte Gefühle hervorrufen wird. Doch ich möchte, daß Du weißt: Ich bin an einem Treffen mit Dir interessiert und warte darauf, daß ich Dir alle Fragen zu Deiner Adoption beantworten kann. Wenn Du mich nicht sehen willst – oder noch nicht, so will ich das respektieren. Ich möchte, daß Du weißt, daß es mich gibt und daß ich Dich nicht vergessen habe.»

Der Adoptionsvermittler suchte die Adoptiveltern auf, um ihnen von der leiblichen Mutter zu berichten und die Briefe zu übergeben. Doch die Adoptiveltern wollten auf keinen Fall ihren Adoptivsohn über die Anfrage der Mutter informieren. Sie gaben die Briefe geschlossen dem Adoptionsvermittler wieder zurück.

Laut Gesetz gibt es keine Möglichkeit für Frau Groß, ihrem Sohn die Information zukommen zu lassen. Sie bat den Adoptionsvermittler, den Sohn vielleicht am Arbeitsplatz aufzusuchen und ihm von ihr zu berichten. Tatsächlich würde der Adoptionsvermittler gegen § 1758 des BGB verstoßen, der den Adoptiveltern allein zugesteht, zu bestimmen, wie weit das Kind informiert wird. Ohne Einverständnis der Adoptiveltern kann der Adoptionsvermittler nicht auf Dominik zugehen.

Das ist tragisch. Dominik hat keine Chance, die Signale seiner leiblichen Mutter zu erhalten. Er hat keine Möglichkeit, ja oder nein zu sagen, selbst zu bestimmen. Erst wenn er von sich aus zur Adoptionsvermittlungsstelle geht, wird er erfahren, daß sie sich schon längst gemeldet hat. Dies wird eine schwere Belastungsprobe für das Vertrauensverhältnis zwischen Dominik und seinen Adoptiveltern sein.

Die Angst leiblicher Mütter

Frau Hofmann hatte 1969, 1970 und 1972 ihre Kinder zur Adoption freigegeben. 1980 noch beteuerte sie, sie hätte diese vergessen. Bei der Vorstellung, die Kinder könnten sie einmal suchen, reagierte sie erschreckt. Im Telefonbuch ließ sie sich unter einem anderen Namen führen. Doch einige Jahre später begann sie zu fühlen. Sie bereute nie, fand ihre Handlung von damals nach wie vor angemessen. Aber sie begann sich vorzustellen, wie alt die Kinder inzwischen sind, wie sie leben und stand einer Begegnung nicht mehr ablehnend gegenüber. Eines Tages bekam sie vom Amt für Statistik und Einwohnerwesen einen Brief: In einer Familienangelegenheit läge eine Anfrage vor. Ob sie ihr Einverständnis zur Aufhebung der Informationssperre geben würde. Sie konnte keine Nacht mehr schlafen. Sie wollte warten, bis es ihr besser ginge, um einer Begegnung gewachsen zu sein. Sie hatte Angst. Angst vor den Fragen. Und sie schämte sich vor dem erwachsenen Kind, in welch schlechten Verhältnissen sie lebt. Sie brauchte ein Jahr, bis sie Kontakt mit dem anfragenden Sohn aufnahm.

Viele leibliche Mütter haben Angst vor der Konfrontation. Die Not jener Zeit wird erneut wach, wenn die von ihnen freigegebenen Kinder sich melden. Schuldgefühle, Angst vor Vorwürfen, Illusionen, alles gerät durcheinander. Wie sollen sie sich rechtfertigen, wie den tiefgreifenden Schritt begreifbar machen? Kann ihnen ihr Kind verzeihen?

Es gibt Abgebende, die sich schnell melden und sagen, daß sie schon lange auf ein Zeichen gewartet haben. Andere rühren sich lange nicht. Oft sind suchende Adoptierte dann enttäuscht, daß sie keine Antwort bekommen. Doch für viele leibliche Mütter oder Väter ist es unvorstellbar schwer, sich der Wirklichkeit zu stellen. Manche sind verheiratet, haben ihrem Partner nie etwas gesagt. Andere haben das Kind für gestorben ausgegeben. Sie haben ihr Kind zu einer Zeit freigegeben, als ihr Auftrag im Adoptionsprozeß hieß, unsichtbar zu werden, zu vergessen, das Kind und seine neue Familie nicht zu stören. Viele Frauen möchten den tiefen Schmerz und die Schmach nicht wieder aufreißen. Die Erfahrung hat gezeigt, daß es wichtig ist, diesen Frauen Zeit zu lassen. Die meisten von ihnen entscheiden sich dann doch nach langem Zögern für eine Begegnung.

Leibliche Väter haben – gemäß ihrem Rollenauftrag in der Gesellschaft – mehr Distanz zu ihren unbekannten Nachkommen. «Wenn Väter bei der gesamten Thematik Suchen und Finden auftauchen, dann fast immer als *Gefundener*. Aber auch dann spielen sie nur eine Randrolle. Sie übernehmen oft auch dann noch keine Verantwortung für ihre Vergangenheit, oder sie demonstrieren deutliches Desinteresse» (Swientek 1993, 118).

Wenn erwachsene Adoptierte nicht suchen

Es gibt erwachsene Adoptierte, die von sich klar sagen: «Ich habe kein Interesse, meine Eltern kennenzulernen.» Manche sind mit sich und ihrer Lebenssituation so zufrieden, daß sie nichts vermissen. Andere Adoptierte beantworten den uralten Schmerz, fortgegeben worden zu sein, mit der Reaktion: «Sie interessieren mich nicht. Ich habe sie ein für allemal aus meinem Leben gestrichen.» Sie wollen auch im Erwachsenenleben nicht an dem tiefen Schnitt in ihrem Leben rühren.

Viele Adoptierte begeben sich nie auf die Suche. Manche haben ihren Frieden gefunden, andere haben verdrängt. Wie auch immer adoptierte Menschen sich entscheiden: es ist zu respektieren. Sie dürfen nie gedrängt werden und sollen selbst bestimmen, wie sie mit ihrer ungewöhnlichen Kindheit langfristig umgehen wollen. Ich weiß von einer heute vierundsechzigjährigen Adoptierten, die begonnen hat, nach ihrer leiblichen Mutter zu suchen. Andere Adoptierte beginnen manchmal erst mit der Suche nach ihren leiblichen Eltern, wenn sie selbst Kinder haben. Dann wird ihnen erst richtig bewußt, was mit ihnen selbst am Beginn ihres Lebens Besonderes geschehen ist. Oder sie sagen sich: «Da gibt es irgendwo eine Frau, die jetzt nicht weiß, daß sie Enkelkinder hat.»

Schlußbemerkungen

Auch mit ihrer Adoption und ihren Adoptiveltern zufriedene Kinder leben in einer Ausnahmesituation, die sie lebenslang begleitet. Aus halboffenen und offenen Adoptionen wissen wir, daß die Kinder geringere Identitätsprobleme haben als Kinder aus Inkognito-Adoptionen. Zusammentreffen von Adoptiveltern, leiblichen Eltern und Kind helfen dem Kind, seine beiden Welten zu verknüpfen. Kinder fühlen sich identischer, wenn sie leibliche Verwandte kennen. Deshalb hilft es adoptierten Kindern, wenn sie Kontakt mit leiblichen Geschwistern haben. Mit Kindern anderer ethnischer Herkunft sollten Adoptiveltern in das Herkunftsland reisen, sobald es die politische Situation dort erlaubt.

Was Kinder über ihre Herkunftseltern von ihren Adoptiveltern erfahren, prägt ihr Denken und Fühlen darüber, wer sie sind. Adoptiveltern sollten sich von Anfang an um Fotos, um einen Lebensbrief der abgebenden Eltern bemühen.

Voraussetzung für eine positive Identitätsentwicklung der Kinder und Jugendlichen ist, daß Adoptiveltern selbst im Lauf der Jahre Selbstvertrauen und Kompetenz entwickeln. Nur wenn sie es nicht mehr als Makel empfinden, kein leibliches Kind zu haben, können sie selbstbewußte Adoptiveltern sein. Adoptiveltern benötigen eine positive Ich-Identität, um ihren Kindern bei der Bewältigung ihrer Ausnahmesituation beizustehen.

Nur solche Adoptivkinder können ein positives Selbstbild entwickeln, deren Adoptiveltern sich mit der abgebenden Familie emotional ausgesöhnt haben. Schildern Sie die Ursprungseltern des Kindes nicht als Menschen mit bösen Charaktereigenschaften, sondern als Menschen in schweren Krisen. Sie haben, wie alle anderen Menschen auch, gute und schlechte Seiten. Außerdem braucht kein Kind die schwierigen Seiten seiner Eltern zu wiederholen. Es hat eine neue Chance. Es ist ein neuer eigener Mensch.

Wir brauchen Adoptionsvermittlerinnen und Adoptionsvermittler, die umdenken und von sich aus abgebenden und annehmenden Eltern ein Kennenlernen vorschlagen und sie dabei begleiten. Bei der Beratung zur Freigabe muß der bisher abverlangte Verdrängungsprozeß gestoppt werden. Abgebende Mütter dürfen nicht weiter im Schatten stehen. Es muß möglich werden, sein Kind anderen Menschen anzuvertrauen, ohne für diesen ohnehin schmerzlichen Schritt moralisch verurteilt zu werden.

Müttern und Vätern, die wollen, daß ihr Kind in einer anderen Familie aufwächst, sollte deutlich gesagt werden, daß sie für dieses Kind wichtig bleiben. Sie behalten ein Stück Verantwortung. Abgebende Eltern, die in Abständen Fotos und Briefe von den Adoptiveltern ihres Kindes erhalten oder das Kind besuchen können, fühlen sich nicht dermaßen entwertet und ausgegrenzt.

Abgebende und annehmende Eltern benötigen fachliche Hilfe, Beratung und Begleitung auch nach Abschluß der Adoption. Um entsprechende Fortbildung und Gruppenarbeit anzubieten, benötigen Jugendämter ökonomische und personelle Kapazität. Die Annahme als Kind ist eine Maßnahme der Jugendhilfe. Adoptiveltern, vor allem jene, die Kinder aufgenommen haben, die dem Säuglingsalter schon entwachsen waren, dürfen nicht mit ihrer schweren Situation allein gelassen werden.

Doch auch die gesetzlichen Grundlagen der Adoption müssen überdacht und geändert werden. Es ist nicht zum Wohl des Kindes, daß seine verwandtschaftlichen Beziehungen mit der Adoption ausgelöscht werden sollen. Psychisch-soziale Realität und gesetzliche Realität widersprechen einander und erschweren es den betroffenen Menschen, mit ihrer Doppelsituation zu leben. Wir benötigen Paragraphen, die die positiven Erfahrungen der offenen und halboffenen Adoption einbeziehen. In einem veränderten Bürgerlichen Gesetzbuch müßte festgeschrieben werden, daß trotz klarer rechtlicher und sozialer Zugehörigkeit zu den Adoptiveltern, dem Kind auch die abgebende Familie durch Fotos, Erzählungen oder Kontakte – je nach Situation – erhalten bleiben soll. Nur dann können sich Adoptierte als ganze wertvolle Menschen fühlen.

Anhang

Formale Schritte im Adoptionsverfahren

Abgebende Eltern: Die Freigabe zur Adoption

Die Absichtserklärung der leiblichen Eltern

Die abgebenden Eltern können nach der Geburt ihre Absicht erklären, daß sie ihr Kind zur Adoption freigeben möchten. Diese Erklärung, die von nichtehelichen Müttern und bei ehelichen Kindern von beiden Eltern unterzeichnet werden muß, ist eine Vollmacht für die Adoptionsvermittlungsstelle. Diese wird beauftragt, in Impfungen oder ärztliche Eingriffe (Operationen) einzuwilligen, und sie enthält die Erlaubnis, das Kind aus dem Krankenhaus in die Adoptionspflegestelle zu bringen.

Diese Absichtserklärung kann jederzeit widerrufen werden. Die notarielle Einwilligung kann frühestens acht Wochen nach der Geburt vorgenommen werden. Sie ist nicht widerrufbar.

Die meisten Jugendämter haben für diese erste Absichtserklärung auch heute noch einen Formulartext, der gegenüber der leiblichen Mutter einschüchternd und rigide formuliert ist und der unterschreibenden Mutter bereits weitergehende Zugeständnisse abverlangt, als zu diesem Zeitpunkt notwendig. Hier ein Beispiel (abgebende Mütter sollten in einem solchen Text die Passagen streichen, mit denen sie nicht einverstanden sind!):

Erklärung und Ermächtigung

Als Mutter/Vater des Kindes .... geb. am ....
gibt Frau/Fräulein/Herr .... geb. am ....
nach eingehender Belehrung über Wesen und rechtliche Folgen
einer Adoption die folgenden Erklärungen ab und erteilt nach-
stehende Vollmachten:

1. Ich habe mich entschlossen, meinem Kind .... die
Adoption durch ausgewählte Adoptiveltern zu ermöglichen. Mir
ist bekannt, daß durch die Adoption alle rechtlichen verwandtschaftlichen Beziehungen des Kindes zu mir und meinen Angehörigen mit allen rechtlichen Konsequenzen erlöschen und ein
entsprechendes Verwandtschaftsverhältnis zwischen dem Kind
und der Adoptivfamilie entsteht. Ich weiß, daß ich zur Wahrung
des Inkognitos der Adoptiveltern deren Name und Anschrift
nicht erfahre.

   Zur Adoption des Kindes ist meine notariell beurkundete Einwilligungserklärung gem. § 1747 BGB erforderlich. Ich erkläre
mich bereit, zu einem mir bekannten Notar zu gehen und jene
Einwilligung zu erteilen. Mir ist bekannt, daß eine solche Einwilligungserklärung unwiderruflich ist, daß mit Wirksamwerden
meine elterliche Sorge und Unterhaltspflicht gegenüber dem
Kinde ruhen, das Jugendamt Vormund wird und die Adoptiveltern vorrangig unterhaltspflichtig werden.

2. Ich bin darüber belehrt worden, daß meine Einwilligung zur
Adoption nach Ablauf einer Frist von drei Monaten ab dieser
Belehrung vom Amtsgericht ersetzt werden kann, wenn sie mei-
nerseits aus Gleichgültigkeit unterbleiben sollte. Mir ist bekannt,
daß dies eine Belehrung im Sinne des § 1748 II BGB ist.

   Ich bin davon unterrichtet, daß auf meine Einwilligung verzichtet werden kann, wenn ich meinen Aufenthalt ohne Hinterlassung einer neuen Anschrift wechsle und es dem Amtsgericht
und Jugendamt nicht möglich ist, meinen neuen Aufenthalt zu
ermitteln.

   Ich bestätige, daß mir vom Jugendamt Beratung bezüglich des
Schicksals des Kindes angeboten wurde.

3. Ich ermächtige hiermit die Adoptionsvermittlungsstelle des Jugendamtes ...., mein o.g. Kind jederzeit aus dem

Krankenhaus, Heim oder der Pflegestelle herauszunehmen und es ausgewählten Adoptiveltern zu übergeben.

Die Adoptiveltern sind von mir bevollmächtigt, notwendige Impfungen und Operationen bei dem Kind durchführen zu lassen, einen Kinderausweis oder Reisepaß zu beantragen und entgegenzunehmen, das Kind taufen zu lassen und die Grundrichtung der religiösen Erziehung des Kindes selbst zu bestimmen.

Ärzte, die das Kind und mich behandelt haben, entbinde ich hiermit gegenüber der Adoptionsvermittlungsstelle des Jugendamtes .... von ihrer Schweigepflicht.

.... den .... Unterschrift

Die Belehrungen in dieser Erklärung klingen wie eine Androhung. Zwar wird die abgebende Mutter informiert, unter welchen Bedingungen das Kind adoptiert werden kann, falls die Mutter nicht zum Notar geht. Wir finden aber keine Belehrung darüber, daß diese Erklärung jederzeit widerrufen werden kann und die Mutter die Möglichkeit hat, ihr Kind doch noch zu sich zu nehmen. Teile dieser vorläufigen Erklärung entsprechen der erst später erforderlichen notariellen Einwilligungserklärung. Erst mit der notariell beurkundeten Einwilligung ruht die elterliche Sorge.

Auch wird in dieser Erklärung nichts darüber ausgesagt, daß leibliche Eltern Anspruch haben, Informationen über die künftige Adoptivfamilie zu erhalten (nicht jedoch Name und Adresse).

Die notarielle Einwilligung

Mit der Unterschrift unter der notariellen Einwilligung gibt es kein Zurück mehr. Bei nichtehelichen Kindern ist ausschließlich die notariell beurkundete Freigabe zur Adoption durch die Mutter erforderlich. Vom Vater muß eine Verzichtserklärung eingeholt werden, daß er das Kind nicht selbst adoptieren oder für ehelich erklären will.

Die notarielle Einwilligung verliert ihre Gültigkeit und muß erneuert werden, wenn das Kind drei Jahre nach Einwilligung nicht adoptiert worden ist.

Hier ein Vordruck für die notarielle Einwilligung durch die leibliche Mutter:

Einwilligung in eine Kindesannahme

Ich gebe meine Einwilligung gemäß § 1746 Ziffer I BGB und § 1747 Ziffer II BGB dazu, daß ....

....

von den Eheleuten als gemeinschaftliches Kind angenommen wird, die von dem Stadtjugendamt in .... unter der Adoptionslistennummer .... geführt werden.

Ich bin mir bewußt, daß diese Einwilligungserklärung unwiderruflich ist.

Ich gebe ferner meine Einwilligung dazu, daß das Kind fortan ausschließlich den Familiennamen der annehmenden Eltern führt.

Ich verzichte auf jede weitere Benachrichtigung und auf Zustellung irgendwelcher Ausfertigungen und bin mit der Eintragung eines Sperrvermerkes im Geburtenbuch des Geburtenstandesamtes einverstanden.

Ich gebe diese Erklärung nach § 1750 BGB dem für die Bestätigung des Annahmevertrages zuständigen Vormundschaftsgericht gegenüber unwiderruflich ab.

Ich wurde darüber belehrt, daß nach geltendem Recht gemäß § 1755 BGB das Verwandtschaftsverhältnis erlischt und damit auch alle sich aus dem Verwandtschaftsverhältnis ergebenden Rechte und Pflichten.

Ich wurde ferner darüber belehrt, daß gemäß § 1751 Ziffer I BGB mit dieser Einwilligungserklärung meine elterliche Sorge ruht und daß mein Recht, mit dem Kind persönlich zu verkehren, nicht mehr ausgeübt werden darf.

Das Protokoll wurde der Erschienenen vorgelesen, von ihr genehmigt und wie folgt unterschrieben:

.... den .... Unterschrift

Öffnung im Adoptionprozeß

Immer mehr Adoptionsstellen wollen ein persönliches Kennenlernen von abgebenden und annehmenden Eltern ermöglichen. Wenn Ihre Adoptionsvermittlerin oder Ihr Adoptionsvermittler Sie nicht von selbst auf die Möglichkeit des persönlichen Kennenlernens anspricht, so sollten Sie dies tun. Auch dabei können beide Seiten anonym bleiben.

Alle Rechte liegen nun bei den künftigen Adoptionseltern. Sie können bestimmen, ob sie ein persönliches Kennenlernen wollen, inwieweit sie die Adoption öffnen wollen. Viele Annehmende vereinbaren heute, Fotos und Informationen über die Adoptionsvermittlungsstelle an die leibliche Mutter zu schicken. Auch persönliche Begegnungen und Kontakte zwischen leiblicher Mutter (oder leiblichem Vater), neuen Eltern und Kind werden immer öfter vereinbart. Rechtliche Grundlagen hierfür gibt es nicht. Abgebende Eltern sind auf das «Wort» der Adoptiveltern angewiesen.

Annehmende Eltern: Von der Bewerbung bis zum Abschluß der Adoption

Wenn Sie ein Kind adoptieren wollen, wenden Sie sich an Ihr zuständiges Jugendamt, Stadtverwaltung oder Kreisverwaltung bzw. Landratsamt oder an eine Adoptionsvermittlung der freien Träger (siehe Kontaktadressen).

Wenn Sie sich für die Aufnahme eines ausländischen Kindes interessieren, so müssen Sie sich ebenfalls an Ihr zuständiges Jugendamt wenden. Dies muß bei Adoptionen mit Auslandsberührung die zentralen Adoptionsstellen einschalten. Darüber hinaus können Sie sich bei einer der anerkannten Adoptionsvermittlungsstellen bewerben (siehe Kontaktadressen).

In vielen Adoptionsvermittlungsstellen werden Sie sich von vornherein auf eine längere Phase der Entscheidungsfindung einstellen müssen. Sie werden Fragebögen ausfüllen und Gesundheitszeugnisse, polizeiliche Führungszeugnisse etc. vorlegen müssen.

Wenn es AdoptiveIterngruppen, organisiert durch das Jugendamt oder Selbsthilfegruppen, gibt, so sollten Sie als Bewerberinnen und Bewerber unbedingt daran teilnehmen, da Sie dort von den reichhaltigen Erfahrungen der anderen Familien emotional lernen werden.

Es bleibt allen Adoptionswilligen freigestellt, sich auch an andere Jugendämter zu wenden. Falls diese Interesse haben, fordern sie den Eignungsbericht vom zuständigen Jugendamt an. Viele Jugendämter nehmen allerdings Adoptionswillige, die nicht in ihrem Zuständigkeitsbereich wohnen, gar nicht an, weil sie selbst genügend Bewerber auf der Warteliste haben.

Die Adoptionsvermittlerinnen und -vermittler stellen die ganz allgemeine Eignung fest. Wenn Sie als Bewerberinnen und Bewerber für geeignet anerkannt sind, dann heißt dies noch nicht, daß Sie auch ein Kind bekommen werden. Jetzt beginnt die lange Wartezeit.

Ein bestimmtes Kind wird Ihnen vorgeschlagen

Lassen Sie sich über dieses Kind und seine Herkunftsfamilie umfassend informieren. Das Jugendamt ist auch verpflichtet, auf Behinderungen und Krankheiten des Kindes deutlich aufmerksam zu machen, bzw. entsprechende Abklärungen vornehmen zu lassen.

Ob Sie für dieses bestimmte Kind «geeignete» Eltern werden können, muß nun sorgfältig abgeklärt werden. Wenn Sie dieses Kind aufnehmen wollen, so kommt es nach einer Anbahnungsphase in Adoptionspflege. In dieser Zeit sollen neue Eltern und Kind miteinander vertraut werden. Für einen Säugling oder ein Kleinkind ist diese Zeit wesentlich kürzer als für ein älteres Kind. Die Adoptionspflege beginnt, wenn das Kind in den Haushalt aufgenommen wird und endet mit dem Abschluß des Adoptionsverfahrens durch das Vormundschaftsgericht. Ein Anspruch auf Pflegegeldleistung besteht während der Adoptionspflege nicht. Pflegegeld wird dann gezahlt, wenn die Einwilligung in die Adoption nicht erfolgt ist und das Kind formal als Pflegekind vermittelt worden ist. Es ist dann rechtlich noch das Kind seiner Eltern.

Die gesetzliche Vertretung des Kindes liegt während der Adoptionspflege in der Regel beim Jugendamt.

Notariell beurkundeter Antrag beim Vormundschaftsgericht

Während der Adoptionspflege werden die künftigen Adoptiveltern beraten und begleitet. Die Annehmenden stellen ihren notariell beurkundeten Antrag auf Annahme des Kindes beim Vormundschaftsgericht. Zuständig ist das Gericht, in dessen Bezirk die Annehmenden ihren Wohnsitz haben:

Antrag auf Annahme als Kind

verhandelt zu .... am ....
Vor dem unterzeichnenden Notar erschienen:

1. Ehemann A..........
2. Ehefrau A..........
3. Stadtamtfrau/Stadtamtmann ....

Die Beteiligten zu 1 und 2 erklären, zunächst:

Wir sind deutsche Staatsangehörige. Ich, der Beteiligte zu 1, bin am
.... in .... und ich, die Beteiligte zu 2, bin am .... in
.... geboren. Wir haben am .... vor dem Standesbeamten
in .... die Ehe geschlossen. Die Beteiligten zu 1 und 2 sind in
erster Ehe verheiratet. Wir haben keine Abkömmlinge.

Die Beteiligten zu 1 bis 3 erklären weiter:
Das Jugendamt .... ist Vormund/Pfleger des am .... in
.... geborenen Kindes .... Die Geburt des Kindes ist unter
Nr. .... des Standesamtes .... beurkundet.

   Der Beteiligte zu 3 ist mit der Ausübung der vormundschaftlichen
Obliegenheiten für das genannte Kind beauftragt.

   Die Vormundschaft/Pflegschaft wird beim Amtsgericht ....
unter dem Aktenzeichen .... geführt.

Das Kind befindet sich bei den Beteiligten zu 1 und 2 seit dem
.... in Pflege. Dies vorausgeschickt erklärten die Beteiligten zu
1 und 2 folgenden

Antrag auf Annahme als Kind

§ 1
Die Beteiligten zu 1 und 2 beantragen beim zuständigen Vormund-
schaftsgericht – Amtsgericht .... auszusprechen:
Das am .... in .... geborene Kind .... wird von den
Eheleuten A in .... als gemeinschaftliches Kind angenommen.
Das Kind erhält als Geburtsnamen den Namen A.

§ 2
Der Beteiligte zu 3 erklärte: Ich willige namens des von mir vertre-
tenen Kindes in die Annahme als Kind durch die Beteiligten zu 1
und 2 ein. Ich gebe diese Einwilligungserklärung gegenüber dem

zuständigen Vormundschaftsgericht ab. Mir ist bekannt, daß meine Einwilligungserklärung mit dem Zugang an das Vormundschaftsgericht unwiderruflich wird.

§ 3

Für den Fall des Todes eines der Beteiligten zu 1 und 2 oder beider Beteiligten zu 1 und 2 wird der beurkundende Notar mit der Einreichung des Antrages auf Annahme als Kind beim zuständigen Vormundschaftsgericht betraut.

Diesem Antrag müssen von den Adoptionswilligen und vom zuständigen Jugendamt folgende Unterlagen beigefügt werden:

Heiratsurkunde der Annehmenden

Geburtsurkunden von annehmender Ehefrau und annehmendem Ehemann

Nachweis der Staatsangehörigkeit der Annehmenden (Ist ein Annehmender anderer Nationalität, so findet das Recht des Heimatlandes Anwendung.)

Amtsärztliche Zeugnisse über Ehefrau und Ehemann

Geburtsurkunde des Kindes

Bei ehelichen Kindern Heiratsurkunde der Eltern, bei nichtehelichen Kindern Geburtsurkunde der Mutter

Notariell beurkundete Einwilligungserklärung der Eltern oder der Mutter

Amtsärztliches Zeugnis über das Kind

Staatsangehörigkeit des Kindes

Strafregisterauszug der Annehmenden

Stellungnahme des Jugendamtes

Die Adoptionsvermittlungsstelle gibt ihre gutachterliche Stellungnahme über die Annehmenden und das Kind an das Vormundschaftsgericht ab. Die Annahme als Kind wird vom Vormundschaftsgericht durch Beschluß ausgesprochen. Der Beschluß wird mit Zustellung an die Annehmenden wirksam.

Das Inkognito

Auch heute wird im Adoptionsprozeß meist das Inkognito gewahrt. Annehmende und Abgebende kennen nicht ihre Namen und nicht die persönlichen Daten.

Mit der Inkognito-Adoption werden Sperrvermerke nach dem Personenstandsgesetz im Geburtenregister und in die Personenstandsbücher eingetragen. Einsicht haben nur Behörden, die Annehmenden, deren Eltern und das angenommene Kind, wenn es 16 Jahre alt ist.

Dennoch wird die Adoption nicht nur der Adoptionsvermittlungsstelle, dem Notar und dem Vormundschaftsgericht bekannt, sondern einem größeren Personenkreis: Entbindungsklinik, Standesämter, Schreibkräfte beim Notar, in Jugendamt und Gericht, Mitarbeiterinnen und Mitarbeiter in der Poststelle, Meldebehörden, Kirchengemeinden, Finanzbehörden, Gesundheitsämter, Schulbehörden, Kindergeldkasse, Krankenkasse, Ausländerbehörden. Ein vollständiges Inkognito kann also nicht gewahrt werden. Dem Kind wird spätestens mit Eheschließung die Adoption bekannt (Prüfung des Eheverbots der Verwandtschaft und Schwägerschaft gemäß Ehegesetz).

Rechtliche Grundlagen im Wortlaut

Auszüge aus dem Bürgerlichen Gesetzbuch (BGB)

§ 1741 Zulässigkeit der Annahme

(1) Die Annahme als Kind ist zulässig, wenn sie dem Wohl des Kindes dient und zu erwarten ist, daß zwischen dem Annehmenden und dem Kind ein Eltern-Kind-Verhältnis entsteht.

(2) Ein Ehepaar kann ein Kind gemeinschaftlich annehmen. Ein Ehegatte kann sein nichteheliches Kind oder ein Kind seines Ehegatten allein annehmen. Er kann ein Kind auch dann allein annehmen, wenn der andere Ehegatte ein Kind nicht annehmen kann, weil er geschäftsunfähig oder in der Geschäftsfähigkeit beschränkt ist.

(3) Wer nicht verheiratet ist, kann ein Kind allein annehmen. Der Vater oder die Mutter eines nichtehelichen Kindes kann das Kind annehmen.

§ 1743 Alterserfordernis

(1) Bei der Annahme durch ein Ehepaar muß ein Ehegatte das 25. Lebensjahr, der andere Ehegatte das 21. Lebensjahr vollendet haben.

(2) Wer ein Kind allein annehmen will, muß das 25. Lebensjahr vollendet haben.

(3) Wer sein nichteheliches Kind oder ein Kind seines Ehegatten annehmen will, muß das 21. Lebensjahr vollendet haben.

(4) Der Annehmende muß uneingeschränkt geschäftsfähig sein.

§ 1744 Probezeit vor der Annahme

Die Annahme soll in der Regel erst ausgesprochen werden, wenn der Annehmende das Kind eine angemessene Zeit in Pflege gehabt hat.

§ 1746 Einwilligung des Kindes

(1) Zur Annahme ist die Einwilligung des Kindes erforderlich. Für ein Kind, das geschäftsunfähig oder noch nicht vierzehn Jahre alt ist, kann nur sein gesetzlicher Vertreter die Einwilligung erteilen. Im übrigen kann das Kind die Einwilligung nur selbst erteilen; es bedarf hierzu der Zustimmung seines gesetzlichen Vertreters. Die Einwilligung bedarf bei unterschiedlicher Staatsangehörigkeit des Annehmenden und des Kindes der Genehmigung des Vormundschaftsgerichts.

(2) Hat das Kind das vierzehnte Lebensjahr vollendet und ist es nicht geschäftsunfähig, so kann es die Einwilligung bis zum Wirksamwerden des Ausspruchs der Annahme gegenüber dem Vormundschaftsgericht widerrufen. Der Widerruf bedarf der öffentlichen Beurkundung. Eine Zustimmung des gesetzlichen Vertreters ist nicht erforderlich.

(3) Verweigert der Vormund oder Pfleger die Einwilligung oder Zustimmung ohne triftigen Grund, so kann das Vormundschaftsgericht sie ersetzen.

§ 1747 Einwilligung der Eltern des Kindes

(1) Zur Annahme eines ehelichen Kindes ist die Einwilligung der Eltern erforderlich.

(2) Zur Annahme eines nichtehelichen Kindes ist die Einwilligung der Mutter erforderlich. Die Annahme eines nichtehelichen Kindes durch dritte ist nicht auszusprechen, wenn der Vater die Ehelichkeitserklärung oder die Annahme des Kindes beantragt hat; dies gilt nicht, wenn die Mutter ihr nichteheliches Kind annimmt. Der Vater des nichtehelichen Kindes kann darauf verzichten, diesen Antrag zu stellen. Die Verzichtserklärung bedarf der öffentlichen Beurkundung; sie ist unwiderruflich. § 1750 gilt sinngemäß mit Ausnahme des Absatz 4 Satz 1.

(3) Die Einwilligung kann erst erteilt werden, wenn das Kind acht Wochen alt ist. Sie ist auch dann wirksam, wenn der Einwilligende die schon feststehenden Annehmenden nicht kennt.

(4) Die Einwilligung eines Elternteils ist nicht erforderlich, wenn er zur Abgabe einer Erklärung dauernd außerstande oder sein Aufenthalt dauernd unbekannt ist.

§ 1748 Ersetzung der Einwilligung eines Elternteils

(1) Das Vormundschaftsgericht hat auf Antrag des Kindes die Einwilligung eines Elternteils zu ersetzen, wenn dieser seine Pflichten gegenüber dem Kind anhaltend gröblich verletzt hat oder durch sein Verhalten gezeigt hat, daß ihm das Kind gleichgültig ist, und wenn das Unterbleiben der Annahme dem Kind zu unverhältnismäßigem Nachteil gereichen würde. Die Einwilligung kann auch ersetzt werden, wenn die Pflichtverletzung zwar nicht anhaltend, aber besonders schwer ist und das Kind voraussichtlich dauernd nicht mehr der Obhut des Elternteils anvertraut werden kann.

(2) Wegen Gleichgültigkeit, die nicht zugleich eine anhaltende gröbliche Pflichtverletzung ist, darf die Einwilligung nicht ersetzt werden, bevor der Elternteil vom Jugendamt über die Möglichkeit ihrer Ersetzung belehrt und nach Maßgabe des § 51 Abs. 2 des Achten Buches Sozialgesetzbuch beraten worden ist und seit der Belehrung wenigstens drei Monate verstrichen sind; in der Belehrung ist auf die Frist hinzuweisen. Der Belehrung bedarf es nicht, wenn der Elternteil seinen Aufenthaltsort ohne Hinterlassung seiner neuen Anschrift gewechselt hat und der Aufenthaltsort vom Jugendamt während eines Zeitraums von drei Monaten trotz angemessener Nachforschungen nicht ermittelt werden konnte; in diesem Fall beginnt die Frist mit der ersten auf die Belehrung und Beratung oder auf die Ermittlung des Aufenthaltsorts gerichteten Handlung des Jugendamts. Die Fristen laufen frühestens fünf Monate nach der Geburt des Kindes ab.

(3) Die Einwilligung eines Elternteils kann ferner ersetzt werden, wenn er wegen einer besonders schweren psychischen Krankheit oder einer besonders schweren geistigen oder seelischen Behinderung zur Pflege und Erziehung des Kindes dauernd unfähig ist und wenn das Kind bei Unterbleiben der Annahme nicht in einer Familie aufwachsen könnte und dadurch in seiner Entwicklung schwer gefährdet wäre.

§ 1749 Einwilligung des Ehegatten

(1) Zur Annahme eines Kindes durch einen Ehegatten allein ist die Einwilligung des anderen Ehegatten erforderlich. Das Vormundschaftsgericht kann auf Antrag des Annehmenden die Einwilligung ersetzen. Die Einwilligung darf nicht ersetzt werden, wenn berechtigte Interessen des anderen Ehegatten und der Familie der Annahme entgegenstehen.

(2) Zur Annahme eines Verheirateten ist die Einwilligung seines Ehegatten erforderlich.

(3) Die Einwilligung des Ehegatten ist nicht erforderlich, wenn er zur Abgabe der Erklärung dauernd außerstande oder sein Aufenthalt dauernd unbekannt ist.

§ 1750 Einwilligungserklärung

(1) Die Einwilligung nach §§ 1764, 1747 und 1749 ist dem Vormundschaftsgericht gegenüber zu erklären. Die Erklärung bedarf der notariellen Beurkundung. Die Einwilligung wird in dem Zeitpunkt wirksam, in dem sie dem Vormundschaftsgericht zugeht.

(2) Die Einwilligung kann nicht unter einer Bedingung oder einer Zeitbestimmung erteilt werden. Sie ist unwiderruflich; die Vorschrift des § 1746 Abs. 2 bleibt unberührt.

(3) Die Einwilligung kann nicht durch einen Vertreter erteilt werden. Ist der Einwilligende in der Geschäftsfähigkeit beschränkt, so bedarf seine Einwilligung nicht der Zustimmung seines gesetzlichen Vertreters. Die Vorschriften des § 1746 Abs. 1 Satz 2, 3 bleiben unberührt.

(4) Die Einwilligung verliert ihre Kraft, wenn der Antrag zurückgenommen oder die Annahme versagt wird. Die Einwilligung eines Elternteils verliert ferner ihre Kraft, wenn das Kind nicht innerhalb von drei Jahren seit Wirksamwerden der Einwilligung angenommen wird.

§ 1751 Ruhen der elterlichen Sorge und der Unterhaltspflicht

(1) Mit der Einwilligung eines Elternteils in die Annahme ruht die elterliche Sorge dieses Elternteils; die Befugnis zum persönlichen Umgang mit dem Kinde darf nicht ausgeübt werden. Das Jugendamt wird Vormund; dies gilt nicht, wenn der andere Elternteil die elterliche Sorge allein ausübt oder wenn bereits ein Vormund bestellt ist. Eine bestehende Pflegschaft bleibt unberührt. Das Vormundschafts-

gericht hat dem Jugendamt unverzüglich eine Bescheinigung über den Eintritt der Vormundschaft zu erteilen; § 1791 ist nicht anzuwenden.

(2) Absatz 1 ist nicht anzuwenden auf einen Ehegatten, dessen Kind vom anderen Ehegatten angenommen wird.

(3) Hat die Einwilligung eines Elternteils ihre Kraft verloren, so hat das Vormundschaftsgericht die elterliche Sorge dem Elternteil zu übertragen, wenn und soweit dies dem Wohl des Kindes nicht widerspricht.

(4) Der Annehmende ist dem Kind vor den Verwandten des Kindes zur Gewährung des Unterhalts verpflichtet, sobald die Eltern des Kindes die erforderliche Einwilligung erteilt haben und das Kind in die Obhut des Annehmenden mit dem Ziel der Annahme aufgenommen ist. Will ein Ehegatte ein Kind seines Ehegatten annehmen, so sind die Ehegatten dem Kind vor den anderen Verwandten des Kindes zur Gewährung des Unterhalts verpflichtet, sobald die erforderliche Einwilligung der Eltern des Kindes erteilt und das Kind in die Obhut der Ehegatten aufgenommen ist.

§ 1752 Beschluß des Vormundschaftsgerichts; Antrag

(1) Die Annahme als Kind wird auf Antrag des Annehmenden vom Vormundschaftsgericht ausgesprochen.

(2) Der Antrag kann nicht unter einer Bedingung oder einer Zeitbestimmung oder durch einen Vertreter gestellt werden. Er bedarf der notariellen Beurkundung.

§ 1754 Rechtliche Stellung des Kindes

(1) Nimmt ein Ehepaar ein Kind an oder nimmt ein Ehegatte ein Kind des anderen Ehegatten an, so erlangt das Kind die rechtliche Stellung eines gemeinschaftlichen ehelichen Kindes der Ehegatten.

(2) In den anderen Fällen erlangt das Kind die rechtliche Stellung eines ehelichen Kindes des Annehmenden.

§ 1755 Erlöschen bisheriger Verwandtschaftsverhältnisse

(1) Mit der Annahme erlöschen das Verwandtschaftsverhältnis des Kindes und seiner Abkömmlinge zu den bisherigen Verwandten und die sich aus ihm ergebenden Rechte und Pflichten. Ansprüche des Kindes, die bis zur Annahme entstanden sind, insbesondere auf Renten, Waisengeld und andere entsprechende wiederkehrende Leistun-

gen, werden durch die Annahme nicht berührt; dies gilt nicht für Unterhaltsansprüche.

(2) Nimmt ein Ehegatte das nichteheliche Kind seines Ehegatten an, so tritt das Erlöschen nur im Verhältnis zu dem anderen Elternteil und dessen Verwandten ein.

§ 1756 Bestehenbleibende Verwandtschaftsverhältnisse

(1) Sind die Annehmenden mit dem Kind im zweiten oder dritten Grad verwandt oder verschwägert, so erlöschen nur das Verwandtschaftsverhältnis des Kindes und seiner Abkömmlinge zu den Eltern des Kindes und die sich aus ihm ergebenden Rechte und Pflichten.

(2) Nimmt ein Ehegatte das eheliche Kind seines Ehegatten an, dessen frühere Ehe durch Tod aufgelöst ist, so tritt das Erlöschen nicht im Verhältnis zu den Verwandten des verstorbenen Elternteils ein.

§ 1757 Name des Kindes

(1) Das Kind erhält als Geburtsnamen den Familiennamen des Annehmenden. Als Familienname gilt nicht der nach § 1355 Absatz 3 dem Ehenamen vorangestellte Name. Ist der frühere Geburtsname zum Ehenamen des Kindes geworden, so erstreckt sich die Namensänderung auf den Ehenamen nur dann, wenn der Ehegatte der Namensänderung bei der Einwilligung (§ 1749 Absatz 2) zugestimmt hat. § 1617 Absatz 2 bis 4 ist entsprechend anzuwenden; dies gilt auch, wenn sich der Familienname des Annehmenden ändert.

(2) Das Vormundschaftsgericht kann auf Antrag des Annehmenden mit Einwilligung des Kindes mit dem Ausspruch der Annahme

1. Vornamen des Kindes ändern oder ihm einen oder mehrere neue Vornamen beigeben, wenn dies dem Wohl des Kindes entspricht;
2. dem neuen Familiennamen des Kindes den bisherigen Familiennamen voranstellen oder anfügen, wenn dies aus schwerwiegenden Gründen zum Wohl des Kindes erforderlich ist.

§ 1746 Absatz 1 Satz 2, 3, Absatz 3 ist entsprechend anzuwenden.

§ 1758 Offenbarungs- und Ausforschungsverbot

(1) Tatsachen, die geeignet sind, die Annahme und ihre Umstände aufzudecken, dürfen ohne Zustimmung des Annehmenden und des Kindes nicht offenbart oder ausgeforscht werden, es sei denn, daß besondere Gründe des öffentlichen Interesses dies erfordern.

(2) Absatz 1 gilt sinngemäß, wenn die nach § 1747 erforderliche Einwilligung erteilt ist. Das Vormundschaftsgericht kann anordnen, daß die Wirkungen des Absatzes 1 eintreten, wenn ein Antrag auf Ersetzung der Einwilligung eines Elternteils gestellt worden ist.

§ 1759 Aufhebung des Annahmeverhältnisses
Das Annahmeverhältnis kann nur in den Fällen der §§ 1760, 1763 aufgehoben werden.

§ 1760 Aufhebung wegen fehlender Erklärungen
(1) Das Annahmeverhältnis kann auf Antrag vom Vormundschaftsgericht aufgehoben werden, wenn es ohne Antrag des Annehmenden, ohne die Einwilligung des Kindes oder ohne die erforderliche Einwilligung eines Elternteils begründet worden ist.
(2) Der Antrag oder eine Einwilligung ist nur dann unwirksam, wenn der Erklärende

a) zur Zeit der Erklärung sich im Zustand der Bewußtlosigkeit oder vorübergehenden Störung der Geistestätigkeit befand, wenn der Antragsteller geschäftsunfähig war oder das geschäftsunfähige oder noch nicht vierzehn Jahre alte Kind die Einwilligung selbst erteilt hat,

b) nicht gewußt hat, daß es sich um eine Annahme als Kind handelt, oder wenn er dies zwar gewußt hat, aber einen Annahmeantrag nicht hat stellen oder eine Einwilligung zur Annahme nicht hat abgeben wollen oder wenn sich der Annehmende in der Person des anzunehmenden Kindes oder wenn sich das anzunehmende Kind in der Person des Annehmenden geirrt hat,

c) durch arglistige Täuschung über wesentliche Umstände zur Erklärung bestimmt worden ist,

d) widerrechtlich durch Drohung zur Erklärung bestimmt worden ist,

e) die Einwilligung vor Ablauf der in § 1747 Absatz 3 Satz 1 bestimmten Frist erteilt hat.

(Absätze 3 bis 5 enthalten Ausschließungsgründe für die Aufhebung der Adoption.)

§ 1763 Aufhebung von Amts wegen
(1) Während der Minderjährigkeit des Kindes kann das Vormund-

schaftsgericht das Annahmeverhältnis von Amts wegen aufheben, wenn dies aus schwerwiegenden Gründen zum Wohl des Kindes erforderlich ist.

(2) Ist das Kind von einem Ehepaar angenommen, so kann auch das zwischen dem Kind und einem Ehegatten bestehende Annahmeverhältnis aufgehoben werden.

(3) Das Annahmeverhältnis darf nur aufgehoben werden,

    a) wenn in dem Fall des Absatzes 2 der andere Ehegatte oder wenn ein leiblicher Elternteil bereit ist, die Pflege und Erziehung des Kindes zu übernehmen, und wenn die Ausübung der elterlichen Sorge durch ihn dem Wohl des Kindes nicht widersprechen würde oder

    b) wenn die Aufhebung eine erneute Annahme des Kindes ermöglichen soll.

Auszug aus dem 8. Ehegesetz (Gesetz Nr. 16 des Kontrollrates)

B. Eheverbote

§ 4, Absatz 1 Verwandtschaft und Schwägerschaft

Eine Ehe darf nicht geschlossen werden zwischen Verwandten in gerader Linie, zwischen vollbürtigen und halbbürtigen Geschwistern sowie zwischen Verschwägerten in gerader Linie. Dies gilt auch, wenn das Verwandtschaftsverhältnis durch Annahme als Kind erloschen ist.

Auszug aus dem 9. Gesetz über die Vermittlung der Annahme als Kind und über das Verbot der Vermittlung von Ersatzmüttern (Adoptionsvermittlungsgesetz - AdVermiG)

§ 1 Adoptionsvermittlung

Adoptionsvermittlung ist das Zusammenführen von Kindern unter achtzehn Jahren und Personen, die ein Kind annehmen wollen (Adoptionsbewerber), mit dem Ziel der Annahme als Kind. Adoptionsvermittlung ist auch der Nachweis der Gelegenheit, ein Kind anzunehmen oder annehmen zu lassen, und zwar auch dann, wenn das Kind noch nicht geboren oder noch nicht gezeugt ist. Die Ersatzmuttervermittlung gilt nicht als Adoptionsvermittlung.

§ 2 Adoptionsvermittlungsstellen

(1) Die Adoptionsvermittlung ist Aufgabe des Jugendamtes und des Landesjugendamtes. Das Jugendamt darf die Adoptionsvermitt-

lung nur durchführen, wenn es eine Adoptionsvermittlungsstelle eingerichtet hat, das Landesjugendamt nur, wenn es über eine zentrale Adoptionsstelle verfügt. Jugendämter benachbarter Gemeinden oder Kreise können, soweit die ihnen bei der Adoptionsvermittlung obliegenden Aufgaben hierdurch nicht beeinträchtigt werden, eine gemeinsame Adoptionsvermittlungsstelle errichten; die Errichtung bedarf der Zulassung durch die oberste Landesjugendbehörde. Landesjugendämter können eine gemeinsame zentrale Adoptionsstelle bilden. In den Ländern Berlin und Hamburg können dem Landesjugendamt die Aufgaben der Adoptionsvermittlungsstelle des Jugendamtes übertragen werden.

(2) Zur Adoptionsvermittlung sind auch die örtlichen und zentralen Stellen des Diakonischen Werks, des Deutschen Caritasverbandes, der Arbeiterwohlfahrt und der diesen Verbänden angeschlossenen Fachverbände sowie sonstige Organisationen berechtigt, wenn die Stellen von der nach Landesrecht zuständigen Behörde als Adoptionsvermittlungsstellen anerkannt sind.

(3) Die Adoptionsvermittlungsstellen der Jugendämter und die zentralen Adoptionsstellen der Landesjugendämter arbeiten mit den in Absatz 2 genannten Adoptionsvermittlungsstellen partnerschaftlich zusammen.

§ 3 Vermittlung durch Fachkräfte

Mit der Adoptionsvermittlung dürfen nur Fachkräfte betraut werden, die dazu auf Grund ihrer Ausbildung und ihrer beruflichen Erfahrung geeignet sind. Die Adoptionsvermittlungsstellen (§ 2 Absatz 1 und 2) sind mit mindestens einer hauptamtlichen Fachkraft zu besetzen.

§ 5 Vermittlungsverbote

(1) Die Adoptionsvermittlung ist nur den nach § 2 Absatz 1 befugten Jugendämtern und Landesjugendämtern und den nach § 2 Absatz 2 berechtigten Stellen gestattet; anderen ist die Adoptionsvermittlung untersagt.

(2) Das Vermittlungsverbot gilt nicht
    1. für Personen, die mit dem Adoptionsbewerber oder dem Kind bis zum dritten Grad verwandt oder verschwägert sind;
    2. für andere Personen, die in einem Einzelfall und unentgeltlich die Gelegenheit nachweisen, ein Kind anzunehmen oder

annehmen zu lassen, sofern sie eine Adoptionsvermittlungsstelle oder ein Jugendamt hiervon unverzüglich benachrichtigen.

(3) Es ist untersagt, Schwangere, die ihren Wohnsitz oder gewöhnlichen Aufenthalt im Geltungsbereich dieses Gesetzes haben, gewerbs- oder geschäftsmäßig durch Gewähren oder Verschaffen von Gelegenheit zur Entbindung außerhalb des Geltungsbereiches dieses Gesetzes

1. zu bestimmen, dort ihr Kind zur Annahme als Kind wegzugeben,
2. ihnen zu einer solchen Weggabe Hilfe zu leisten.

(4) Es ist untersagt, Vermittlungstätigkeiten auszuüben, die zum Ziel haben, daß ein Dritter ein Kind auf Dauer bei sich aufnimmt, insbesondere dadurch, daß ein Mann die Vaterschaft für ein nichteheliches Kind zum Zwecke der Ehelicherklärung dieses Kind anerkennt, ohne dessen Vater zu sein. Vermittlungsbefugnisse, die sich aus anderen Rechtsvorschriften ergeben, bleiben unberührt.

§ 6 Adoptionsanzeigen

(1) Es ist untersagt, Kinder zur Annahme als Kind oder Adoptionsbewerber durch öffentliche Erklärungen, insbesondere durch Zeitungsanzeigen oder Zeitungsberichte, zu suchen oder anzubieten. Dies gilt nicht, wenn

1. die Erklärung den Hinweis enthält, daß Angebote oder Anfragen an eine durch Angabe der Anschrift bezeichnete Adoptionsvermittlungsstelle oder zentrale Adoptionsstelle (§ 2 Absatz 1 und 2) zu richten sind und
2. in der Erklärung eine Privatanschrift nicht angegeben wird. § 5 bleibt unberührt.

(2) Die Veröffentlichung der in Absatz 1 bezeichneten Erklärung unter Angabe eines Kennzeichens ist untersagt.

(3) Absatz 1 Satz 1 gilt entsprechend für öffentliche Erklärungen, die sich auf Vermittlungstätigkeiten nach § 5 Absatz 4 Satz 1 beziehen.

(4) Die Absätze 1 bis 3 gelten auch, wenn das Kind noch nicht geboren oder noch nicht gezeugt ist, es sei denn, daß sich die Erklärung auf eine Ersatzmutterschaft bezieht.

Kontaktadressen

Verbände und Selbsthilfegruppen

Bundesverband der Pflege- und
Adoptiveltern e. V.
Roggenmarkt 9
48143 Münster
Tel. 0251/45940
(hier erhältlich Adressen aller Landes- und Ortsgruppen)

Interessengemeinschaft der Adoptiv- und Pflegeeltern
IGAPE
c/o Familie
Helga und Wolfgang Scheller
Am Kirchberg 8
69488 Birkenau

Deutsche Arbeitsgemeinschaft
Selbsthilfegruppen e. V.
Friedrichstraße 28
35392 Gießen

Stiefeltern-Selbsthilfegruppen

Traudl Dusoldt
Ehrwalder Straße 74
81377 München
Tel. 089/7141942

Selbsthilfegruppe Stiefmütter/Stiefeltern
Elke Bauer
An der Dampfmühle 12
63303 Dreieich
Tel. 06103/87610

Abgebende Mütter

Bärbel Fischer
Friedrich-Ebert-Str. 3
61118 Bad Vilbel

Ellen Pfister
Untere Albrechtstraße 6
65185 Wiesbaden

Selbsthilfegruppen erwachsener Adoptierter

Adoptivforum Wurzeln und Flügel
c/o Annelie Scholz
Stubenrauchstr. 49
12161 Berlin

Selbsthilfegruppe erwachsene
Adoptierte LUX
Bettina Lucia Zekorn
Prätoriusweg 12/2
20255 Hamburg
Tel. 040/4912547
oder über KISS-Altona,
Tel. 040/395767

Selbsthilfegruppe
Erwachsene Adoptierte
Postfach 105025
69034 Heidelberg

Landesjugendämter und Zentrale Adoptionsstellen

Landeswohlfahrtsverband Baden
Landesjugendamt
Zentrale Adoptionsstelle
Ernst-Frey-Str. 9
76139 Karlsruhe

Landeswohlfahrtsverband Württemberg-Hohenzollern
Landesjugendamt
Zentrale Adoptionsstelle
Postfach 26 13
70049 Stuttgart

Bayrisches Landesjugendamt
Zentrale Adoptionsstelle
Richelstr. 11
80634 München

Senator für Schulwesen, Jugend und Sport
Landesjugendamt – Zentrale Adoptionsstelle
Franz-Jacob-Str. 12
10369 Berlin

Landesjugendamt Hessen
Zentrale Adoptionsstelle
Bismarckring 9
65183 Wiesbaden

Landschaftsverband Rheinland
Landesjugendamt
Zentrale Adoptionsstelle
Kennedy-Ufer 2
50663 Köln

Landschaftsverband
Westfalen-Lippe
Landesjugendamt
Zentrale Adoptionsstelle
Warendorfer Str. 25
48145 Münster

Landesamt für Jugend und Soziales
Zentrale Adoptionsstelle
Rheinallee 91 – 101
55118 Mainz

Landesjugendamt des Saarlandes
Zentrale Adoptionsstelle
Dudweiler Str. 53
66133 Saarbrücken

Gemeinsame Zentrale Adoptionsstelle
der Länder Freie Hansestadt Bremen, Freie und Hansestadt
Hamburg, Niedersachsen und Schleswig-Holstein
Kaiser-Wilhelm-Straße 100
20355 Hamburg

Landesjugendamt
Land Brandenburg
Kremmener Str. 43
16515 Oranienburg

Landesjugendamt Mecklenburg-Vorpommern
Neustrelitzer Str. 120
17033 Neubrandenburg

Landesamt für Soziales und Familie
Landesjugendamt Thüringen
Neu-Ulmer-Str. 28
98617 Meiningen

Sächsisches Landesamt für Familie
und Soziales
Postfach 10 48
09010 Chemnitz

Landesamt für Versorgung und Soziales
des Landes Sachsen-Anhalt
Landesjugendamt
Neustädter Passage 9
06122 Halle

Anerkannte Auslandsvermittlungsstellen

pro infante
aktion kind in not e. v.
Bahnstraße 68
47031 Kempen

Caritasverband für die
Diözese Hildesheim e. V.
Adoptionsvermittlung
Mühlenstraße 24
Postfach 100255
31134 Hildesheim

Eltern für Kinder e. V.
Bochumer Str. 18
45276 Essen

Evangelischer Verein für Adoptions-
und Pflegekindervermittlung
Rheinland e. V.
Einbrunger Straße 56
40489 Düsseldorf

Internationaler Sozialdienst e. V.
Deutscher Zweig
Am Stockborn 1–3
60439 Frankfurt

Sozialdienst Katholischer Frauen
Zentrale e. V.
Referat Adoptions- und Pflegekin-
derwesen
Agnes-Neuhaus-Str. 5
44135 Dortmund

terre des hommes Deutschland e. V.
Adoptionsreferat
Postfach 4126
49031 Osnabrück
(vermittelt nur in Einzelfällen ältere
oder behinderte Kinder)

Rat und Hilfe

Das Adoptionsdreieck
Eine Zeitschrift zu den Themen
Adoption, Suche und Wiederfinden
Kontakt:
Christine Swientek
Universität Hannover
Bismarckstr. 2
30173 Hannover

Beratungsstellen für Kinder, Jugendliche und Eltern, Beratungsstellen für sexuell mißhandelte Kinder, Beratungsstellen für Ehe-, Fa-
milien- und Lebensberatung, ihre
Träger, ihre Anschriften in Deutschland erhalten Sie vom

DAJEB
Beratungsführer
Münchner Straße 20
85774 Unterföhring

und/oder

Bundeskonferenz für Erziehungsbe-
ratung e. V.
Gesellschaft für Beratung und Therapie von Kindern,
Jugendlichen und Eltern
Amalienstraße 6
90763 Fürth

Literaturempfehlungen

AUHAGEN-STEPHANOS, UTE: Wenn die Seele Nein sagt. Reinbek 1991.

BECHINGER, WALTER/GERBER, UWE (HG.): Die vergessene Seite der Adoption. Lahr 1993.

BERNSTEIN, ANNE C.: Deine, meine und unsere Kinder. Zürich 1989.

BUTTA, CARMEN: Gezeugt ohne Vater und Mutter. Brigitte Nr. 18, 1992.

EBERTZ, BEATE: Adoption als Identitätsproblem. Zur Bewältigung der Trennung von biologischer Herkunft und sozialer Zugehörigkeit. Freiburg 1987.

ENZINGER, CORDULA: Ich bin (k)eine Mutter. In: Bechinger, Walter/Gerber, Uwe (Hg.): Die vergessene Seite der Adoption. Lahr 1993.

GUTTORMSEN, GRO: Unfreiwillige Kinderlosigkeit: ein Familienproblem. Praxis der Kinderpsychologie und Kinderpsychiatrie 7, 1992.

HOFFMANN-RIEM, CHRISTA: Das adoptierte Kind. Familienleben mit doppelter Elternschaft. München 1984.

HOKSBERGEN, RENÉ A. C./TEXTOR, MARTIN R.: Adoption. Grundlagen, Vermittlung, Nachbetreuung, Beratung. Freiburg im Breisgau 1993.

HÜTTENMOSER, MARCO: Adoption zwischen Sein und Haben. Bemerkungen zur Tradition und Geschichte der Adoption. «und Kinder», Nr. 42, Zürich 1991.

JUN, GERDA: Kinder, die anders sind. Bonn 1989.

KELLER-THOMA, PRISKA: Adoption aus der Sicht des Adoptiv«kindes». Schweizerischer gemeinnütziger Frauenverein. Zürich 1987.

KRÄHENBÜHL, VERENA U. A.: Stieffamilien – Struktur, Entwicklung, Therapie. Frankfurt 1984.

LANG, SUSAN: Wir Frauen ohne Kinder, was Männer nie begründen müssen. Frankfurt am Main 1992.

LIFTON, BETTY-JEAN: Zweimal geboren. Stuttgart 1981.

LIFTON, BETTY-JEAN: Adoption. Stuttgart 1982.

MOLLOY, CORA: Hurenalltag, Sperrgebiet, Stigma, Selbsthilfe. Materialien zur Sozialarbeit und Sozialpolitik, Band 34. Fachhochschule Frankfurt am Main 1992.

NAPP-PETERS, ANNEKE: Adoption – Das alleinstehende Kind und seine Familiengeschichte. Neuwied-Darmstadt 1978.

PLOGSTEDT, SIBYLLE: Niemandstochter. Auf der Suche nach dem Vater. München 1991.

SCHÄRER, ROLAND (HG.): Adoptiert. Lebensgeschichten ohne Anfang. Muri bei Bern 1991.

SCHEWE, WALTER: Ungewollte Kinderlosigkeit – Chance für ein erfülltes Leben? In: Schlagheck, Michael (Hg.): Wenn der Kinderwunsch unerfüllt bleibt – Wege der Bewältigung. Würzburg 1989.

SOROSKY, ARTHUR U. A.: Adoption – zueinander kommen, miteinander leben. Eltern und Kinder erzählen. Reinbek 1982.

STRAETER, ULRIKE: Ungewollt kinderlos. Heidelberg 1988.

SWIENTEK, CHRISTINE: Die «abgebende Mutter» im Adoptionsverfahren. Theorie und Praxis der Frauenforschung, Bd. 4. Bielefeld 1986.

SWIENTEK, CHRISTINE: Wer sagt mir wessen Kind ich bin? Von der Adoption Betroffene auf der Suche. Freiburg im Breisgau 1993.

SZYPKOWSKI, BEATE: «... also im Moment möchte ich dann lieber so in anderen Gebieten fruchtbar sein, ne». Zur Situation von Frauen, die ihre Kinder zur Adoption freigeben. Deutsche Krankenpflege-Zeitschrift 12. Stuttgart 1992.

TOMAN, WALTER: Familienkonstellationen. Ihr Einfluß auf den Menschen. München 1991.

TOYNBEE, POLLY: Adoptivkinder suchen ihre Mutter. Frankfurt 1989.

ULMER-OTTO, SABINE: Die leere Wiege. Zürich 1989.

WACKER, BERND (HG.): Die letzte Chance. Reinbek 1991.

WELSH, RENATE: Einfach dazugehören oder du bist angenommen. Reinbek 1992.

WENDELS, CLAUDIA: Die Verarbeitung der Adoptionsfreigabe bei Adoptierten. Unsere Jugend. München Januar 1991.

WIEMANN, IRMELA: Pflege- und Adoptivkinder. Familienbeispiele, Informationen, Konfliktlösungen. Reinbek 1991.

WIEMANN, IRMELA: «Ich möchte aus deinem Bauch sein». Zur Situation von Kind, abgebenden Eltern und Adoptiveltern im Adoptionssystem. Deutsche Krankenpflege-Zeitschrift 12. Stuttgart 1992.

WIEMANN, IRMELA: Abgebende Mütter und Väter. Einführung in das Thema aus familiensystemischer Sicht. In: Bechinger, Walter/Gerber, Uwe (Hg.): Die vergessene Seite der Adoption. Lahr 1993.

ZIEBELL, LINDY U. A.: Lebensplanung ohne Kinder. Frankfurt 1992.

Für Kinder

BERG, CATHERINE/CEDERQUIST, SIMONE: Das Buch über Bubblan, der neue Eltern bekam. Stockholm 1972.

BRAUN, GISELA/WOLTERS, DOROTHEE: Das große und das kleine Nein. Mülheim 1991.

KORSCHUNOW, IRINA: Der Findefuchs. Wie der kleine Fuchs seine Mutter bekam. München 1982.

KÜHL, KATHARINA: Eine Schwester für Christine. München 1985.

MEBER, MARION/SANDROCK, LYDIA: Kein Küßchen auf Kommando. Berlin 1991.

WIKLAND, ILON/SCHWARTZ, MARLENE: Wie Tine ihre Eltern bekam. Ravensburg 1982.

Quellen

ANDERSEN, HANS CHRISTIAN: Märchen. Stuttgart 1986.

BÜRGERLICHES GESETZBUCH: München, Nördlingen 1993.

GEMEINSAME ZENTRALE ADOPTIONSSTELLE (GZA), Hamburg: Adoption – was Sie darüber wissen sollten. 1991.

KANNENBERG, ELKE: Bericht der Senatsverwaltung für Jugend und Familie, Berlin, über Zwangsadoptionen in der ehemaligen DDR, Gemeinsame Zentrale Adoptionsstelle, Rundbrief Nr. 2/93.

KERSTEN, FRITZ: Formularbuch und Praxis der freiwilligen Gerichtsbarkeit. Köln, Berlin, Bonn, München 1993.

KINDER- UND JUGENDHILFEGESETZ: Sozialgesetzbuch – Achtes Buch. Kleinere Schriften des Deutschen Vereins für öffentliche und private Fürsorge. Stuttgart 1993.

KÜHL, WOLFGANG: Wenn fremdländische Adoptivkinder erwachsen werden, Osnabrück 1985.

Gemeinsame Zentrale Adoptionsstelle der Länder Bremen, Hamburg, Niedersachsen, Schleswig-Holstein (Hg.): Adoption und Datenschutz. GZA-Info. Hamburg 1993.

SOILER, MONIKA: Wenn Kinder zur Adoption gegeben werden, Bilanz einer «Rabenmutter», faz vom 28.8.85.

Umweltgifte bedrohen die Fortpflanzungsfähigkeit des Menschen. Frankfurter Rundschau vom 21.02.89.

H. u. J. Bußmann
Unser Kind geht auf die Waldorfschule *Erfahrungen und Ansichten*
(rororo sachbuch 8736)

B. Esser / Ch. Wilde
Montessori-Schulen *Zu Grundlagen und pädagogischer Praxis*
(rororo sachbuch 8556)

Wulf Wallrabenstein
Offene Schule - Offener Unterricht *Ratgeber für Eltern und Lehrer*
(rororo sachbuch 8752)
Dieses Buch lädt ein zu einer Entdeckungsfahrt in den Offenen Unterricht und Offene Schulen und informiert engagiert über Wochenplan, Morgenkreis, entdeckendes Lernen und viele weitere Brennpunkte.

Horst Speichert
Richtig üben macht den Meister *Das Erfolgsprogramm gegen Lernfehler, Verlernen und Vergessen*
(mit kindern leben 7875)

K. Dietrich / G. Landau
Sportpädagogik *Grundlagen, Positionen, Tendenzen*
(rororo sport 8623)

Dieter Lenzen
Pädagogische Grundbegriffe Band 1: Agression - Interdisziplinarität Band 2: Jugend - Zeugnis
(rowohlts enzyklopädie 487 + 488)

Christoph Lindenberg
Waldorfschulen: Angstfrei lernen, selbstbewußt handeln *Praxis eines verkannten Schulmodells*
(rororo sachbuch 6904)

Schulspaß und Schulspiele *Handbuch zum Schulalltag. Herausgegeben von der Arbeitsgruppe Oberkircher Lehrmittel*
(rororo sachbuch 7783)

Else Müller
Hilfe gegen Schulstreß *Übungsanleitungen zu Autogenem Training, Atemgymnastik und Meditation. Übungen zum Abbau von Aggressionen, Wut und Spannungen für Kinder und Jugendliche*
(rororo sachbuch 7877)

Klaus-Jürgen Tillmann
Sozialisationstheorien *Eine Einführung in den Zusammenhang von Gesellschaft, Institution und Subjektwerdung*
(rowohlts enzyklopädie 476)

Sämtliche Bücher und Taschenbücher zum Thema finden Sie in der *Rowohlt Revue.* Jedes Vierteljahr neu. Kostenlos in Ihrer Buchhandlung.

Schwangerschaft, Geburt und die ersten Lebensjahre.

Ines Albrecht-Engel (Hg.)
Geburtsvorbereitung *Handbuch für werdende Mütter und Väter. Empfohlen von der Gesellschaft für Geburtsvorbereitung*
(rororo sachbuch 9392)

Hermann Bullinger
Wenn Männer Väter werden *Schwangerschaft, Geburt und die Zeit danach im Erleben von Männern*
(rororo sachbuch 7751)
Wenn Paare Eltern werden *Die Beziehung zwischen Frau und Mann nach der Geburt des Kindes*
(rororo sachbuch 8096)

Irene Dalichow
Sanfte Massagen für Babys, Kinder und Eltern *Liebe, die durch die Haut geht*
(rororo sachbuch 8597)

Ulrich Diekmeyer
Das Elternbuch 1 - 6
(rororo sachbuch 9120 - 9125)

Sabine Friedrich / Volker Friebel
Einschlafen, Durchschlafen, Ausschlafen *Ruhigere Nächte für Eltern und Kinder*
(rororo sachbuch 9397)

Hilsberg / Scheilke / Schön
Schwangerschaft, Geburt und erstes Lebensjahr *Ein Begleiter für werdende Eltern*
(rororo sachbuch 8519)

Cornelia von Hoerner-Nitsch
Das Schmusebuch *Zärtliche Spiele für Babys, Kinder und Eltern*
(rororo sachbuch 8531)

ULRICH DIEKMEYER

Unser Kind im 2. Lebensjahr

DAS
ELTERN
BUCH 2

roro
MIT KINDERN LEBEN

Inge Kelm-Kahl
Hausgeburt - besser für Mutter und Kind *Die neuen Erkenntnisse, die richtige Vorbereitung*
(rororo sachbuch 8762)

C. Lauterbour / M. Lehners / C. Thommes
Stillen: Ein Handbuch von A-Z
(rororo sachbuch 9191)

Anne-Bärbel Münchmeier
Spielen mit kleinen Kindern und Babys *Ideen - Anregungen - Spielzeug im Test*
(rororo sachbuch 7900)

Deborah Jackson
Drei in einem Bett *Schlafen mit Kind*
(rororo sachbuch 8766)

J. Steidinger / K. J. Uthicke
Frühgeborene *Von Babys, die nicht warten können*
(rororo sachbuch 8504)

Ein Gesamtverzeichnis der Reihe *mit kindern leben* finden Sie in der *Rowohlt Revue.* Jedes Vierteljahr neu. Kostenlos in Ihrer Buchhandlung.

Praktische Tips, Ideen, Anregungen. Ratgeber für den Umgang mit Kindern im Alltag.

Gisela Brehmer
Aus der Praxis einer Kinderärztin
Entwicklung - Vollwert-Ernährung - Erste Hilfe im akuten Krankheitsfall - Alternative Heilmethoden
(rororo sachbuch 8388)

H. Clemens / R. Bean
Selbstbewußte Kinder *Wie Eltern und Pädagogen dazu beitragen können*
(rororo sachbuch 8822)
Verantwortungsbewußte Kinder
Was Eltern und Pädagogen dazu beitragen können
(rororo sachbuch 9132)

Sabine Friedrich / Volker Friebel
Entspannung für Kinder
Übungen zur Konzentration und gegen Ängste
(rororo sachbuch 9397)

Tilo Grüttner
Helfen bei Legasthenie
Verstehen und üben. Geschichten
(rororo sachbuch 8326)

H. Häsing / G. Gutschmidt
Handbuch Alleinerziehen *Mit Rechtsratgeber*
(rororo sachbuch 8896)

A. Kettner / E. Haug-Zapp
Das Kindergartenbuch *Was Eltern wissen müssen*
(rororo sachbuch 8790)

Bettina Mähler
Geschwister *Krach und Harmonie im Kinderzimmer*
(rororo sachbuvh 9316)

HORST SPEICHERT (HG.)
LESEBUCH
MIT **KINDERN** LEBEN
MIT KINDERN / LEBEN
rororo

Ewa Rossberg
Einzelkinder
(rororo sachbuch 8454)

Horst Speichert
Mit Kindern leben *Ein Lesebuch*
(rororo sachbuch 8494)

Das rororo-Elternlexikon
Herausgegeben von Horst Speichert und Bernhard Schön
(rororo sachbuch 7981)

Andreas Schmidt
Väter ohne Kinder *Sorge, Recht und Alltag nach Trennung oder Scheidung*
(rororo sachbuch 9398)

R. Voß / R. Wirtz
Keine Pillen für den Zappelphilipp
Alternativen im Umgang mit unruhigen Kindern
(rororo sachbuch 8431)

Ein Gesamtverzeichnis der Reihe *mit kindern leben* finden Sie in der *Rowohlt Revue*. Jedes Vierteljahr neu. Kostenlos in Ihrer Buchhandlung.

Praktische Tips, Ideen, Ratgeber. Anregungen für den Umgang mit Kindern in der Freizeit.

Helga Biebricher
Scherzfragen, Rätsel, Schüttelreime *Vergessenes und Neues zur Unterhaltung*
(rororo sachbuch 7662)

Gela Brüggebors
Körperspiele für die Seele
312mal Bewegung, Entspannung, Energie. Anregungen zur Psychomotorik
(rororo sachbuch 8526)
Klüger als die Eltern... *Mentale Spiele für Kinder*
(rororo sachbuch 9354)

Kristina Hoffmann-Pieper
Basteln zum Nulltarif *Spiel und Spaß mit Haushaltsdingen*
(rororo sachbuch 7955)

Barbara Cratzius
Noch mehr Fingerspiele und andere Kinkerlitzchen *Eine Wundertüte für neue Spiellust mit kleinen Kindern*
(rororo sachbuch 8574)
Allererste Kinderrätsel
Denkspaß für Eltern und Kinder
(rororo sachbuch 9143)

Walter Diem
Spielausflüge *Ralleys und Spiele im Grünen*
(rororo sachbuch 8443)

Sharla Feldscher
Das Spiel- und Aktionsbuch
Spaß für Kinder, Eltern, Pädagogen
(rororo sachbuch 8867)

Bettina Hannsz
Kinder mögen Yoga *Entspannung für Körper und Seele*
(rororo sachbuch 9130)

K. u. H. J. Hoffmann-Pieper
Basteln ohne Gift *Mit Einkaufsführer*
(rororo sachbuch 8853)

Karin Mönkemeyer
**Mit Kindern Umwelt und Natur entdecken:
Frühling**
(rororo sachbuch 8828)
Sommer
(rororo sachbuch 8829)
Herbst
(rororo sachbuch 8830)
Winter
(rororo sachbuch 8831)

Beate Seeßlen-Hurler
Kinderfeste *Vorschläge für den Feierspaß von groß und klein*
(rororo sachbuch 8302)

E. Wüpper / Zirkus Kralle
Kinder, Clowns und Kapriolen
Zirkus zum Selbermachen
(rororo sachbuch 8440)

Ein Gesamtverzeichnis der Reihe mit *kindern leben* finden Sie in der *Rowohlt Revue*. Jedes Vierteljahr neu. Kostenlos in Ihrer Buchhandlung.